Mila Summers

Weihnachten in Cornwall

Über das Buch:

Der alljährliche Weihnachtsfluch, der Amy jedes Jahr aufs Neue Pleiten, Pech und Pannen beschert, sucht sie auch in diesem Jahr heim.

Amy ist Lektorin bei einem der größten Verlagshäuser Londons. Als sie dem erfolgreichsten Autor des Hauses unwissentlich auf den Schlips tritt, schickt ihr Chef sie kurzerhand zwei Wochen vor Weihnachten in den Zwangsurlaub. Also flüchtet sie sich zu ihrer Tante Cybill nach Port Isaac in Cornwall, um ein paar ruhige Tage zu verleben. Doch da hat sie ihre Rechnung ohne das Schicksal und ein Paar türkisblaue Augen gemacht …

Weihnachtlich turbulent und herzerwärmend amüsant – am besten mit einer Tasse heißer Schokolade und selbstgebackenen Cornish Fairings genießen (Rezept im Buch)

Bisher von der Autorin erschienen:
Manhattan Love Stories:
Irresponsible Desire
Irrepressible Desire
Irresistible Desire

Liebe ist …
Liebe ist nur mit Dir
Liebe ist ein Glücksfall
Liebe ist ganz nah
Liebe ist ein Wunder

Social-Web-Trilogie
Instafame oder Gummistiefel in Acryl
Facebook Romance oder nach all den Jahren
Twinder oder die Irrungen und Wirrungen der Liebe

Liebe lieber einzigartig
Rettung für die Liebe
Küsse unter dem Mistelzweig
Auf einmal Liebe
Sommer, Sonne, Strand und Liebe – Nele & Josh
Liebe und andere Weihnachtswunder
Der erste Sommer mit dir
Ein zauberhaftes Weihnachtsgeschenk
Verloren sind wir nur allein
Zuckersüßer Sommer
Ein Sommer in Schottland

MILA

SUMMERS

Weihnachten in Cornwall

Roman

Deutsche Erstauflage Oktober 2020

Lektorat: Dorothea Kenneweg

Korrektorat: SW Korrekturen

Covergestaltung: Nadine Kapp

Covermotiv: Shutterstock ©kos911, ©Yurchenko Yulia

©Ecco

Impressum: D. Hartung
Frankfurter Str. 22

97082 Würzburg

mila.summers@outlook.de

Kapitel 1

Amy

»Weihnachten ist das Fest der Liebe!«, tönte der Radiomoderator glückselig im Rumkugelrausch durch das Mikrofon, ehe er WHAMS *Last Christmas* anstimmte. Wie viel er von dem Weihnachtskonfekt wohl schon gegessen hatte, um derart berauscht zu sein?

Vielleicht sollte ich bei der nächsten Tankstelle anhalten und nachfragen, ob sie die süße Köstlichkeit ebenfalls führten. Nur für den Fall, dass meine Stimmung noch ein wenig schwermütiger wurde, als sie es ohnehin schon war.

»In drei Meilen bitte links abbiegen«, forderte mich Google Maps indessen ziemlich nüchtern auf.

»Bist du dir ganz sicher?«, hakte ich wider besseres Wissen nach. Schließlich würde mir die Google-Maps-Frauenstimme – hatte die Gute eigentlich auch einen Namen? – sowieso nicht antworten. Aber die Strecke kam mir so gar nicht bekannt vor. Entweder hatte sich seit meinem letzten Besuch einiges verändert oder ich irrte mich. So, wie ich mich in letzter Zeit in sehr vielen Dingen getäuscht hatte.

»Jetzt bitte links abbiegen.« Die Stimme blieb beharrlich, und ich folgte ihr, ohne noch einmal nachzufragen.

Es war schon eine ganze Weile her, seit ich meine Tante Cybill in Port Isaac besucht hatte. Dabei mochte ich das verschlafene Küstenörtchen in Cornwall sehr gerne. Es war eine wirkliche Abwechslung zum Londoner Trubel. Wenn man es richtig anstellte, konnte man dort regelrecht die Seele baumeln lassen und alles um sich herum vergessen.

Aber irgendetwas sagte mir, dass die Gepäckladung an Problemen, die ich im Kofferraum mit mir führte, mich dieses Mal nicht ganz so entspannen lassen würde, wie ich das von meinen bisherigen Besuchen gewohnt war.

Dank der vielen Baustellen auf der M3 dauerte die Fahrt nun fast schon doppelt so lange wie veranschlagt. Ungeduldig klopfte ich mit meinen Fingern gegen das Lenkrad, als mein kleiner Mini vollends zum Stehen kam. Stau! Nichts ging mehr. Die Spur auf Google Maps war jedoch noch immer blau markiert. Offenbar war die Verkehrsbehinderung so abrupt entstanden, dass es nicht mal das ausgeklügelte Navigationssystem hatte kommen sehen. Ich wurde unruhig. Dabei hatte ich seit Neuestem Zeit im Überfluss.

»Nehmen Sie sich eine kleine Auszeit, Ms Devenport! Es wird Ihnen guttun, etwas Abstand zu allem zu bekommen. Sie werden sehen, danach wird alles viel leichter für Sie werden«, hallten die scheinheiligen Worte meines Chefs in meinem Kopf wider.

Beim Gedanken an den unsäglichen Nachmittag, an dem er mich in sein Büro zitiert hatte, krampften sich meine Hände ums Lenkrad. Ich wollte mich jetzt nicht schon wieder darüber ärgern müssen, dass ich es nicht hatte kommen sehen. Aber wie hätte ich es bitte schön auch ahnen sollen?

Nichts, aber auch rein gar nichts hatte darauf hingedeutet, dass ich bei Mr Lewis in Ungnade gefallen war. Alles war wie immer gewesen.

Als Lektorin hatte ich im Verlag zunächst Hobbygärtner, die ihr erstes DIY-Buch herausbrachten, betreut, ehe ich in die Belletristikabteilung wechselte, in der ein Kassenschlager nach dem nächsten produziert wurde. Einer dieser Bestsellerautoren war Tyler White. Seine Krimis waren weit über die britischen Landesgrenzen hinaus bekannt und bereits in über fünfzig Sprachen übersetzt worden. Der Mann war ein gefeierter Literaturstar. Für seine Geschichten war er unzählige Male ausgezeichnet worden. Seine Lesungen füllten ganze Konzerthallen. Frauen standen wie Groupies am Hintereingang dieser Hallen und warteten auf ihn, um ein Autogramm von ihm zu ergattern. Nicht selten auf nackter Haut. Und das trotz oder gerade wegen seines fortgeschrittenen Alters.

Aber bis zu diesem besagten Nachmittag im Büro meines Arbeitgebers hatte ich das Gefühl, dass wir beide gut miteinander auskamen. Ich mochte seine Krimiserie um Inspector Baker sehr gerne und hatte nun schon fünf Bücher mit ihm zusammen verwirklicht. Das nächste stand bereits in den Startlöchern. Das schweißte zusammen. Irgendwie. Dachte ich zumindest.

Als nun das sechste gemeinsame Projekt anstand, bat mich mein Arbeitgeber aus heiterem Himmel zu sich, erklärte mir, dass ich vorerst nicht mehr mit Mr White zusammenarbeiten würde, und schickte mich in einen vierwöchigen Zwangsurlaub. Und das alles zwei Wochen vor Weihnachten.

Ich war so perplex über seine Anweisung gewesen, dass ich überhaupt nicht wusste, was ich darauf erwidern sollte.

Dabei konnte ich nicht mal sagen, was mich mehr schockte: dass ich unerwartet auf dem Abstellgleis geparkt wurde oder die viele Freizeit rund um Weihnachten.

Denn Weihnachten und ich … wir waren keine besonders dicken Freunde. Und würden es vermutlich auch nie werden. Während andere um diese Jahreszeit herum schöne Tage mit ihrer Familie verlebten, Rumkugeln wie Smarties in sich hineinwarfen und lustige selbst gestrickte Weihnachtspullover ihrer Granny trugen, stand ich ganz allein da.

Die Beziehung zu meiner Mum war seit jeher unterkühlt. Wir beide trafen uns lediglich zu unseren Geburtstagen, hielten den Kontakt ansonsten weitestgehend auf das Nötigste beschränkt. Mein Dad hatte uns verlassen, noch ehe ich auf der Welt gewesen war, und meine Mutter hatte sich irgendwann eingestehen müssen, dass sie den Posten der liebenden Mum wohl nie ausfüllen würde.

Weihnachten in meiner Kindheit war mit Mum auf dem Sofa vor dem Fernseher und einem Fertigmenü von Grants's auf dem Schoß ziemlich erbärmlich verlaufen. Alle Jahre wieder. Gut siebzehn Jahre lang. Dann hielt ich es in der Lieblosigkeit meines Zuhauses nicht mehr aus und hatte das Weite gesucht. Granny hatte mich bei sich aufgenommen, aber sie war pünktlich zum Weihnachtsfest im darauffolgenden Jahr gestorben. Ein Jahr später war mir zu Weihnachten das Auto gestohlen worden. Im folgenden Jahr machte mein Freund mit mir am ersten Weihnachtsfeiertag Schluss. Jedes Jahr kurz vor dem Fest der Liebe traf mich das Unglück mit all seiner Härte. Dieses Jahr sollte also mein Berufsleben dran glauben.

Hinter mir war ein Hupen zu hören. Der Stau vor mir hatte sich aufgelöst. Die Einzige, die die Weiterfahrt nun behinderte, war ich. Entschuldigend hob ich meine Hand vor den Rückspiegel und fuhr meinen Wagen ruckelnd an.

Wenn ich mich auf der Strecke links und rechts des Weges so umsah, gab es außer Wiesenflächen und Wäldern nichts, woran sich mein Blick festhalten konnte, nur ab und zu ein einzelner knorriger Baum mit kargen, leblos anmutenden Ästen. Nichts wirkte vertraut, sodass ich mich abermals fragen musste, ob ich wirklich auf der richtigen Strecke unterwegs war.

»… Sie befinden sich noch immer auf der schnellsten Route«, behauptete derweil die allwissende Agatha, wie ich sie in Gedanken getauft hatte. Ihre Bestimmtheit und die Zielgenauigkeit erinnerten mich irgendwie an Agatha Christie, die große Krimilady des vergangenen Jahrhunderts. Was gäbe ich nur dafür, wenn ich sie noch hätte kennenlernen dürfen.

»… Eine Ausweichroute wird nicht empfohlen.«

Ich wollte ihr ja gerne glauben, dass die schnellste Route auch die richtige Route war. Ehrlich! Aber irgendwie sträubte sich mein Innerstes zutiefst dagegen. Nicht, weil es der Technik nicht vertraute. Nein, das war es nicht. Vielmehr hatte ich das Gefühl, in eine Richtung zu fahren, die ich mir nicht selbst ausgesucht hatte.

Wenn es nach mir gegangen wäre, dann säße ich jetzt bei einem Nachmittagstee mit winterlicher Note – Zimt und

Nelke vielleicht – in meinem kleinen gemütlichen Büro mit den winzigen Kakteen am Fensterbrett, die ich mit silbernen Lamettafäden geschmückt hatte. Trotz der alljährlichen Weihnachtswidrigkeiten hatte ich versucht, mich etwas in Stimmung zu bringen, und war kläglich gescheitert.

Ich vermisste meine vertraute Umgebung, die gerahmten Buchcover an den Wänden meines Zimmers. Alles Buchbabys, denen ich wie eine Hebamme auf die Welt geholfen hatte. Von Steißgeburten über Kaiserschnitte und natürliche Geburten war in den Jahren alles dabei gewesen. Es war nicht immer leicht gewesen, aber ich liebte das, was ich machte. Oder gemacht hatte.

Plötzlich war *Driving home for christmas* im Radio zu hören, und ich musste mich unweigerlich fragen, wo denn mein Zuhause war. Bis vor wenigen Tagen hätte ich noch behauptet, dass der Verlag der Ort war, an dem ich mich am wohlsten fühlte. Meine 1-Zimmerwohnung in Hammersmith war zweckmäßig, aber nicht sonderlich gemütlich. Wir hatten uns miteinander arrangiert, aber von einem behaglichen Zuhause wollte ich dennoch nicht sprechen. Es war eher eine Zwischenlösung nach der letzten Trennung. Nur auf Zeit. Wie ich mir seit fast zwei Jahren mit nur mäßigem Erfolg einzureden versuchte.

Der Verkehr wurde zähflüssiger, bis er abermals stockte. Ich seufzte, während ich meinen Blick über die nebligen Felder schweifen ließ. Die Wolkendecke brach langsam auf. Nicht mehr lange, und die Sonne würde hervorblitzen.

Ein passender Moment für meine Gedanken, um erneut auszubüxen. Zurück nach London. Was meine Kollegen wohl gerade machten? Das Weihnachtswichteln stand an. Ein quiekender Laut war zu hören. Es dauerte ein wenig, bis ich realisierte, dass er nicht aus dem Radio, sondern aus meinem Mund gekommen war. Eine Mischung aus Lacher und Schluchzer.

Voller Wehmut musste ich an das letztjährige Wichteln zurückdenken, an dem ich einen weiteren Kaktus für meine Sammlung bekommen hatte. Ein wirklich schönes Exemplar. Er hatte sogar geblüht. Doch viel mehr hatte ich mich darüber gefreut, dass mein Wichtel offenbar genau wusste, womit er mir eine Freude machen konnte.

Es war zwar in all den Jahren in der Firma nie zu tieferen Freundschaften mit meinen Kollegen gekommen, aber wir verbrachten dennoch nicht selten auch unsere Freizeit zusammen, tranken nach Feierabend ein Bier im Pub oder trafen uns zu einem Picknick im Hyde Park.

Plötzlich war da diese Leere in meinem Inneren zu spüren, ein Gefühl, das mich knapp unterhalb des Herzens einschnürte und mir die Luft zum Atmen raubte.

Der Stau löste sich. Diesmal bemerkte ich es sogar rechtzeitig, ohne dass ich von den übrigen Verkehrsteilnehmern darauf hätte hingewiesen werden müssen. Ich beschleunigte also meinen Mini, schielte zu meinem Handy, auf dem Google Maps uns beide als schnittigen Pfeil anzeigte. Nur mehr zwanzig Meilen lagen vor mir. Jetzt war es doch irgendwie schneller gegangen, als ich erwartet hatte.

Tante Cybill stand bestimmt noch in ihrer kleinen Buchhandlung. Die Liebe für Geschichten hatte in unserer

Familie Tradition. Zumindest in dem Teil, den ich kannte. Meine Granny hatte viele Jahre in einer Bibliothek gearbeitet, und meine Mum war eine bekannte Etymologin. Jeder von uns vier Devenport-Frauen hing am geschriebenen Wort und verdiente damit seinen Lebensunterhalt.

Vielleicht war das auch mit ein Grund dafür, dass ich nach dem Rausschmiss auf Zeit entschieden hatte, London den Rücken zu kehren. Auch wenn ich nur selten Kontakt zu meiner Mum hatte, wollte ich doch unter allen Umständen vermeiden, dass sie von meinem Versagen erfuhr.

Nicht selten gab sie mir das Gefühl, nicht gut genug zu sein, ihren Ansprüchen nicht zu genügen. Woran das lag, konnte ich auch nach all den Jahren nicht mit Gewissheit sagen. Womöglich hatte es etwas mit meinem Erzeuger zu tun, einem Mann, dem ich in meinem Leben nie begegnet war.

Als ich noch klein war, hatte ich mir eingeredet, mein Dad wäre Astronaut und könnte deshalb nicht bei uns sein. Filme wie Apollo13 hatten mir dabei geholfen, eine Vorstellung von diesem Menschen zu bekommen, mir gezeigt, was für ein Held er sein musste.

Wann ich mir einbildete, mein Dad hätte mit der Raumfahrt zu tun, konnte ich gar nicht mehr so genau sagen. Ende der ersten Klasse vielleicht, als Tommy ein Referat über Raketen und das Weltall hielt. So bekam ich unerwartet, aber ziemlich plausibel eine Erklärung dafür, warum mein Dad nicht bei mir sein konnte.

Schon bald begann ich, allen von der geheimen Mission meines Dads zu erzählen. Unter vorgehaltener Hand erfand ich Heldentaten, die meinen mir unbekannten Dad auf ein stetig höher werdendes Podest hoben. Immer neue, gefährlichere Missionen trieben ihn weiter hinaus ins Weltall, wo er tagtäglich für das Überleben unserer Zivilisation einstand.

Erst vor Kurzem hatte mir Abigail, meine beste Freundin aus Grundschultagen, erzählt, dass sie es nie hatte erwarten können, bis ich mir die nächste Geschichte über meinen Dad ausgedacht hatte. Denn dass es sich bei diesen um nichts weiter als bloße Fiktion handelte, war ihr schon lange klar gewesen. Dennoch hatte sie mir das nie offenbart, da ihr meine Erzählungen so gut gefallen hätten. Sie hatte mich sogar allen Ernstes gefragt, ob ich mit dem Gedanken spielte, die Geschichten zu veröffentlichen.

Ich? Eine Autorin? Wohl kaum. Ich war die Frau im Hintergrund, die sich darum kümmerte, dass die Geschichten anderer Menschen Tiefe bekamen, so sie ihnen fehlte. Voller Herzblut machte ich mich bei jedem neuen Projekt auf die Suche nach Plotlöchern und Ungereimtheiten. Und zum Schluss versuchte ich jedes Wort auf die Goldwaage zu legen, um dem Text den bestmöglichen Start in dieser hart umkämpften Welt zu ermöglichen. Das war meine Bestimmung.

»Was glaubst du denn, wer du bist? Deine Geschichten sind lächerlich. Wer sollte diesen Unsinn lesen wollen?«, hörte ich Mums Stimme durch meine Gehirnwindungen rufen.

Eine Erinnerung flackerte in meinem Gedächtnis auf. So schnell und so intensiv, dass ich sie nicht zurückdrängen konnte.

Es war schon eine ganze Weile her, dass Mum meine Aufzeichnungen entdeckt hatte. Mein Magen zog sich beim Gedanken daran schmerzvoll zusammen. Denn was ich Abigail nicht erzählt hatte: Ich hatte die Geschichten, die mir zu meinem Astronauten-Dad eingefallen waren, aufgeschrieben. Alle. Ausnahmslos.

Irgendwann hatte es den Ideen in meinem Kopf nicht mehr gereicht, sich dort niederzulassen. Sie wollten raus, auf Papier gebannt werden, um nicht in Vergessenheit zu geraten.

Für gewöhnlich hielt ich sie unter Verschluss, versteckte sie unter einer losen Diele in meinem Kinderzimmer. Nur an diesem sonnigen Dienstagnachmittag im Juni hatte ich sie achtlos auf dem Küchentisch zurückgelassen und war nach draußen geeilt, als Abigail mich von nebenan aufgeregt anrief und mich sofort zu sich bat. Dass es sich letztlich nur um ein neues hochexplosives Schulgerücht handelte, das sie mir brühwarm erzählen wollte, ahnte ich nicht. Dann hätte ich mir nämlich noch die Zeit genommen, um meine Aufzeichnungen an ihren angestammten Platz zurückzubringen.

Als ich realisierte, was ich versäumt hatte, war es schon zu spät. Wie von der Tarantel gestochen war ich zurück nach Hause gerannt, nur um dort am Küchentisch Mum vorzufinden, die sich einen Zettel nach dem nächsten griff und dabei immer wütender wurde.

»*Das hört von jetzt an auf!*«, hatte sie mich ermahnt, als hätte ich sie mit jedem einzelnen dieser Blätter zutiefst beleidigt.

Ich war so geschockt über ihren Wutausbruch gewesen, dass ich nicht mal in der Lage dazu war, nachzufragen, was ich denn überhaupt falsch gemacht hatte.

Später war mir diese Szene in der Küche viele Male durch den Kopf gegangen. Bis heute hatte ich keine Erklärung dafür gefunden, womit ich sie derart gekränkt haben könnte. In der Folge sprach sie fast eine Woche nur das Nötigste mit mir. Ganz so, als hätte ich sie mit meinen Geschichten zutiefst getroffen. Dabei hatte ich sie namentlich nicht ein einziges Mal erwähnt.

Womöglich war gerade das ja der Grund dafür, dass sie mir böse war. In meinen Astronauten-Dad-Geschichten gab es nur meinen Dad und mich. Von meiner Mum war nie die Rede gewesen.

Aber auch wenn sie das in irgendeiner Form beleidigt haben sollte, hatte sie noch lange nicht das Recht dazu gehabt, in meinen Sachen herumzuschnüffeln. Das, was ich da zu Papier gebracht hatte, war nichts weiter als die Ergüsse meiner überschwänglichen Fantasie. Konnte man die einem Kind wirklich übel nehmen?

Ich schüttelte leicht den Kopf, als Agatha mich darauf hinwies, dass ich am Rose Hill angekommen war.

»Bei nächster Gelegenheit bitte rechts abbiegen. Dort befindet sich Ihr Ziel auf der linken Seite in einer Sackgasse.«

Treffender hätte sie meine Lage wahrlich nicht auf den Punkt bringen können.

Kapitel 2

Colin

»Wie lange willst du dich eigentlich noch hinter deinen Pfannen und Töpfen verstecken?«

Ich verdrehte die Augen bei den liebreizenden Worten, mit denen Brady mich am heutigen Morgen in der Küche des *Golden Lion* begrüßte. Ja, er war mein Bruder. Und vermutlich machte er sich nur Sorgen um mich. Aber das gab ihm noch lange nicht das Recht, mich ständig mit diesem Thema zu nerven.

»Auch dir einen wunderschönen guten Morgen, Bruderherz.«

Anstatt ihm zu sagen, wie sehr mir das ständige Stochern in alten Wunden auf die Nerven ging, legte ich ein Lächeln auf und zauberte ein Egg Benedict für ihn.

»Wie geht es Lin?«, wechselte ich unvermittelt das Thema.

»Besser. Sie erbricht sich nur noch phasenweise und nicht mehr pausenlos«, erklärte Brady fachmännisch, ehe er sich wie ein ausgehungerter Wolf über das Ei hermachte. Mir wäre beim bloßen Gedanken an das Bild, das Brady gerade gezeichnet hatte, sicher kein Bissen heruntergekommen. Aber als Hausarzt von Port Isaac hatte mein Bruder schon weitaus Schlimmeres gesehen. Da zählte eine Schwangere, die sich seit mehr als sechs Monaten übergeben musste, fast schon zur Normalität.

»Das klingt nach einem gewissen Fortschritt«, versuchte ich meine Gedanken auf das Positive in seiner Aussage zu lenken. »Wann steht die nächste Ultraschalluntersuchung an?«

»Nächste Woche«, antwortete er kurz angebunden, während er nach wie vor wie ein Scheunendrescher aß.

Lin und Brady hatten noch immer nicht erfahren, ob es sich bei ihrem Nachwuchs um einen Jungen oder ein Mädchen handelte. Seit Wochen fieberten sie dem Großereignis entgegen. Bei jedem neuerlichen Untersuchungstermin blickten sie wie gebannt auf den Monitor, nur um abermals enttäuscht und unverrichteter Dinge von dannen zu ziehen.

Denn während Brady der Meinung war, das Kinderzimmer könnte auch ohne spezifische Geschlechtszuweisung des Kindes gestrichen und eingerichtet werden, war Lin da ganz anderer Meinung. Sie wollte entweder einen babyblauen Jungenhimmel oder den pinkfarbenen Mädchentraum.

Als Innenarchitektin und DIY-Fachfrau mit eigenem Laden im Hafen von Port Isaac hatte Lin ihm schon sehr bald klargemacht, dass sie federführend im Aus- und Umbau sowie bei der Gestaltung des Kinderzimmers sein wollte. Und Brady hatte sie nur allzu bereitwillig gewähren lassen. Schließlich wusste er, wie viel ihr daran lag. Außerdem hatte er mir unter dem Deckmantel der Verschwiegenheit offenbart, dass er sich wegen ihrer allmorgendlichen Übelkeit schuldig fühlte.

»Haltet mich auf dem Laufenden«, bat ich ihn. Schließlich ging es bei dem neuen Erdenbürger um niemand Geringeren als mein Patenkind. Egal, ob männlich oder weiblich. Für mich war nur wichtig, dass es dem Kind und der Mutter gut ging.

Brady schob mir den leeren Teller entgegen und wischte sich mit der Stoffserviette, die ich ihm mit dem Besteck gereicht hatte, den Mund sauber.

»Klar doch«, erklärte er mit einem zufriedenen Lächeln auf den Lippen.

Mein kleiner Bruder war ziemlich einfach gestrickt. Wenn er satt war, hatte er gute Laune. Hatte er gute Laune, so brauchte ich mir keine Sorgen darüber zu machen, dass er sich weiter in mein Privatleben einmischen könnte. Win-win also für beide Seiten.

»Hast du dir das mit Tinder noch mal durch den Kopf gehen lassen?«, hörte ich Brady in diesem Moment sagen und ärgerte mich gleichermaßen über mich selbst, dass ich ihm keine vollwertige kornische Frühstücksplatte vorgesetzt hatte. Von einem Egg Benedict konnte ja wahrlich niemand satt werden. Das hätte ich wissen müssen.

»Ich hab mir die App mal angesehen«, erklärte ich wahrheitsgetreu.

»Und hast du dich auch angemeldet?«, hakte Brady mit leicht zur Seite geneigtem Kopf nach.

»Ja, das habe ich«, sagte ich und nahm dann das benutzte Geschirr, um es rüber zur Spüle zu tragen, damit mein Bruder mir nicht ansehen konnte, wie groß meine Abneigung dieser Plattform gegenüber war.

»Gab es denn schon einen Match?«, blieb Brady beharrlich, während ich das Geschirr abwusch, um weiterhin Zeit zu schinden.

»Wie meinst du?«, stellte ich mich doof.

»Ach, Colin, ich mein's doch nur gut mit dir. Warum gibst du der Frauenwelt da draußen nicht die Chance, dich kennenzulernen? Ich bin mir ganz sicher, dass es einige gibt, die deine Bekanntschaft machen wollen«, schmierte mir Brady Honig ums Maul.

»Weil ich keine Lust auf eine belanglose Affäre habe. Ich suche die Frau fürs Leben. Und die findet man nicht in einer dämlichen App, die ich mir kostenlos in einem Playstore heruntergeladen habe«, schmetterte ich ihm meine Meinung entgegen.

So ungehalten hatte ich sie noch nie auf den Punkt gebracht. Aber es war an der Zeit, Tacheles zu reden. Viel länger ertrug ich Bradys hartnäckige Verkupplungsversuche einfach nicht mehr.

Seit mein Bruder sein Glück gefunden hatte, fühlte er sich irgendwie verantwortlich dafür, dass auch ich die Frau meines Lebens fand. Vielleicht hatte er ein schlechtes Gewissen, weil ich nach Dads Tod die Geschäfte des Familienbetriebs übernehmen musste. Dabei war die Entscheidung doch schon viel früher gefallen, als Brady entschieden hatte, Medizin zu studieren, und ich eine Laufbahn als Koch einschlug.

Nichtsdestotrotz wusste Brady um die Verantwortung, die auf meinen Schultern lastete. Und er wusste auch von der Leere, die Grace in meinem Leben hinterlassen hatte, nachdem Mum sie vergrault hatte, weil sie ihr nicht gut genug für ihren Sohn erschien.

Schon als kleiner Junge hatte Brady versucht, die großen Probleme dieser Welt anzugehen. Während ich noch in meine Superheldencomics vertieft war, hatte er sich dem Umweltschutz verschrieben und Patenschaften für Pandas und Faultiere übernommen. Später dann wollte er am liebsten allen Menschen, die Hilfe brauchten, beiseitestehen, ehe er schließlich Arzt wurde und diesen Wunsch verwirklichte.

Brady war nicht nur ein guter Bruder. Er war auch ein verdammt anständiger Kerl und einer der besten Ärzte, die ich kannte. Und dennoch ging er mir mittlerweile mit seiner Weltverbesserei ziemlich auf den Keks.

»Nur weil die App kostenlos ist und man erst mal die Möglichkeit hat, eine Vorauswahl zu treffen, heißt das doch noch lange nicht, dass dieser Weg, jemanden kennenzulernen, nur auf das eine abzielt«, verteidigte Brady weiterhin das Konzept.

Scheppernd fiel das Geschirr in die Spüle.

»Hast du dich dort mal angemeldet?«

»Nein, also … Na ja, nicht so richtig«, eierte mein Bruder herum.

Ich seufzte schwer, ehe ich Brady von meinen Erlebnissen berichtete.

»In den knapp fünf Stunden, in denen ich angemeldet war, bat mich eine Frau, ihr im Wald am Church Hill wie ein Mörder aufzulauern. Ihre genauen Worte erspare ich uns beiden. Denn ihre Vorstellungen gingen weit über das bloße

Erschrecken hinaus. Zwei weitere Nachrichten beinhalteten nur mögliche Treffpunkte und Zeitangaben, an denen man sich zum Vögeln treffen könnte. Ach ja, und ganz besonders abartig fand ich das Bild einer Frau, das mir bestimmte Regionen ihres Körpers sehr offenherzig zeigte, die ich lieber nicht gesehen hätte.«

Brady kicherte albern, ehe ich ihn vorwurfsvoll ansah.

»Sorry! Das … Ich wollte dich nicht auslachen.« Er räusperte sich verlegen und zwang seine Mundwinkel, sich wieder abzusenken. »Aber was ist denn bitte schön so schlimm an ein paar nackten Tatsachen?«, fragte er grinsend.

»Was so schlimm daran sein soll?« Wutschnaubend griff ich mir das Küchentuch zu meiner Rechten, wischte meine Finger daran trocken, zog mein Handy aus der Hosentasche, entsperrte das Display und konfrontierte meinen Bruder mit den nackten Tatsachen.

»Uh! Das ist natürlich … Wie alt ist die Gute?«

»72.«

»Das ist …« Brady neigte den Kopf erst zur einen, dann zur anderen Seite, um den Blickwinkel auf die Fotografie zu verändern. Das Ergebnis blieb jedoch dasselbe.

»Ja. Das ist es.«

»Warum hast du der Frau überhaupt ein Like geschenkt?«

»Weil sie mir ein Bild von sich aus dem Jahr 1980 geschickt hat«, erklärte ich ganz ruhig.

»Und das ist dir nicht aufgefallen?«, hakte Brady albern grinsend nach.

»Nicht auf Anhieb. Erst nach besagtem Foto ging mir dann ein Licht auf«, gestand ich ihm ein.

»Ich muss jetzt leider los«, erklärte er nach einem Blick auf die Uhr, die in meinem Rücken an der Wand hing.

Brady griff beherzt nach seinem Arztkoffer, um sich in die Praxis aufzumachen. Offenbar hatte ihn das Bild ebenso verstört wie mich. Gut so. Vielleicht war ihm das ja eine Lehre, und er würde sich in Zukunft mit seinen glorreichen Einfällen bedeckt halten. Schließlich ging es hier um mein Leben.

»Nur so interessehalber«, meinte er, als er im Türrahmen angekommen war und sich ein letztes Mal in meine Richtung umdrehte. »Habt ihr euch verabredet?«

Weiter kam er nicht. Denn im selben Augenblick flog ihm mein Spüllappen ins Gesicht und hinderte ihn am Weiterreden.

»Schau, dass du Land gewinnst!«, rief ich ihm wütend hinterher.

Beschwichtigend hob Brady seine Hände in die Höhe.

»Ich wollte nur helfen«, erwiderte er verschmitzt.

»Musst du nicht los? Anne wartet sicher schon auf dich.«

In wenigen Minuten begann seine Sprechstunde. Zwar hatte er im Gegensatz zur Hochsaison im Sommer kurz vor Weihnachten nur die einheimischen Patienten im Warteraum sitzen, aber auch diese wollten von Dr. Ward liebevoll umsorgt werden.

»Ich komme dich in meiner Mittagspause besuchen. Lin ist mit Valerie verabredet. Wir haben also viel Zeit, um uns einen Schlachtplan für dich zu überlegen. Machst du mir ein saftiges Steak und zum Nachtisch eine Crème brulée? Lin kann den Geruch von Fleisch im Moment nicht so gut ertragen. Es wäre also wirklich toll, wenn du …«

»Raus hier!«

Mit erhobenem Zeigefinger wies ich ihm den Weg nach draußen.

»Bis später dann.«

Brady zwinkerte mir vielsagend zu.

Und schon konnte ich nicht länger böse auf ihn sein. Schließlich meinte er es ja nur gut mit mir. Gott, wenn er das noch öfter beteuerte, dann würde ich es selbst irgendwann glauben.

Kapitel 3

Amy

Als ich bei *Cybill's little Bookstore* ankam, hielt ich für einen Moment inne und ließ den Anblick auf mich wirken. Der Laden sah genauso aus wie früher, als ich meine Tante gemeinsam mit meiner Mum besucht hatte.

Eine riesige Glasfassade gab einen uneingeschränkten Blick auf den kleinen Laden dahinter frei. Jugend- und Kinderbücher standen dicht gedrängt an Krimis und Liebesromanen. Die Buchhandlung quoll auf diese angenehme Art und Weise über, die einen gewissen Warendruck erzeugte, wie meine Kollegen vom Vertrieb sagen würden, und gleichzeitig konnte man sich in dieser buchigen Umgebung nur wohlfühlen. Heimelig.

In der Tür hing ein großes buntes Poster, das ich mir allerdings nicht näher ansah. Sicher irgendeine Ankündigung. Ein Flohmarkt vielleicht. Über dem Schaufenster war eine Markise angebracht, die – ob Sommer, ob Winter – immer ausgefahren war. Mit ihren roten und weißen Streifen sah sie für mich seit jeher wie eine Zuckerstange aus.

Ein Schmunzeln breitete sich ohne mein Zutun auf meinen Lippen aus. Wie lange war ich jetzt nicht mehr hier gewesen? Zehn Jahre vielleicht? Oder noch länger?

So genau konnte ich es mit Gewissheit nicht mehr sagen. Nur, dass es mittlerweile viel zu lange her war. Dabei konnte ich nicht mal mit Bestimmtheit sagen, warum ich den Ort derart gemieden hatte.

Das Läuten eines Glöckchens war zu hören und riss mich aus meinen Gedanken.

»Amy, bist du das?«, fragte eine zierliche Gestalt mit freundlicher Stimme im Türrahmen der Buchhandlung.

»Tante Cybill, wie schön, dich zu sehen!«, sagte ich und eilte zu ihr.

Es tat gut, ein vertrautes Gesicht zu sehen, das mir zudem wohlgesonnen war.

Noch ehe ich wusste, wie mir geschah, legte sie auch schon ihre Hände zärtlich auf meine Wangen.

»Lass dich ansehen, mein Kind! Du bist blass.« Tante Cybill musterte mich eindringlich. Ich zwang mich zu einem Lächeln, um mir nicht anmerken zu lassen, wie es in meinem Inneren wirklich aussah.

»Aber das ist nichts, was wir mit der guten kornischen Seeluft und einer Wagenladung Cornish Fairings nicht wieder hinbekommen sollten.«

Sie lächelte und zog mich sogleich mit sich in den Laden.

»Bedien dich ruhig schon mal an dem großen Keksglas!«, hörte ich sie sagen, ehe sie hinter einem schweren roten Samtvorhang verschwand. »Ein paar sollten die beiden Walsh-Kinder noch übrig gelassen haben. Erst vor ein paar Tagen haben sie doch glatt die Schule geschwänzt und den Vormittag schmatzend auf der Fensterbank im Buchladen verbracht. Das gab ein großes Donnerwetter, als Peggy davon erfuhr. Nicht wegen der Kekse. Die mag sie ja selbst. Aber wegen der Schule. Das war schon das vierte Mal in diesem Monat, dass die Zwillinge den Unterricht unerlaubt verlassen haben. Zweimal davon waren sie bei mir«, berichtete Tante Cybill ohne Punkt und Komma. Im Hintergrund glaubte ich, einen Wasserkocher zu hören.

Während ich noch überlegte, ob mir die Walsh-Kinder oder Peggy etwas sagten, und ich versuchte, mir ein Bild ins Gedächtnis zu rufen, fand ich die besagten Kekse in einem riesigen Vorratsglas mit passendem Deckel auf der Kassentheke. Gut erreichbar für kleine Kinderhände oder ausgehungerte Londonerinnen, die vergessen hatten, sich für die Reise Proviant mitzunehmen.

Als ich einen Bissen von Tante Cybills weltbesten Ingwerkeksen nahm, entfaltete sich der wohlbekannte Geschmack aus Süße, Würze und Liebe in meinem Mund. Wohlig kauend schloss ich für einen Moment die Augen, um mich an die schönen Tage hier an der Küste zu erinnern, an denen Tante Cybill und ich am Strand Burgen gebaut und Möwen verjagt hatten. Ein Stich durchfuhr mein Herz beim Gedanken daran, wie oft ich mir in dieser Zeit gewünscht hatte, sie wäre meine Mum und nicht nur meine Tante.

»Ich habe hier eine exotische Mischung aus englischem Tee und Darjeeling. Wirklich wohltuend und besonders bekömmlich am späten Nachmittag. Seit neben mir der *Teashop* von Florence Wilson aufgemacht hat, bin ich eine wahre Teekennerin geworden.«

Tante Cybill lachte bei ihren Worten und goss dabei den dampfenden Inhalt ihrer Kanne in die beiden Tassen, die sie auf ihrem Tablett mitgebracht hatte. Eine würzige Duftnote stieg auf. Gleichzeitig begann mein Magen so laut zu knurren, dass ich es vor meiner Tante nicht verheimlichen konnte.

»Ich erzähl von Tee und lieben Kolleginnen aus der Straße, anstatt mich um meine Nichte zu kümmern«, schalt sie sich selbst, zog die gläserne Keksdose vom Tresen und stellte sie zusammen mit den beiden Teetassen auf besagte Fensterbank, auf der erst vor Kurzem noch die Walsh-Kinder einvernehmlich kauend nebeneinandergesessen und den Unterricht geschwänzt hatten.

Ich setzte mich mit einem Gefühl von Nostalgie auf die gepolsterte Bank. Das Blumenmuster des Stoffs kam mir sehr vertraut vor. Es musste der Bezug sein, den Tante Cybill und ich ausgesucht und an ihrer Nähmaschine zusammengenäht hatten. Es war schön zu sehen, dass er noch immer im Einsatz war. Mum hätte ihn vermutlich längst weggeworfen, weil er ihr weder chic genug noch präzise genug gearbeitet worden war.

Das war wohl der Hauptunterschied der beiden Schwestern. Während Tante Cybill die Herzlichkeit in Person war und immer mit einem Lächeln auf den Lippen durchs Leben ging, hatte Mum ihr Herz irgendwann in einen Panzerschrank eingeschlossen und ihr Lachen dem Teufel verkauft.

»Warst du erst am Rose Hill oben, um dein Auto abzustellen?«, fragte Tante Cybill, während sie sich auf der Straße vor ihrer Buchhandlung nach einem Wagen umsah, der ihr nicht bekannt vorkam.

Zu dieser Jahreszeit waren kaum Touristen in dem kleinen kornischen Fischerdörfchen, sodass ich nicht bezweifelte, dass meine Tante erkannte, welches Fahrzeug zu Port Isaac gehörte und welches nicht.

»Ich hab meinen Mini bei deinem Haus geparkt. Hier unten im Ort ist es so eng. Ich wollte nicht Gefahr laufen, mit dem Wagen hängen zu bleiben.«

Mein Mini war nur geleast. Ob wir beide auch in Zukunft gemeinsam weiter durchs Leben fahren würden, hing davon ab, ob ich meinen Job nach der vierwöchigen Zwangspause wieder aufnehmen durfte oder nicht. Falls mir mein Chef doch noch kündigen sollte, konnte ich mir den Luxus eines eigenen Autos nicht mehr leisten. Und auf Scherereien bei der Rückgabe eines Leasingfahrzeugs, das einen Lackschaden – oder schlimmer noch: Anzeichen eines Unfalls – aufwies, konnte ich geflissentlich verzichten. Mein Leben war auch ohne diese Herausforderung schon aufregend genug.

»Das war eine sehr weise Entscheidung, mein Kind. Erst vor ein paar Tagen ist ein Lkw durch die schmalen Gassen hier am Hafen gefahren und hat das Auto von Valerie gestreift. Die Inhaberin vom *Candyheaven*. Du erinnerst dich sicher noch an sie. Nicht mal angehalten hat der Fahrer, um nachzusehen, was er da angerichtet hat.«

Tante Cybill gab mir ungefragt zwei Löffel Zucker in meine Tasse. Früher hatte ich den Tee tatsächlich so süß getrunken. Ein bisschen, um meine Mum damit zu ärgern, die es gar nicht gerne sah, wenn ich zu viel Zucker aß, sich aber in den wenigen Tagen, die sie mit ihrer Schwester verbrachte, nicht pausenlos mit ihr streiten wollte. Das waren die kleinen Siege, die ich damals über meine Mum errungen hatte. Wie sehr ich mich darüber gefreut hatte. Und wie traurig mich heute der Gedanke daran machte.

Mittlerweile trank ich meinen Tee zwar komplett ohne Süßmittel. Aber die Beziehung zu meiner Mum hatte sich dadurch auch nicht entspannt. Leider. Sie war so unterkühlt wie eh und je.

»Danke, Tante Cybill.«

Ich rührte meinen Tee nicht um, damit sich der Zucker am Boden festsetzen konnte.

»Keks?«, fragte sie und hob mir auffordernd die Dose unter die Nase.

»Gerne«, beeilte ich mich, ihre Gastfreundschaft angemessen zu würdigen.

»Nun, was hast du denn in den nächsten Tagen so vor? Wirst du auch über Weihnachten bleiben?«

Es hatte nicht einmal eine halbe Stunde gedauert, bis Tante Cybill auf das Thema zu sprechen kam, das ich, wäre es nach mir gegangen, nie angeschnitten hätte.

Anstatt ihr zu antworten, zuckte ich leicht mit den Schultern.

»Ach, das kannst du dir ja noch überlegen«, beeilte Tante Cybill sich, die aufkommende ungute Stimmung aus dem Laden zu verbannen.

»Ich freue mich wahnsinnig darüber, dass du mich besuchen kommst.« Bei ihren Worten tätschelte sie mir die Hand und lächelte mir aufmunternd zu. »Ich war so aufgeregt, dass ich der ganzen Straße Bescheid gegeben habe. Lin, Valerie und Florence sind schon sehr gespannt darauf, dich kennenzulernen. Sie brennen förmlich darauf.«

Wieder lachte Tante Cybill mit diesem freundlichen Gluckslaut in der Stimme, der Gewitterwolken mühelos beiseiteschieben konnte und strahlendem Sonnenschein Platz machte.

»Hattet ihr dieses Jahr eigentlich schon Schnee?«

Es war kühl geworden. Dennoch war es hier in Cornwall noch immer um einiges wärmer als in London.

Tante Cybill winkte ab.

»Schnee in Cornwall?« Sie lachte. »Das gibt es nur rund alle zehn Jahre. Man muss wirklich Glück haben, wenn man weiße Weihnachten bei uns erleben möchte. In all der Zeit, in der ich nun schon hier lebe, kann ich mich nur an ein einziges weißes Fest erinnern.«

Ich nickte und ließ meinen Blick über den Hafen gleiten. Die Ruhelosigkeit des Sommers war einer bedächtigen Stille gewichen. Als hätte die kalte Jahreszeit das Leben hier an der Küste in eine Art Winterschlaf geschickt. Aus den Schornsteinen krochen helle Nebelschwaden wie Zuckerwatte dem Himmel empor. Das warme Licht hinter den Fenstern zeugte von einer Gemütlichkeit, wie ich sie mein Leben lang vermisst hatte.

»Ist auch nicht so wichtig«, erklärte ich schnell, um Tante Cybill nicht die Stimmung zu verhageln.

Von jeher wollte sie jedem immer alles recht machen. Aber Schnee in Cornwall zu Weihnachten war etwas, was nicht einmal sie bewerkstelligen konnte.

Ich wusste nicht einmal, wie ich auf den Gedanken gekommen war. Schnee in London war lästig. Ständig kam man zu spät oder musste höllisch aufpassen, dass man im

Berufsverkehr nicht in irgendjemanden hineinrauschte. Womöglich hatte ich mir ja auszumalen versucht, wie die Filmkulisse von Port Isaac wohl gezuckert aussehen würde. Ein schönes Bild. So friedlich.

»Heute ist Mittwoch. Da schließe ich meinen Laden schon um 14 Uhr«, sagte Tante Cybill und blickte dabei auf ihre Armbanduhr. »Das ist noch eine gute Stunde. Willst du so lange spazieren gehen? Wir könnten danach zur Feier des Tages im *Golden Lion* eine Kleinigkeit essen. Was hältst du davon?«

Ich überlegte kurz.

»Das klingt nach einem sehr guten Plan. Aber nur, wenn ich dich einladen darf«, bestimmte ich.

»Amy, mein Kind, das musst du doch nicht«, wehrte Tante Cybill ab.

»Ich möchte es aber. Sehr sogar.«

Dagegen konnte sie nichts einwenden.

Kapitel 4

Colin

Der würzige Duft von angebratenen Steaks, kräftigen Gemüsesuppen und Fisch lag in der Luft. Mittagszeit im *Golden Lion.* Unter der Woche fanden sich zu dieser Jahreszeit meist nur Einheimische bei uns ein, die allein waren oder keine Lust hatten, selbst etwas zu kochen. Oder beides.

»Colin, die Weihnachtsfeier der Fischer wurde soeben abgesagt. Der alte O'Brian muss zu seiner Tochter nach Edinburgh fahren. Sie hat ihren kleinen Jungen vier Wochen vor dem errechneten Geburtstermin entbunden, und Margot macht ihrem Mann die Hölle heiß, wenn sie den kleinen Engel nicht auf der Stelle besuchen fahren.«

Mum hielt einen losen Stapel Zettel in Händen und blätterte geschäftig darin herum. Ihr Ablagesystem war mir zu undurchsichtig. Auch wenn sie stets behauptete, dass sie prima damit klarkam, wurde ich im Ernstfall nicht daraus schlau. Aber ich sagte nichts. Wie ich meist nichts zu ihrem Arbeitsbereich sagte. Schließlich war ich sehr froh darüber, dass Mum den ganzen Verwaltungskram machte.

»Sie fragen, ob sie die Woche drauf kommen könnten. Da hätten wir allerdings schon eine recht große Veranstaltung mit dem Kajakclub aus Port Quin. Ich wollte ihnen noch nicht zusagen, weil ich mich erst mal mit dir abstimmen wollte, ob die Küchencrew das schaffen könnte.«

In Gedanken spielte ich die kommenden Abende durch und versuchte mich dabei daran zu erinnern, wann das Essen des Clubs anstand. Nächsten Mittwoch oder Donnerstag? Oder vielleicht doch erst am Wochenende?

Während ich so über die verschiedenen Reservierungen nachdachte, wurde mir plötzlich klar, dass ich keinen einzigen privaten Termin hatte. Keinen einzigen. Ich ging weder zum Friseur noch traf ich mich mit einem Freund. Da, wo in den einzelnen Zeilen des Kalenders des *Golden Lion* penibelst genau verzeichnet war, wer wann und mit wie vielen Personen bei uns zum Essen kam, herrschte in meiner eigenen Version gähnende Leere. Und das war nicht nur in dieser Woche so.

Wenn ich recht darüber nachdachte, dann hatte ich schon sehr lange nichts mehr nur für mich getan. Früher war ich manchmal im Sommer mit Grace nach St. Ives gefahren, hatte einen wunderschönen Tag am Meer verbracht und war abends mit vollen Batterien nach Hause zurückgekehrt. Aber das war lange her. Seither wandelte ich wie ein Handy umher, das man bei anhaltender Belastung auch bei fünf Prozent noch immer nicht ans Ladekabel gehängt hatte, sodass man nun jeden Moment damit rechnen musste, dass es sich von selbst abschaltete.

»Wir sind bis Weihnachten voll besetzt. Die Urlaube stehen erst zwischen den Jahren an. Somit sollte das kein Problem für uns sein.«

Auf mein Team konnte ich mich verlassen. Die Jungs und Mädels wussten, was zu tun war, und mittlerweile würde ich sogar behaupten, dass wir uns untereinander blind verstanden.

»Vielleicht sollten wir überlegen, an dem Abend eine Menüauswahl vorzugeben? Das erleichtert die Einkaufsplanung. Was meinst du?«

Als ich realisierte, dass Mum die Sache bis ins kleinste Detail mit mir planen wollte, gab ich meinen Kollegen kurz Bescheid, dass ich etwas zu erledigen hatte, und ging mit meiner Mum in Richtung des Kühlhauses, vor dem sich ein Tisch mit zwei Stühlen befand. Hier hinten konnte man ungestört reden und stand niemandem im Weg.

»Ich überlege mir drei bis fünf Menüzusammenstellungen. Die kannst du den beiden Gruppen dann morgen per E-Mail zukommen lassen.«

Mum nickte.

»Das wird wohl das Beste sein.«

Sie machte sich ein paar Notizen auf einem ihrer Zettel, ehe sie auf den Rest einen prüfenden Blick warf und mich wie einen Schuljungen auf dem Korridor vor dem Zimmer des Direktors warten ließ.

»Sonst noch etwas, Mum?«, hakte ich schließlich nach einer gefühlten Ewigkeit nach.

Erst als die Worte meinen Mund verlassen hatten, fiel mir auf, wie genervt sie klangen. Das war nicht meine Absicht gewesen. Auch wenn es in der Vergangenheit des Öfteren Spannungen zwischen uns gegeben hatte, waren wir seit Lins Rückkehr nach Port Isaac alle etwas enger zusammengewachsen.

»Ich muss noch die Pläne für die kommenden Tage mit meinem Team besprechen und, solange es einigermaßen ruhig ist, eine neue Fischsuppe ausprobieren«, versuchte ich meinen forschen Vorstoß zu rechtfertigen.

Mum zog sich die Lesebrille von der Nase und sah mich eindringlich an.

»Da steht tatsächlich noch etwas auf meinem Zettel. Aber das hat nichts mit dem *Golden Lion* zu tun.« Sie schwieg für einen Moment und sah mich dabei unschlüssig an. »Sondern mit dir.«

Ich schluckte bei ihren Worten hart gegen den Kloß in meinem Hals an, der sich wie auf Knopfdruck dort gebildet hatte.

»Mit mir?«

Mum seufzte. Und die Art und Weise, wie sie es tat, verriet mir, dass ich jeden Moment eines dieser Gespräche über mich ergehen lassen musste, nach denen mir so gar nicht der Sinn stand.

»Brady, Lin und ich machen uns Sorgen um dich«, hörte ich sie schließlich das aussprechen, was ich schon befürchtet hatte.

»Mir geht's gut«, erwiderte ich trotzig. »Wenn sonst nichts ist, würde ich jetzt gerne mit der Arbeit weitermachen«, sagte ich und war schon dabei, mich von meinem Platz zu erheben, als Mum ihre Hand auf meine legte und mich damit zum Innehalten zwang.

»Sei uns bitte nicht böse. Wir wollen doch nur, dass es dir gut geht. Seit deiner letzten Beziehung gibt es außer der Arbeit kaum etwas anderes für dich. Übern Tag stehst du hier unten in der Küche, und danach gehst du hoch in deine Wohnung und legst dich zum Schlafen hin.«

»Willst du mir damit sagen, dass ich mir eine eigene Wohnung suchen soll? Stört dich meine Anwesenheit?«

Mum schüttelte vehement den Kopf.

»Nein, das will ich dir nicht damit sagen. Colin … Wann warst du das letzte Mal unten im Hafen? Wann bist du das letzte Mal oberhalb der Klippen spazieren gegangen? Wann warst du das letzte Mal mit Brady im Pub?«

Ein pochender Schmerz breitete sich schlagartig hinter meinen Schläfen aus. Schon das zweite Mal an diesem Tag versuchte sich jemand in mein Leben einzumischen, ohne dass ich ihn darum gebeten hatte. Ich wusste ja, dass sie es alle nur gut mit mir meinten, aber was hätte ich seit Bradys Tinder-Apell am heutigen Morgen bitte schön verändern sollen?

»Brady war heute früh auch schon hier, um den Moralapostel zu geben. Seid mir nicht böse. Ich weiß, dass ihr euch alle nur Sorgen um mich macht. Aber die sind total unbegründet. Ich bin im Moment einfach nur gerne für mich. Was ist bitte falsch daran?«

Mum sah mich einfühlsam an. Auf ihrer Stirn hatte sich eine tiefe Furche gebildet.

»Wir wollen dir keine Vorschriften machen, wie du dein Leben zu leben hast«, behauptete sie.

»Ach nein? Das klang aber ganz anders«, erwiderte ich wie ein bockiges Kleinkind, das seinen Willen nicht bekam.

»Colin, du weißt, wie wichtig du uns bist. Niemand möchte dir Vorschriften darüber machen, was richtig oder was falsch ist. Wir bitten dich doch nur, wieder etwas mehr am Leben hier im Ort teilzunehmen.«

»Darum geht es dir also«, brach es aus mir heraus, als ich meinte, den eigentlichen Grund für diese Unterredung gefunden zu haben. »Haben die Leute dich auf mein Verhalten angesprochen? Haben sie sich gewundert, dass ich mich kaum noch irgendwo blicken lasse?«

»Ich würde lügen, wenn ich behaupten würde, dass es solche Situationen in den letzten Monaten nicht gegeben hätte. Aber die Leute sind mir egal, Colin. Das Einzige, was mir wichtig ist, bist du. Ich wünsche mir, dass du wieder glücklich bist. Es ist lange her, dass ich dich lachen gehört habe. Ich kann mich gar nicht mehr an den Klang erinnern.« Dann unterbrach sie sich selbst, sah zu Boden. Es dauerte ein, zwei Sekunden, bis sie den Mut gefasst hatte, weiterzusprechen. »Außerdem bin ich mir im Klaren darüber, dass deine Beziehung mit Grace hauptsächlich deshalb in die Brüche ging, weil ich mich bei euch eingemischt habe. Das tut mir sehr leid.«

Wenn noch mal jemand in meiner Gegenwart behaupten sollte, dass Menschen nicht in der Lage dazu wären, sich zu verändern, dann würde ich von diesem Moment hier berichten. Mum hatte sich verändert. Grundlegend. Ich konnte mich nicht daran erinnern, dass sie je zuvor so offen und ehrlich zu mir gewesen wäre, was ihre Gefühle anbelangte. Ferner hatte sie sich noch nie für etwas entschuldigt.

Es dauerte ein paar Minuten, bis ich mir der Bedeutung ihrer Worte bewusst geworden war.

»Ach, Mum. Das ist doch Schnee von gestern. Das mit Grace und mir wäre auf längere Sicht auch so zerbrochen. Sie mochte den *Golden Lion* nicht. Wie oft lag sie mir in den Ohren, von hier wegzugehen? Sie hat nie verstanden, wie gerne ich hier lebe.«

Mum tätschelte abermals meine Hand.

»Es ist schön, dass du hier bist, mein Junge. Aber man sollte ab und zu rausgehen, sich die Welt anschauen und dann mit diesem wohligen Gefühl im Herzen nach Hause zurückkommen, um sich ganz sicher zu sein.«

»Colin, am Hintereingang steht ein Vertreter für dich. Er meint, er hätte einen Termin mit dir«, funkte Elliott, mein Stellvertreter, dazwischen.

»Sag ihm, ich komme gleich. Ja?«

»Alles klar«, erwiderte Elliott und war sogleich wieder verschwunden.

»Sorry, Mum, aber ich muss weitermachen.«

Mum nickte verständnisvoll, sammelte den Stoß Zettel, den sie achtlos auf dem Tisch verteilt hatte, wieder ein und ging zurück in ihr Büro, während mir ihre letzten Worte zu denken gaben.

War das wirklich das Leben, das ich mir selbst ausgesucht hatte? Lebte ich gerne als Eremit? Oder war es nur bequemer und sicherer, als nach draußen zu gehen und erneut Gefahr zu laufen, ein gebrochenes Herz davonzutragen?

»Colin?«, mahnte Elliott erneut und hinderte mich somit daran, eine Antwort auf all diese Fragen zu finden.

Aber aufgeschoben war ja nicht aufgehoben.

Vielleicht sollte ich mir später tatsächlich ein wenig die Beine vertreten. Frische Luft tat bekanntlich gut. Heute war ohnehin nicht viel los. Ein guter Zeitpunkt also, um sich den Kopf mal so richtig durchpusten zu lassen.

Kapitel 5

Amy

Port Isaac war noch immer so ruhig und beschaulich, wie ich es in Erinnerung hatte. Als Tante Cybill mich aufforderte, ein wenig spazieren zu gehen, wusste ich zunächst nicht recht, wohin mit mir. Dann war ich einfach in irgendeine Richtung losgelaufen, um mir ein wenig die Füße von der langen Fahrt zu vertreten und frische Luft zu tanken.

Das Wetter machte es mir einfach, mich hier wohl und angekommen zu fühlen. Der Himmel war blau. Nur wenige Wolken schoben sich durch mein Sichtfeld. Die Sonne schien, auch wenn sie nicht die Kraft hatte, die im Sommer die vielen Badegäste an die Küsten Cornwalls spülte. Mir hellte sie die Stimmung auf. Und ich war dankbar dafür, dass sie mir ein wenig Gesellschaft leistete.

Lange stand ich dort oben an dem Küstenvorsprung und schaute den Wellen dabei zu, wie sie ein ums andere Mal immer unterschiedliche Wege fanden, um aufs Land zu treffen, nur um sich gleich wieder im Wasser zu verlieren. Ein paar kreischende Möwen kreisten behäbig über mir und schielten interessiert zu mir herunter, bis ihnen aufging, dass ich keinen Fisch für sie bereithielt. Dann flogen sie unverrichteter Dinge leicht spottend und enttäuscht von dannen.

Aus irgendeinem mir unerfindlichen Grund musste ich lachen, als sie weiterzogen. Vielleicht wäre ich ja auch gerne so unbekümmert wie sie. Ich stellte es mir sehr befreiend vor, jedem offen zeigen zu können, wie es in mir drinnen aussah, was mich beschäftigte.

Ohne es zu wollen, musste ich wieder an den Tag zurückdenken, der mich in der Folge nicht ganz freiwillig nach Cornwall gebracht hatte. Was wäre wohl gewesen, wenn ich Mr Lewis erklärt hätte, dass ich mit seiner Entscheidung nicht einverstanden war? Hätte er mich dann gleich rausgeschmissen oder meinen Mut anerkennend zur Kenntnis genommen? Hätte ich dann vielleicht sogar bleiben dürfen?

Tyler White war einer von vielen Autoren, die ich beim Entstehungsprozess ihres Buches begleitete. Aber er war nicht der einzige. Warum hatte mir mein Chef nicht einfach gesagt, dass ich fortan nicht mehr mit ihm zusammenarbeiten würde, und mir einen neuen Autor zugewiesen? Der Verlag hatte über zweihundert Autoren. Tendenz steigend. Da wäre es doch sicher möglich gewesen, eine andere Lösung für ein wie auch immer geartetes Problem zu finden.

Denn nach wie vor hatte ich keine Ahnung, warum ich kurz vor Weihnachten in den Zwangsurlaub geschickt worden war. Und das ständige Grübeln machte es auch nicht besser. Mittlerweile kam ich mir wie eine wiederkäuende Kuh vor, der gleich mehrmals dieselbe Speise vorgesetzt wurde. Mit dem Unterschied, dass meine Gedanken nicht nur schwer in meinem Magen lagen, sondern mich Tag und Nacht umtrieben.

Hier an der Küste hatte ich gehofft, ein wenig Abstand zu allem zu finden. Aber allein die räumliche Distanz würde daran sicher nichts verändern. Ob es mir wohl dennoch gelingen würde, auf andere Gedanken zu kommen? Noch wollte ich den Kopf nicht in den Sand stecken und positiv bleiben. Allerdings fiel mir das zunehmend schwerer.

Von meinem Job hing nicht nur meine persönliche Erfüllung ab, sondern auch die Miete für meine Wohnung. Wenn ich keine Einnahmen mehr hatte, würde sich mein Leben grundlegend verändern müssen. Ich müsste mich auf Jobsuche begeben und Klinken putzen gehen. Eine unschöne Vorstellung. Eigentlich hatte ich gehofft, bei Smith & Cooper längerfristig bleiben zu können. Aber manchmal ging das Leben wohl ganz eigene Wege, auf die man – allen Planungen zum Trotz – kaum Einfluss hatte.

Dann kam mir siedend heiß noch ein anderer Gedanke: Würde mir Mr Lewis ein gutes Zeugnis ausstellen, das mir dabei half, wieder auf die Beine zu kommen? Oder hatte ich unwissentlich etwas getan, was mir die Aussichten auf die nötigen Referenzen zunichtegemacht hatte?

Immer und immer wieder versuchte ich, in meinem Kopf die Wochen vor diesem einschneidenden Erlebnis Revue passieren zu lassen. Aber mir wollte einfach keine Situation einfallen, in der ich mich danebenbenommen oder Tyler White womöglich vor den Kopf gestoßen hatte.

Auch bei der Bearbeitung seines Textes hatte es keine außergewöhnlichen Probleme gegeben. Natürlich widersprach er mir ab und an bei meinen Anmerkungen oder wollte noch den ein oder anderen Punkt mit mir ausdiskutieren. Aber das war nichts Ungewöhnliches. Und bisher hatte ich nie das Gefühl gehabt, dass ich ihn mit meiner fachlichen Kritik gekränkt hätte. Ganz im Gegenteil. Nicht selten hatte er mir nach einer Veröffentlichung bestätigt, wie glorreich meine Einfälle gewesen wären, und mir einen Teil des Ruhms zugestanden. Was war also diesmal anders gewesen?

All diese quälenden Fragen wollten einfach kein Ende nehmen. Langsam war ich schon genervt von mir selbst. Denn wenn ich dort in Mr Lewis' Büro nicht nur stumm vor mich hingestarrt hätte, sondern meine Meinung geäußert hätte, dann wüsste ich vielleicht auf zumindest einige dieser Fragen eine Antwort. So aber stocherte ich mit all meinen Mutmaßungen im Trüben und machte mich immer mehr verrückt.

Mein Blick fiel auf einen riesigen Kieselstein am Boden. Ohne weiter darüber nachzudenken, griff ich ihn mir und warf ihn in hohem Bogen über die Klippe hinunter ins Meer, als könnte ich mich auf diese Weise von all meinen Problemen und Ängsten losmachen. Leider verfehlte der Stein sein Ziel und fiel anstatt ins Wasser in den Sand. Aber immerhin. Bildlich gesprochen befanden sich meine Probleme jetzt ungefähr zehn Meter vor dem Wasser und damit rund zehn Höhenmeter von mir entfernt. Das war zumindest ein Anfang.

»Sie wissen aber schon, dass da unten auch Menschen spazieren gehen und Sie jemanden hätten treffen können?«, fragte plötzlich eine männliche Stimme in meinem Rücken.

Ich zuckte regelrecht zusammen und wusste nicht so recht, was ich sagen, geschweige denn, wie ich auf diese Aussage reagieren sollte.

»Fühlt es sich jetzt wenigstens besser an?«, fragte der mir unbekannte Mann.

Ich drehte mich zu ihm, um ihm zu sagen, dass ihn das nichts anginge, dass das hier mein Platz war und er sich gefälligst einen anderen suchen sollte.

Doch als ich in die türkisblauen Augen meines Gegenübers blickte, vergaß ich für einen Moment, was ich sagen wollte.

»W-wie bitte? Ich verstehe nicht …«, stotterte ich verlegen.

»Na, Sie werden den Stein sicher nicht ganz ohne Grund geworfen haben.« Dann schenkte er mir ein angedeutetes schiefes Lächeln.

Zumindest glaubte ich das. Mitten in seinem Gesicht hingen so viele Haare, dass ich kaum erkennen konnte, wie der Mann wirklich aussah. Mit ein Grund, warum ich Bärte nicht sonderlich mochte. Außerdem kratzten sie fürchterlich beim Küssen. Aber darüber wollte ich jetzt nicht nachdenken. Nicht, während mich diese Augen, deren Farbe mich ans Meer erinnerte, eindringlich musterten.

»Ich weiß nicht … Vielleicht … Aber ich sollte jetzt zurück ins Dorf. Meine Tante wartet sicher schon auf mich«, beeilte ich mich zu sagen, um von hier fortzukommen.

Erst in diesem Augenblick wurde mir bewusst, dass wir beide hier mutterseelenallein waren und der breitschultrige Kerl sonst was mit mir anstellen könnte. Niemand würde es mitbekommen. Oder erst dann, wenn es bereits zu spät war.

Gänzlich ohne mein Zutun lief ich ein paar Schritte, um etwas mehr Distanz zwischen uns zu bringen.

»Wollen Sie nach Port Isaac?«, fragte der unbekannte Fremde.

Ich nickte und fragte mich schon im nächsten Augenblick, ob das eine kluge Entscheidung gewesen war. Denn falls ich es irgendwie lebend zurück in den Ort schaffen sollte, wusste der Kerl ja jetzt, wo ich wohnte. Zumindest zeitweise. Was, wenn er mir die nächsten Tage in einer dunklen Ecke auflauerte, nur um seinen Plan – wie auch immer der aussah – ein für alle Mal in die Tat umzusetzen?

»Dann sind Sie in der falschen Richtung unterwegs. Sie müssen hier entlang.« Er hob seinen Daumen in die Höhe und deutete hinter sich. »Soll ich Sie vielleicht ein Stück begleiten?«, fragte er freundlich und lächelte dabei, sodass eine strahlend weiße Zahnreihe zum Vorschein kam.

Aber wir alle kannten Rotkäppchen und den bösen Wolf. Ein freundliches Lächeln hatte noch lange nichts Gutes zu heißen. Und ich hing an meinem Leben. Ferner bezweifelte ich, dass in meinem Fall ebenfalls ein Jäger zum passenden Zeitpunkt vorbeikommen würde, der den Bauch des Mannes aufschlitzen und mich daraus befreien konnte.

»Nein!«, schrie ich also eine Nuance zu schrill. Aber ich wollte auf keinen Fall, dass sich der Mann auch nur noch einen Schritt auf mich zubewegte.

Ich schluckte beim Gedanken daran, womöglich bald schon ein jähes Ende zu finden. Das wäre wirklich ein Weihnachtsfest ganz in der Tradition der vorhergehenden.

Dagegen war die Vorstellung, nie wieder in meinen Job im Verlag zurückkehren zu dürfen, beinahe schon tröstlich.

Entwaffnend hob der Mann seine Hände in die Höhe, um mich zu beschwichtigen.

»Okay, okay. Ich hab's verstanden. Sie wollen wirklich Ihre Ruhe haben. Kann ich gut verstehen. Geht mir schließlich nicht anders.«

Das war nicht ganz der Grund, warum ich ohne ihn zurück ins Dorf gehen wollte. Aber meine wahren Beweggründe brauchte ich ihm ja nicht gleich auf die Nase zu binden. Vermutlich würden sich unsere Wege ohnehin so schnell nicht wieder kreuzen.

»Genau«, bestätigte ich ihm also seine Vermutung der Einfachheit halber und machte mich daran, ihn großräumig zu umgehen. Wie eine Detonation, die mitten auf dem Weg ein riesiges Loch in den Boden gerissen hatte.

Eine Detonation mit türkisblauen Augen und einem supersexy Body, merkte meine innere Stimme an. Ja, ja, türkisblaue Augen und supersexy Body, die uns womöglich auf bestialische Weise töten wollen. Hast du darüber schon mal nachgedacht?, fragte ich sie unumwunden.

Du liest eindeutig zu viele Krimis. Beruflich und privat. Spielverderberin!, schmetterte sie mir brummig entgegen und legte mir dabei nahe, demnächst etwas mehr fürs Herz zu lesen.

»Falls Sie mal wieder in die Situation kommen sollten, dass Sie dringend Ihre Ruhe benötigen, empfehle ich, hier den Weg noch ein wenig weiterzugehen. Dort vorne gibt es einen

Felsvorsprung, der nicht ganz so einsichtig liegt. Dorthin verirrt sich nur selten jemand. So als Tipp.«

Das ist definitiv kein Serienkiller, hörte ich meine innere Stimme darauf erwidern. Der guckt viel zu lieb.

Ich antwortete ihr nicht darauf, warf dem Mann, von dem ich nicht mal den Namen kannte, ein »Danke schön« zum Abschied entgegen und machte mich sogleich auf den Rückweg zu Tante Cybill.

Es war bereits kurz vor vierzehn Uhr. Irgendwie hatte ich total die Zeit vergessen. Jetzt musste ich mich beeilen, damit ich nicht zu spät kam.

Kapitel 6

Colin

Wer die Frau wohl war?, fragte ich mich, kaum dass von ihr nicht mehr als die Silhouette zu erkennen war.

Für den Wimpernschlag eines Augenblicks hatte ich tatsächlich die Vermutung, die gut aussehende Rothaarige mit den langen Beinen und den unzähligen Sommersprossen auf der Nase könnte von Brady auf mich angesetzt worden sein. Ein wenig erinnerte sie mich sogar an einen Match, den ich bei meinem ersten und einzigen Tinder-Abend hatte. Bei näherer Betrachtung war ich mir allerdings ganz sicher, dass sie es nicht sein konnte.

Wer war sie also dann? Ich hatte sie nie zuvor in Port Isaac gesehen. Was nicht weiter schwer war. Schließlich hatte Mum heute Morgen nicht übertrieben, als sie mich als Eremiten dargestellt hatte.

Ich verließ das Haus nur noch im äußersten Notfall. Der war beispielsweise dann eingetreten, wenn ich die bestellte Ware beim Großhändler abholen musste. Dort traf ich allerdings nur sehr selten jemanden aus dem Dorf. Das zählte also nicht.

Ich musste bei dem verschreckten Augenaufschlag der Frau beinahe ein wenig grinsen. Sie hatte mich nicht allen Ernstes für einen Killer gehalten, oder? Ihr Gesichtsausdruck hatte Bände gesprochen. Aber vielleicht lag das auch nur an meinen etwas zu langen Haaren und dem üppigen Bart.

Nicht aus Überzeugung, sondern aus Antriebslosigkeit hatte ich beides wachsen lassen. Um den Bart zu stutzen und mein Haar wieder in eine vernünftige Länge zu bringen, bräuchte ich einen Termin beim Friseur. Und darauf hatte ich so viel Lust wie auf eine Magenspiegelung.

Wenn man sich in Bertas *Hairdress* auf einen der altmodischen Sessel setzte, konnte man davon ausgehen, dass sie jedes noch so verschwiegene Geheimnis aus einem herauskitzeln würde. Etwas, worauf ich gerade so gar keine Lust hatte. Also nahm ich die langen Zotteln und den Bart billigend in Kauf.

Mum hatte es bisher noch nicht angesprochen, aber höchstwahrscheinlich würde sie es gutheißen, wenn ich mich endlich der vielen Haare entledigen würde. Sie war nämlich der Meinung, dass ein Koch mit Bart verwahrlost aussah, wobei ich ihr sogar teilweise recht geben musste.

Mein Smartphone klingelte und beendete meinen wirren Gedankengang.

»Hey, Brady. Was gibt's?«, meldete ich mich.

»Was es gibt? Wolltest du mir nicht ein saftiges Steak braten und mir zum Nachtisch die beste Crème brulée reichen, die ich je gegessen habe?«, kam er gleich auf den Grund seines Anrufs zu sprechen.

»Irrtum! Das wolltest du, nicht ich. Aber Scherz beiseite. Elliott macht dir das alles mindestens genauso gut wie ich«, erwiderte ich ausweichend, obwohl ich genau wusste, dass es Brady gar nicht um das Essen ging.

»Wo bist du?«, wollte er schließlich wissen.

Seine Sorge war mit Händen greifbar. Als wartete er nur darauf, dass ich irgendwann eine Dummheit beging und wir uns nie wiedersehen würden. Dabei musste er doch spüren, dass mir danach ganz sicher nicht der Sinn stand. Ich wollte nur meine Ruhe. War das denn so schwer zu begreifen?

»Unterwegs. Ein paar Schritte laufen. Den Kopf freikriegen«, erklärte ich nebulös.

Ich wusste ja selbst nicht so genau, warum ich nach dem Termin mit dem Vertreter meine Kochjacke kurzerhand gegen meinen Parka eingetauscht hatte und losgelaufen war. Erst unterwegs hatte ich Elliott kurz Bescheid gegeben, dass ich ein paar Minuten außer Haus sein würde und er sich keine Sorgen zu machen bräuchte.

»Okay«, hörte ich Brady sagen. Doch eigentlich wollte er von mir wissen, ob er zu mir kommen sollte, ob ich seine Gesellschaft brauchte.

»Ich bin schon wieder auf dem Rückweg«, log ich, als die Stille zwischen uns zu laut wurde.

Wieder ein vielsagendes »Okay«, gefolgt von einem: »Vielleicht sehen wir uns ja noch, bevor ich zurück in die Praxis muss.«

»Aber nur wenn du die nächste Stunde kein Wort über diesen ganzen Datingscheiß verlierst. Deal?«

»Deal«, antwortete Brady lachend.

»Bis gleich«, sagte ich schließlich und beendete das Gespräch.

Mein Blick schweifte hinaus auf das offene Meer, während meine Gedanken wie die Möwen über mir zu kreisen begannen. Vielleicht war es wirklich an der Zeit, etwas zu verändern. Die Frage war nur, was.

Kapitel 7

Amy

Eiligen Schrittes ging ich zurück nach Port Isaac, wo sich weiße Häuserfronten wie Liebende eng aneinanderschmiegten und sich gegenseitig von Wind und Wetter schützten.

Es hatte ein wenig aufgefrischt. Der Wind zog vom Meer übers Land und ließ mich frösteln, sodass ich meinen dunklen Wintermantel schloss und mir die Mütze tief in die Stirn und über die Ohren zog.

Alle paar Meter sah ich mich nach hinten um, ob mir der Fremde womöglich doch noch gefolgt war. Und jedes Mal war ich fast ein wenig enttäuscht darüber, dass er es nicht getan hatte. Schließlich war er nett zu mir gewesen. Irgendwie. Zumindest hatte er mich nicht umgebracht. Das war eine solide Grundlage, würde ich behaupten. Für was auch immer.

Mein Smartphone vibrierte in meiner Manteltasche.

Tante Cybill.

Mit einem »Ich bin schon auf dem Rückweg« nahm ich das Gespräch entgegen, als mir bewusst wurde, dass es mittlerweile bereits zehn Minuten nach der vereinbarten Zeit war.

»Oh, gut. Ich wollte nur kurz fragen, wie lange du noch brauchst. Die letzte Kundin hat eben den Laden verlassen. Mrs Gilbert möchte im nächsten Frühjahr nach Thailand verreisen. Wir haben zusammen nach passenden

Reiseführern gesucht und darüber ein wenig die Zeit vergessen. Ich hoffe, du bist mir nicht böse. Du musst ja ganz ausgehungert sein.«

»Mir geht es gut, Tante Cybill. Da brauchst du dir wirklich keine Sorgen zu machen. Ich hatte doch deine wundervollen Ingwerkekse. Hast du das denn schon vergessen?«, versuchte ich, meiner Tante das schlechte Gewissen zu nehmen. »Außerdem habe ich meinen Spaziergang sehr genossen.« Von der unfreiwilligen Begegnung mit Mr Unbekannt erzählte ich ihr jedoch nicht.

»Dann treffen wir uns am Laden? Oder soll ich schon mal zum *Golden Lion* vorlaufen. In welcher Richtung warst du denn unterwegs?«

Das typische einrastende Geräusch war zu hören, als Tante Cybill im Hintergrund ihre Registrierkasse schloss. Offenbar hatte sie noch die Tageseinnahmen gezählt.

»Ich bin nur ein wenig oberhalb der Klippen gelaufen. In fünf Minuten bin ich bei dir.«

»Das klingt nach einem guten Plan. Bis gleich, mein Kind.«

Als das Gespräch beendet war, steckte ich mein Smartphone zurück in die Manteltasche und hielt noch einen Augenblick inne. Nun würde das Unausweichliche folgen. Sicher wollte Tante Cybill beim Lunch in allen Einzelheiten von mir wissen, warum ich nach so langer Zeit zurückgekommen war und wie es mir in der Zwischenzeit in London ergangen war.

Einerseits sehnte ich mich sogar danach, es ihr zu erzählen, damit die Gedanken in meinem Kopf endlich ein Ventil fanden, um mich nicht mehr ständig zu quälen. Vielleicht würde es mir besser gehen, wenn ich mich einer anderen Person anvertraute.

Andererseits hatte ich Angst davor, Tante Cybill könnte nach meinem Bericht der Meinung sein, dass ich doch irgendeine Schuld daran tragen musste, dass mein Chef mich eiskalt wenige Wochen vor Weihnachten in den Zwangsurlaub geschickt hatte. Sie war ein guter Mensch und vermutlich der Letzte, dem ich solche Gedanken zutrauen würde. Aber andererseits war sie gerade alles, was ich hatte. Ich wollte das bisschen heile Welt, das ich hier in Port Isaac gefunden hatte, nicht gleich wieder aufs Spiel setzen.

Tante Cybill anzulügen, war allerdings auch keine Option. Wir beide waren immer ehrlich zueinander gewesen. Auch wenn wir es nie offen ausgesprochen hatten, war ich sogar der Meinung, dass unsere Beziehung um einiges inniger war als die zwischen meiner Mum und mir. Aber womöglich hatte ich sogar eine herzlichere Beziehung zu der Frau vom Lieferdienst meines Lieblingsthais. Wir sahen uns mindestens einmal die Woche, und sie schenkte mir immer ein freundliches Lächeln. Zumindest wenn das Trinkgeld stimmte.

Ich schüttelte leicht den Kopf, um mich der unliebsamen Gedanken darin zu entledigen. Eigentlich war ich nach Cornwall gekommen, um ein wenig Abstand von allem zu bekommen. Okay, und weil ich mir Hawaii nicht leisten konnte.

Um Tante Cybill nicht länger warten zu lassen, setzte ich mich endlich in Bewegung und steuerte an *Valerie's Candyheaven und Lin's DIY-Dream* vorbei auf ihre

Buchhandlung zu. Im Laden brannte nur noch das kleine Licht direkt über der Kasse. Sonst war der Raum ganz dunkel. Doch als ich schon fast vor der Tür war, schaltete sich der Bewegungsmelder an und beleuchtete das Poster, das mir bereits bei meiner Ankunft ins Auge gefallen war. Im Gegensatz zu vorhin nahm ich mir nun die Zeit, es mir genauer anzusehen. Allerdings wurde ich nicht so recht schlau daraus.

Da öffnete sich plötzlich die Tür, und Tante Cybill stand vor mir.

»Spannende Sache, oder?«, fragte sie, als sie bemerkte, dass ich mich für das Poster interessierte.

»Worum genau geht es denn dabei?«, stellte ich eine Gegenfrage, während Tante Cybill den Laden verschloss, sich bei mir einhängte und wir uns langsam in Richtung des *Golden Lion* aufmachten.

»Ein paar große Verlage haben sich zusammengetan und ein Weihnachtsgewinnspiel für die kleinen Buchhandlungen des Landes ins Leben gerufen. Dabei können die Kunden dieser Buchhandlungen mit ihrer Stimme dafür sorgen, dass ein bekannter Bestsellerautor in ihrem Ort vorbeikommt und eine Lesung abhält.«

Tante Cybill klang ganz aufgeregt. Ihre Hand zitterte leicht an meinem Arm.

»Das ist ja wirklich eine schöne Idee. Und die Buchhandlungen mit den meisten Stimmen im Voting bekommen dann eine solche Lesung. Richtig?«, hakte ich noch mal nach.

»Genau.«

Tante Cybill nickte.

»Ich habe schon alle Einwohner hier aus der Region gebeten, für mich abzustimmen. Die Aktion läuft bereits seit dem Herbst. Die Touristen, die zu dieser Zeit noch bei uns Urlaub gemacht haben, habe ich auch darauf aufmerksam gemacht. Vielleicht klappt es ja wirklich. Das wäre ein Traum! Stell dir mal vor, Luna McDavis, Tyler White oder einer der anderen namhaften Autoren säßen in meinem kleinen *Bookstore* und lesen aus ihren aktuellen Romanen? Das wäre doch verrückt. Oder?«

Tante Cybill gab diesen warmherzigen Gluckslaut von sich, der von ihrer ehrlichen Vorfreude zeugte. Doch wenn ich nur daran dachte, dass ich Tyler White womöglich noch vor Weihnachten über den Weg laufen könnte, wurde mir abwechselnd heiß und kalt. Schließlich war er der Grund dafür, warum ich vor die Tür gesetzt worden war. Dementsprechend verhalten fiel meine Freude aus.

»O ja. Das wäre wirklich toll. Ich drücke dir ganz fest die Daumen«, sagte ich und hoffte gleichzeitig, dass derjenige, der mich Jahr für Jahr an Weihnachten leiden sehen wollte, dieses Mal Erbarmen mit mir hatte.

Denn wenn Tyler White nach Port Isaac kommen sollte, dann wusste ich wirklich nicht, ob ich so stark sein würde, ihn nicht mit dem zu konfrontieren, was er in London angerichtet hatte. Wahrscheinlich hatte er nur einen schlechten Tag gehabt und meine Arbeit bei meinem Chef in den Dreck gezogen. Am nächsten Morgen tat es ihm vielleicht schon wieder leid. Und dennoch hatte sich mein Leben seit diesem Zeitpunkt grundlegend verändert. Er sollte wissen, was er da angestellt hatte, fand ich. Er sollte wissen, welche Konsequenzen seine unachtsame Äußerung hatte.

Bereits in der Vergangenheit war der Bestsellerautor wie ein König hofiert worden, wenn er bei uns im Verlagshaus vorbeigekommen war. Sobald er einen Termin vereinbart hatte, liefen bei uns die Vorbereitungen für seinen Besuch auf Hochtouren. Dass dabei nicht auch noch ein roter Teppich ausgerollt wurde, hat noch gefehlt.

Wenn Tyler White sich die Ehre gab, dann reichten wir Kaviar und Champagner, dicke Havannas wurden im Besprechungszimmer geraucht, und sämtliche Auflagen und gesetzlichen Vorschriften verloren in diesem Zeitraum ihre Bedeutung. Ganz so, als befänden wir uns mit diesem Superstar im Haus in einer Art geschütztem Kokon, den niemand von außen einsehen konnte.

Tante Cybill winkte ab.

»In meinem ganzen Leben habe ich gerade einmal fünf Pfund und achtzehn Penny bei einer Lotterie gewonnen.« Tante Cybill lachte. »Das Glück ist in solchen Dingen meist nicht auf meiner Seite.« Sie zuckte mit den Schultern. »Aber den Versuch war es wert. Und wer weiß? So kurz vor Weihnachten passieren doch ständig irgendwelche Wunder. Erst neulich habe ich von einer Frau gelesen, die mit vierundfünfzig Jahren auf natürliche Weise noch mal schwanger wurde und zwei gesunde Kinder zur Welt brachte. Alles ist möglich.«

Ich lächelte bemüht.

»Konnte man denn auch angeben, welcher Autor die Lesung abhalten soll? Oder wird das dann per Losverfahren entschieden?«

Der Gedanke war mir eben erst gekommen und ließ mich Hoffnung schöpfen. Tante Cybill war keine große Krimileserin. Auch wenn sie es natürlich dennoch tat, um ihre Kunden bestmöglich beraten zu können.

Ich wusste von ihrer Vorliebe für Luna McDavis' historische Cornwallromane. Schon Monate im Voraus bestellte sie sich ihr persönliches Leseexemplar beim Verlag und las das Buch dann meist an nur einem Abend durch. Auch wenn das bedeutete, dass sie mal wieder die Nacht zum Tag machen musste. So war das nun mal bei uns Lesemäusen.

Ich lächelte wehmütig. Irgendwann in meiner Kindheit hatte Granny unsere Familie als Familie von Lesemäusen bezeichnet. Da war ich allerdings noch viel zu klein gewesen, um zu verstehen, was sie damit meinte. Für einen nicht unbeträchtlichen Zeitraum dachte ich wirklich, wir wären etwas ganz Besonderes. Was wir ja auch irgendwie waren. Nur eben nicht Harry Potter unter Muggeln, sondern einfache Menschen mit einer ausgeprägten Begeisterung für Bücher.

Meine ersten Kindheitserinnerungen waren die prallgefüllten Bücherregale im Haus meiner Granny. Die vielen bunten Buchrücken hatten angeblich schon immer eine besondere Anziehungskraft auf mich ausgeübt. Es war wohl des Öfteren vorgekommen, dass Granny mich in den Garten zum Spielen geschickt hatte, und wenn sie mich dann suchte, saß ich auf dem Boden vor der Regalwand im Wohnzimmer und blätterte versunken in einem Buch ganz ohne Bilder. Lesen konnte ich zu diesem Zeitpunkt zwar noch nicht. Aber Worte hatten schon immer eine gewisse Faszination auf mich ausgeübt.

Ein Stich durchfuhr mein Herz beim Gedanken daran, dass ich zukünftig womöglich nicht mehr mein Geld mit dem verdienen würde, was ich so sehr liebte. Dabei sagten einem die Leute doch immer, man sollte sich einen Beruf aussuchen, den man sich bis an sein Lebensende vorstellen könnte. Tja, nur doof, dass man nicht vor übellaunigen Superstar-Autoren gewarnt wurde.

Tante Cybill kicherte.

»Valerie und Lin, die beiden Mädels, die neben mir ihre Läden haben, meinten, ich sollte das die Kunden entscheiden lassen. Damit würde ich dann optimal auf deren Wünsche eingehen können und bekäme eine höhere Beteiligung. Was auch so kam.«

Dann seufzte sie.

»Nur schade, dass die meisten Kunden meines Ladens offenbar nicht wirklich etwas für historische Liebesromane übrighaben. Dabei müsste man doch meinen, dass man hier an der Küste froh und stolz auf seine literarische Tochter ist. Luna McDavis wohnt mittlerweile vielleicht in Dublin, aber sie ist hier ganz in der Nähe in Port Quin geboren und aufgewachsen. Zählt das denn für die Leute heute gar nichts mehr?«

Bei Tante Cybills Worten verkrampfte sich eine böse Vorahnung in meinem Magen.

»Wer ist denn der glückliche vom Volk gewählte Liebling?«, fragte ich, um Haltung ringend.

»Tyler White natürlich. Wie die Groupies sind die Frauen reihenweise an meiner Kassentheke ausgeflippt, als sie das Poster gesehen und seinen Namen darauf gelesen haben. Dabei ist der Mann doch beinahe schon sechzig. Und außerdem ist es ja noch nicht einmal sicher, dass er ausgerechnet hier lesen wird. Wie gesagt, meine fünf Pfund und achtzehn Penny sprechen eine ziemlich deutliche Sprache, wenn es um mein Glücksgen geht. Ich würde also nicht damit rechnen, dass ich Tyler White in diesem Leben in meiner kleinen Buchhandlung lesen sehe.«

Dabei zwinkerte sie mir verschwörerisch zu.

»Entscheidend war ja vielmehr die rege Beteiligung und die vielen Kunden, die in den letzten Wochen seit der Aktionsankündigung in meinem Laden waren. Das Weihnachtsgeschäft läuft dieses Jahr unerwartet gut an. Es wurden auch sehr viele Gutscheine gekauft. Und das ist ja letztlich die Hauptsache. Wer braucht da schon einen Tyler White?«

Tante Cybill war eine Frohnatur, wie sie im Buche stand. Ihr konnte einfach nichts die Stimmung verhageln. Wenn ihr das Leben Kieselsteine vor die Füße warf, baute sie damit einen Turm und erfreute sich daran. Egal, womit sie sich beschäftigte, sie versuchte immer, positiv zu bleiben und das Gute an der Sache herauszukristallisieren. Es war schön zu sehen, dass manche Dinge sich nicht veränderten.

»Ah, guten Abend, Cybill. Wen hast du denn da dabei?«, fragte eine ältere Frau, die mir bekannt vorkam. War das nicht die Besitzerin des Kiosks unten am Hafen?

»Hey, March, schön, dich zu sehen! Du erinnerst dich bestimmt noch an meine Nichte Amy. Sie ist erst heute aus London angekommen und bleibt ein paar Tage.«

Bei Tante Cybills Worten wurde ich mir bewusst, dass ich dringend mit ihr über meine weiteren Pläne sprechen musste. Eigentlich hatte ich gehofft, ein wenig länger als nur ein paar Tage bleiben zu dürfen. Allerdings hatte ich nicht nach Tante Cybills Plänen gefragt. Vielleicht hatte sie ja vorgehabt, den Buchladen über die Feiertage zu schließen und zu verreisen. Es gab also dringend einiges zu besprechen zwischen uns. Wie gut, dass wir mittlerweile beim *Golden Lion* angekommen waren.

Wir waren beide so sehr in unser Gespräch vertieft gewesen, dass wir mit Sicherheit an dem Restaurant vorbeigelaufen wären, wenn March uns nicht aufgehalten hätte.

»Oh, das ist aber eine ganze Weile her, dass du das letzte Mal bei uns warst.« Dann erhob sie mahnend ihren Zeigefinger. »Hat es dir bei uns etwa nicht gefallen?«

»Doch, doch«, beeilte ich mich zu sagen. »Ich hatte nur in den letzten Jahren immer sehr viel im Job zu tun.«

»Sie arbeitet als Lektorin bei einem Verlag und betreut dort unter anderem Tyler White«, erklärte Tante Cybill mit einem zuckersüßen Lächeln auf den Lippen und einem Hauch von Stolz in der Stimme.

March hob anerkennend die Augenbrauen. Verschwunden war diese leicht vorwurfsvolle Note in ihrem Blick, die ihr ohnehin nicht besonders gut zu Gesicht gestanden hatte.

»Tyler White also. Guter Autor! Ich habe jedes seiner Bücher verschlungen. Der Mann weiß, was er schreiben muss, um seine Leser an sich zu binden. Ich kann es gar nicht abwarten, dass der neue Inspector-Baker-Fall erscheint.« Voller Vorfreude klatschte sie in die Hände.

»Hatte ich den eigentlich bei dir vorbestellt, Cybill?«, wandte sie sich sodann an meine Tante.

»Ich glaube schon, March. Aber ich schaue gerne gleich morgen früh für dich nach«, erklärte sie immer noch lächelnd.

»Für gewöhnlich bin ich keine große Leseratte. Aber bei Tyler Whites Romanen mache ich eine Ausnahme. Und wehe, bei einer spannenden Stelle verirrt sich irgend so ein nerviger Tourist an meinen Kiosk, der seinen Kaffee mit Hafermilch bestellen möchte. Ich meine, was zum Kuckuck hat bitte schön Getreide im Kaffee verloren? Aber sei's drum. Die Welt scheint sich täglich ein wenig zu verändern. Vielleicht bin ich ja auch einfach schon zu alt für den ganzen Zirkus und sollte mich nur noch dem Lesen von guten Büchern widmen.«

»Ein ausgezeichneter Plan«, bekräftigte ich sie in ihrem Vorhaben.

»Kommt gar nicht infrage!«, stimmte Tante Cybill dagegen. »March ist eine Institution hier in Port Isaac. Ich möchte mir gar nicht vorstellen, wie das Leben ohne deinen Kiosk aussähe. Also lies gerne, wann immer du möchtest. Aber bleib uns erhalten. Ja?«

March tätschelte Tante Cybills Wange, als wäre sie ein fünfjähriges Mädchen. Es wirkte sehr vertraut und liebevoll auf mich.

»Na, wenn du mich so lieb darum bittest, Cybill, dann bleibe ich noch ein paar Jährchen da unten in meiner Holzhütte und koche Kaffee für die Passanten. So der Herrgott will. Man weiß ja nie, was der für Pläne mit einem hat.«

Wahre Worte!

Rückblickend betrachtet hatte der gute Mann in den vergangenen Jahren äußerst einschneidende Veränderungen für mich bereitgehalten. Er hatte mich nicht selten vor Herausforderungen gestellt, die mir größer erschienen waren als der Brown Willy, die höchste Erhebung Cornwalls. Dennoch hatte ich all seine Prüfungen bisher gemeistert. Blieb nur zu hoffen, dass mir das auch in Zukunft gelingen würde.

»Was ist denn aus dieser Autorensache geworden?«, drückte March sogleich in die offene Wunde, ohne es zu wissen.

»Du meinst die Verlosung der Lesung?«, hakte Tante Cybill nach.

»Ja, genau. Weiß man denn schon Näheres?«

»Einsendeschluss war heute. Jetzt heißt es Däumchen drücken. Falls wir gewonnen haben sollten, werde ich das natürlich schnellstmöglich bekannt geben. Die Plätze in meinem Laden sind ja begrenzt. Soll ich dir nur für den Fall der Fälle, von dem ich wirklich nicht ausgehe, dass er eintreffen sollte, einen Platz reservieren?«, fragte Tante Cybill fürsorglich.

»Oh, das wäre wunderbar. Allerdings würde mich Arthur begleiten, wenn das in Ordnung ist.«

»Aber natürlich. Das ist überhaupt kein Problem. Ich wusste gar nicht, dass er dich besuchen kommt. War er nicht erst vorige Woche da?«

Da ich weder wusste, wer Arthur war und wie die beiden zueinanderstanden, wartete ich geduldig ab, was die beiden Frauen zu besprechen hatten. Mein Magen war nicht ganz so kooperationsbereit. Anstatt sich in Geduld zu üben, knurrte er dermaßen laut, dass man es wahrscheinlich bis hoch nach Rose Hill zu Tante Cybills Cottage hören konnte.

»Er überlegt schon eine ganze Weile, dauerhaft aus London wegzugehen und hier bei mir zu bleiben. Dafür suchen wir eine gemeinsame Bleibe. Nicht ganz einfach. Ich möchte nämlich auf gar keinen Fall aus Port Isaac weg. Aber du solltest jetzt ganz dringend mit deiner Nichte etwas essen gehen. Das arme Ding fällt jeden Moment vom Fleisch«, sagte sie und lachte dabei.

»Wir sehen uns, March. Mach's gut!«, verabschiedete Tante Cybill sich von ihr und hängte sich wieder bei mir ein.

»Ist das die Frau, die mir früher immer einen Lolli geschenkt hat, als ich mit dir im Hafen den Fischern zugeschaut habe?«

Mir war in der Zwischenzeit eine Erinnerung in meinem Kopf aufgeflackert, die ich mir unbedingt von meiner Tante bestätigen lassen wollte.

Diese lachte.

»Ja, genau. Deine Mum hat jedes Mal wie eine Furie dagegen gewettert. In ihren Augen waren die Lollis viel zu schlecht für deine Zähne. Womit sie vermutlich nicht einmal unrecht hatte. Es hat mich einiges an Überredungskunst gekostet, dass du ihn behalten durftest. Deine Mum hatte schon immer einen Dickschädel.«

»Manchmal wünschte ich mir, du wärst meine Mum«, hörte ich mich meinen Gedanken plötzlich laut aussprechen.

Kaum dass mir die Worte über die Lippen gekommen waren, hätte ich sie am liebsten wieder zurückgenommen. Nicht, weil sie nicht der Wahrheit entsprochen hätten. Das taten sie. Aber ich wollte Tante Cybill nicht in Verlegenheit bringen, wusste ich doch, wie sehr ihr daran gelegen war, für Harmonie zu sorgen. Zumindest nach bestem Wissen und Gewissen.

»Ach, Amy, deine Mum ist ein guter Mensch, auch wenn sie manchmal nach außen hin etwas engstirnig und hart erscheinen mag. Es hat sie viel Kraft gekostet … ihre Träume zu verschieben. Aber jetzt lass uns erst mal reingehen. Langsam wird es hier draußen richtig ungemütlich.«

Da konnte ich meiner Tante nur beipflichten. Ein leichter Sprühregen hatte eingesetzt und benetzte meine Haut. Er war kalt und roch salzig. Wie um sich erneut in Erinnerung zu rufen, machte sich abermals mein Magen bemerkbar. Sein Knurren klang mittlerweile wie ein Donnergrollen.

Und dennoch wollte ich über diesen Traum, von dem Tante Cybill soeben gesprochen hatte, mehr hören. Auch auf die Gefahr hin, dass mir damit der Hunger verging. Denn von einem wie auch immer gearteten Traum, den meine Mum vor meiner Geburt gehabt hatte, wusste ich nichts.

»Was war das denn für ein Traum?«

Meine Worte waren präzise wie mit einem Schwert geführt. Und sie verfehlten ihre Wirkung nicht. Das konnte ich ganz deutlich von Tante Cybills Augen ablesen. Die Mischung aus Sorge darüber, was sie da eben gesagt hatte, und dem Wunsch, es wieder zurücknehmen zu können, stand ihr deutlich ins Gesicht geschrieben.

»Einen Traum kann man es gar nicht wirklich nennen«, versuchte sie ihre Worte abzumildern.

Doch der Keim des Zweifels war gesät.

»Konnte Mum ihren Traum nicht leben, weil sie mich bekommen hat?«, brachte ich meine Frage auf den Punkt.

Eine eisige Gänsehaut überzog meinen Körper bei diesem Gedanken. Der anhaltende Sprühregen verstärkte das Gefühl noch. Mittlerweile war ich nicht mehr nur hungrig, sondern bibberte schon förmlich vor Kälte. Aber ich wollte jetzt nicht unverrichteter Dinge in den *Golden Lion* gehen und mich zum Essen hinsetzen, als wäre nichts gewesen. Es gab Angelegenheiten im Leben, die sollte man nicht länger aufschieben als unbedingt nötig.

Tante Cybill seufzte schwer.

Ihre gelockten rotblonden Haare wellten sich mit jedem Tropfen mehr, während ihre grünen Augen Hilfe suchend den Boden absuchten, als stünde dort die Antwort auf all ihre Fragen geschrieben.

»Als Gwen ungefähr sechzehn Jahre alt war, hat sie sich in den Kopf gesetzt, die Welt zu bereisen. Anfangs war das mehr ein Hirngespinst, und Granny und der Rest der Familie waren sich ziemlich sicher, dass das nur eine Phase war. Ich meine, kannst du dir deine Mum mit Backpackerrucksack und Zelt vorstellen?«

Wohl kaum! Vielleicht war es ja wirklich nur so etwas wie ein Traum gewesen.

Tante Cybill lächelte milde. »Aber mit den Jahren wuchs ihr Wunsch, die Welt zu entdecken, immer weiter an. Sie wollte im Ausland studieren. An der Sorbonne in Paris, Harvard und Berlin standen auf ihrer Liste, um nur einige Etappen zu nennen. Aber dann …«

Tante Cybill wagte es noch immer nicht, mir in die Augen zu sehen, während ihr angefangener Satz sich in meinen Gedanken fortspann, ehe er sich einen Weg aus meinem Mund bahnte und uns vor vollendete Tatsachen stellte.

»… kam ich, und nichts war mehr so, wie sie es sich vorgestellt hat.«

Das erste Mal in meinem Leben bekam ich ein Gefühl dafür, warum Mum so zu mir war, wie sie es war. Ich würde sie nicht als Rabenmutter betiteln wollen, aber freiwillig hatte sie sich sicher nicht in diese Rolle gefügt. Konnte sie mich deshalb nicht so lieben, wie es eine Mutter tun sollte, weil sie in mir den Grund sah, warum sie all ihre Träume begraben musste?

Dass ich kein Wunschkind war, stand außer Frage. Mum hatte mich ohne meinen Vater großgezogen und mich ziemlich ungünstig mitten im Studium bekommen. Kurz bevor sie ins Ausland gehen wollte, machte ich mich mit morgendlicher Übelkeit bemerkbar. Mum hatte mir sogar davon erzählt. Allerdings hatte sie mir nicht offenbart, wie gerne sie gefahren wäre. Nie. Ich hatte immer den Eindruck gehabt, es wäre ein Punkt auf einer To-do-Liste gewesen, den sie nicht abarbeiten konnte. Kein Lebenstraum. Mit keiner Silbe hatte sie mir das je so zu verstehen gegeben.

»Das ist doch alles Schnee von gestern.« Tante Cybill tätschelte mir aufmunternd den Arm. »Deine Mum ist längst über das alles hinweg. Du brauchst dir deshalb keine Gedanken zu machen. Hörst du?«

Das schlechte Gewissen stand Tante Cybill offen ins Gesicht geschrieben. Sie bereute es bereits zutiefst, mir Mums Geheimnis offenbart zu haben. Wenn sie könnte, würde sie ihre Worte vermutlich gerne wieder zurücknehmen.

Aber so einfach war das nicht. Während sich eine äußere Wunde am Finger nach einer gewissen Zeit wieder schloss und im besten Fall keine Narben hinterließ, wirkten Worte in unserem Inneren wie ein Messer, das im entscheidenden Moment aus dem Hinterhalt zustechen konnte. Und das immer wieder.

»Auch wenn deine Mum es vielleicht nicht so zeigen kann, ist sie sehr stolz auf dich.«

Ja, vermutlich war meine Mum sogar stolz auf mich. Aber stolz konnte ich auch auf mein Patenkind oder meinen Auszubildenden sein, wenn er ein gutes Abschlusszeugnis vorlegte. Eine Mutter sollte nicht nur stolz auf ihr Kind sein, sie sollte es lieben. Bedingungslos. Aus ganzem Herzen.

Unabhängig davon, ob sie allen Grund dazu hatte, stolz auf es zu sein oder nicht.

Doch diese Meinung behielt ich besser für mich und schenkte Tante Cybill stattdessen ein angedeutetes Lächeln.

»Das war auch alles nicht leicht für sie damals. Deine Mum war zu dieser Zeit bei einem großen Verlag in London als Praktikantin angestellt gewesen. Nach knapp einem halben Jahr war sie dann schwanger und konnte ihr Praktikum nicht ordentlich beenden.« Tante Cybill seufzte.

»Aber nun genug mit diesen alten Geschichten. Lass uns reingehen und über etwas Erfreulicheres sprechen.« Wieder griff sie nach meiner Hand. »Ich freue mich riesig, dass du wiedergekommen bist, Amy. Das sollten wir feiern. Findest du nicht auch?«

Tante Cybill strahlte wie eine 220-Watt-Glühbirne. Ich spürte förmlich, wie sie darauf hoffte, der Funke würde überspringen. Aber unbeabsichtigt hatten Tante Cybills Worte mir einen möglichen Hinweis auf meinen Erzeuger gegeben. Was, wenn mein Dad ein Mitarbeiter besagten Verlags gewesen war, bei dem Mum das Praktikum absolviert hatte?

Es war weit hergeholt. Das stand außer Frage. Aber Mum war nicht der Typ für einen One-Night-Stand, und von dem Praktikum kurz vor meiner Geburt hatte sie bisher auch noch nie erzählt. Merkwürdig!

»Weißt du denn, bei welchem Verlag Mum damals das Praktikum gemacht hat?«, fragte ich wie beiläufig, während wir die wenigen Stufen zum Restaurant erklommen.

Auf Tante Cybills Stirn bildete sich abermals eine tiefe Furche, während sie beharrlich zu lächeln versuchte. Ein Fächer aus lauter kleinen Lachfältchen legte sich dabei um ihre Augen und ihre Mundpartie. Wenn ich so darüber nachdachte, dann kannte ich Tante Cybill nur lachend. Ich konnte mich gar nicht daran erinnern, sie je traurig erlebt zu haben. Vielleicht an Grannys Beerdigung. Aber damals war ich viel zu sehr mit mir selbst beschäftigt gewesen, als dass mir aufgefallen wäre, was um mich herum passiert war.

Granny war der Fels in der Brandung unserer Familie gewesen. Bis zu ihrem Tod hatte sie alle Fäden zusammengehalten, Löcher gestopft und Probleme gelöst. Ihr Verlust war in Gold gar nicht aufzuwiegen.

»Nein, das weiß ich so genau leider nicht mehr. Es war auf jeden Fall ein größeres Haus. Ich meine sogar, dass Tyler White dort zu Beginn seiner Karriere veröffentlicht hat, ehe er schließlich zu Smith & Cooper wechselte. Aber das alles ist schon so lange her, dass ich mich auch durchaus täuschen könnte.«

»Kein Problem«, erwiderte ich schnell, als ich bemerkte, dass mich Tante Cybill noch immer eindringlich musterte. »Es ist ja wirklich nicht so wichtig«, gab ich mich gelassen, während ich mir gedanklich eine Notiz machte.

Sobald ich ein paar Minuten für mich hatte, wollte ich dringend recherchieren, wo Tyler White vor den Fällen von Inspector Baker seine Bücher veröffentlicht hatte. Ich wusste zwar, dass es in den Achtzigern eine Serie von kurzen Thrillern und Krimis aus seiner Feder gegeben hatte, die allerdings nicht unter seinem jetzigen Pseudonym erschienen waren. Außerdem waren sie nicht im Mindesten so erfolgreich gewesen wie seine heutigen Romane.

Ich lief die wenigen Schritte an Tante Cybill vorbei, öffnete ihr die Tür und ließ sie eintreten, ehe ich ihr gedankenversunken folgte und geradewegs in jemanden oder etwas hineinrauschte.

»E-entschuldigung!«, stammelte ich, ehe ich zwei türkisblaue Augen erblickte, die mich amüsiert ansahen.

»Haben Sie den Weg also sicher wieder zurückgefunden?«, sagte der Unbekannte, dem ich eigentlich hoffte, so schnell nicht wieder über den Weg zu laufen.

Ich nickte oder murmelte etwas Zusammenhangloses. Genau konnte ich es nicht mehr sagen, da ich so verblüfft darüber war, ihm hier im *Golden Lion* zu begegnen.

Ohne dem Mann zu nahetreten zu wollen, hatte ich ihn dort oben auf den Klippen intuitiv für einen Eremiten gehalten, der nur sehr selten unter Menschen ging und ansonsten vom Fischfang und dem lebte, was ihm die Natur so bot. Ihn nun hier im *Golden Lion* in einer Kochjacke zu sehen, passte so gar nicht in mein Bild.

»Amy, Schatz, kommst du?«, riss mich in diesem Augenblick Tante Cybill aus meinen Gedanken. Eine Kellnerin stand neben ihr und wollte uns zu unserem Tisch geleiten. Die beiden warteten nur noch auf mich.

Schnell verabschiedete ich mich von dem Mann und lief zu ihr.

»Ich wusste gar nicht, dass du Colin von früher kennst«, meinte Tante Cybill, während sie ihm grüßend zuwinkte.

Die Kellnerin hielt an einem Tisch direkt am Fenster mit Blick auf den Hafen. Ich nickte ihr bestätigend zu. Der Platz war wunderschön und im Sommer sicher ständig besetzt. Es war wirklich ein Glück, zu dieser kalten Jahreszeit hier zu sein. Auch wenn der Grund für meine Anwesenheit eher einem Unglück geschuldet war. Aber ich wollte jetzt nicht schon wieder über das alles nachdenken.

»Colin und ich sind uns vorhin das erste Mal draußen auf den Klippen begegnet«, erwiderte ich wie beiläufig, während ich mir die Speisekarte schnappte.

»Colin war spazieren, sagst du?«, fragte Tante Cybill, als wäre diese Neuigkeit ähnlich atemberaubend und unglaublich wie ein achtes Weltwunder.

»Ähm, ja«, bestätigte ich schließlich etwas irritiert.

Was konnte denn so außergewöhnlich daran sein, dass ein erwachsener Mann spazieren ging? Gut, vielleicht war es etwas ungewöhnlich, dass er trotz seines Jobs mitten am Tag unterwegs war. Aber am späten Nachmittag und Abend war sicher überhaupt nicht daran zu denken. Da mussten die Vorbereitungen für den Abend erfolgen.

»Das ist schön zu hören«, sagte Tante Cybill mit zufriedenem Lächeln auf den Lippen, ehe sie ihre Lesebrille aus der Tasche zog und sich in die Speisekarte vertiefte.

Ich tat es ihr gleich. Doch neben die Gedanken an meinen Job und meine Mum zwängten sich nun auch ein paar Grübeleien über einen Mann mit türkisblauen Augen. Als hätte ich nicht schon genug Probleme.

Kapitel 8

Colin

Elliott, der alte Romantiker, hatte das Radio lauter gestellt, als die ersten Akkorde von Ed Sheerans *Perfect* zu hören waren. Sammy, der für die wenigsten Schmachtsongs etwas übrighatte, verdrehte genervt die Augen.

Für gewöhnlich hielt ich es wie Sammy. Ich war ein Fan der guten alten Rockmusik aus den Achtziger- und Neunzigerjahren des vergangenen Jahrhunderts. Aber heute berührten mich Sheerans Worte. Woran das wohl liegen mochte?

Gänzlich ohne mein Zutun erschien vor meinem geistigen Auge ein lachendes Frauengesicht mit unzähligen Sommersprossen auf Wangen und Nase. Der Blick aus ihren smaragdgrünen Augen hatte mich in meinem Innersten bewegt. So stand ich da, lauschte Eds Stimme und dachte dabei nur an sie.

»Alles klar bei dir, Boss?«, fragte Sammy mit leicht angewidertem Gesichtsausdruck.

Erst jetzt wurde ich mir der Tatsache bewusst, dass ich offenbar nicht nur dem Lied zugehört und an Amy gedacht hatte, sondern auch noch dämlich gegrinst hatte.

»Ich musste bloß an etwas denken«, sagte ich schnell und wich Sammys prüfendem Blick aus.

»Weiblich und kurvig, hoffe ich doch«, rief Sammy mir hinterher und brachte damit die ganze Belegschaft zum Lachen.

Ich hob abwehrend eine Hand in die Höhe und eilte dann zum Vorratsraum, um mich etwas abzukühlen und den Bestand zu checken.

Am heutigen Vormittag war nicht viel los. Nicht einmal Brady hatte es geschafft, vorbeizukommen. Aber wenn ich mich recht erinnerte, dann wollte er heute ohnehin mit Lin zum Frauenarzt fahren.

Mum lag mir mit der Menüauswahl für die beiden großen Gruppen nächste Woche in den Ohren. Vielleicht war das ja der perfekte Zeitpunkt, um sich damit auseinanderzusetzen. Blieb nur zu hoffen, dass meine Gedanken nicht wieder abdrifteten.

Dabei kannte ich Amy doch überhaupt nicht. Wir hatten uns gestern zweimal kurz gesehen, und das war es dann auch schon gewesen. Es hatte keine wirkliche Unterhaltung gegeben, und was sie anbelangte, würde ich sogar behaupten, dass der Funke nicht wirklich übergesprungen war.

Nicht, dass ich das von mir behaupten würde. Schließich kannte ich sie, wie gesagt, ja nicht wirklich. Und dennoch. Was immer ich seit unserer ersten Begegnung auch tat oder worüber ich auch nachdachte, irgendwann landeten meine Gedanken immer bei ihr. Das war doch nicht normal.

Fieberhaft versuchte ich, mich auf die Kisten mit Kopfsalat, Gurken und Tomaten zu konzentrieren, als gäbe es nichts Wichtigeres für mich auf der Welt als Gemüse. Ich hob eines der Schälchen mit Cherrytomaten darin an, überlegte, wie ich sie verwerten könnte, und machte mir gedanklich eine Notiz dazu.

Schon im nächsten Moment fragte ich mich, ob Amy wohl über die Feiertage bleiben oder schon vorher zurück nach Hause fahren würde. Trotz des Umstands, dass ich mich allein im Kühlraum befand, kratzte ich mich verlegen am Hinterkopf, als mir bewusst wurde, dass ich es schon wieder getan hatte. Das musste ganz dringend aufhören. Sonst standen später Bratkartoffeln mit Jakobsmuscheln und einer Pfefferminzsoße auf der Menükarte. Über das Dessert wollte ich mir unter diesen Umständen lieber keine Gedanken machen.

Ich atmete einmal tief durch. Doch das änderte rein gar nichts. Also ermahnte ich mich erneut, mich auf das Wesentliche zu konzentrieren. Nur dumm, dass meine innere Stimme offenbar anderer Meinung darüber war, was in diesem Fall Priorität haben sollte. Es war zum Haareraufen!

Was war nur passiert? Eigentlich hatte ich doch bloß Mums Ratschlag beherzigt und war etwas nach draußen gegangen, um den Kopf freizubekommen. Mit dem Resultat, dass mein Kopf von jetzt auf gleich voller war als zuvor.

»Hey, Colin«, hörte ich plötzlich die Stimme meiner Schwägerin rufen.

»Hey, Lin. Na, seid ihr schon zurück vom Arzt? Hat euch das Baby heute gezeigt, was es wird, oder lässt es euch noch weiter im Dunkeln tappen?«, sprudelte es aus mir heraus.

Dementsprechend irritiert sah mich Lin auch an. Denn für gewöhnlich war ich eher der zurückhaltende Typ, der nicht viele Worte machte und sich im Hintergrund hielt. Aber bei

Lins Worten hatte ich mich so ertappt gefühlt, als hätte ich mich hier in den Vorratsraum zurückgezogen, um ungestört im neuesten Playboy blättern zu können.

»Wir sind noch nicht dort gewesen. Brady hat einen Notfall reinbekommen und ist schon seit heute Morgen unterwegs. Es gab wohl einen größeren Auffahrunfall mit mehreren Beteiligten auf der M3. Brady wird nicht vor dem frühen Nachmittag zurück sein.«

»Dann hat er sicher auch den Wagen mitgenommen. Oder?«

Lin nickte.

»Ja, ich sitze hier fest. Deshalb bin ich hier. Könntest du mich vielleicht fahren? Ich weiß, so kurz vor Weihnachten ist viel los. Aber du würdest dem Kleinen hier drinnen«, sie deutete auf ihren Bauch, »und mir einen echt großen Gefallen tun.«

Lin sah mich flehend an.

Dankbar für die Ablenkung streifte ich mir die Schürze ab.

»Aber natürlich fahre ich dich. Hier geht es schließlich um mein Patenkind«, erklärte ich augenzwinkernd.

»Du bist wirklich meine Rettung. Valeries Wagen wurde erst vor ein paar Tagen von einem Lkw gerammt. Ich weiß nicht, ob du es mitbekommen hast. Der Kerl hat ihr die Kühlerhaube eingedellt und ist einfach weitergefahren. Jetzt muss sie auf die Ersatzteile warten. Was laut ihrer Werkstatt wohl noch ein paar Tage dauern kann. Zum Glück hat das Auto dort an der Straße nur geparkt. Nicht auszudenken, wenn ihr oder ihrem Baby etwas passiert wäre.«

Seit Lin dauerhaft in Port Isaac lebte und nicht nur im Sommer ihre Granny besuchen kam, hatte sie sich besonders mit ihrer Ladennachbarin Valerie angefreundet, die den Candyheaven betrieb. Als die beiden Freundinnen dann auch noch mehr oder minder zur selben Zeit schwanger wurden, schien das Glück perfekt.

Es war merkwürdig, mitanzusehen, wie das Leben meiner Familie und Freunde weiterging, während ich permanent auf der Stelle herumtrat und nicht vom Fleck kam. Zum Teil wollte ich das auch nicht. Nur manchmal verspürte ich das Bedürfnis, es ihnen gleichzutun. Seit gestern vielleicht sogar noch ein bisschen mehr.

»Ich sag Elliott schnell Bescheid, und dann fahren wir los.« Ich lief an Lin vorbei, die nach wie vor wie angewurzelt im Türrahmen stand.

Nachdem ich meine Angelegenheiten geregelt hatte, suchte ich meinen Autoschlüssel. Da ich nicht mehr so oft mit meinem Wagen unterwegs war, hatte ich ihn nicht ständig in der Hosentasche. Wann war ich das letzte Mal mit dem Auto unterwegs gewesen? Und wo hatte ich ihn danach hingelegt?

»Suchst du den hier?«, fragte Lin mit einem Lächeln auf den Lippen.

Ich grinste und kratzte mich dabei verlegen am Hinterkopf.

»Wo hast du ihn gefunden?«

»Neben dem Radio«, erklärte Lin.

Ich nahm ihr den Schlüssel schnell aus der Hand, als die Erinnerung an Eds tiefschürfende Liedzeilen in mir erneut ein ganz bestimmtes Gesicht aufflackern ließ.

»Ist alles okay bei dir?«, wollte Lin wissen, während sie mich skeptisch ansah. »Du wirkst heute ein wenig abwesend.«

»Nein, nein, es ist nichts«, beeilte ich mich zu sagen und rannte förmlich zur Garderobe hinüber, um mir meinen Parka zu holen.

Das Allerletzte, was ich jetzt gebrauchen konnte, war, dass Lin Brady steckte, wie verwirrt ich auf sie gewirkt hatte. Brady würde eins und eins zusammenzählen und denken, ich hätte eine Frau kennengelernt. Was ja auch irgendwie stimmte. Nur anders, als er es sich wahrscheinlich zusammenreimte. Er würde mich so lange drangsalieren, bis ich ihm endlich sagte, um wen es sich bei meiner Bekanntschaft handelte, und mir keine Ruhe lassen, bis er auch meinen letzten Gedanken zu dieser Frau aus mir herausgepresst hatte. Bloß nicht!

»Dann lass uns gleich losfahren. Sonst kommen wir noch zu spät«, meinte Lin schulterzuckend. »Am besten, wir fahren über den Rose Hill. Auf den Ausweichrouten der M3 wird dank des Unfalls sicher viel los sein.«

Ich nickte, sah mich ein letztes Mal zu meinem Arbeitsplatz um und schickte ein Stoßgebet gen Himmel, dass Lin mir nicht weiter auf den Zahn fühlen würde. Dann öffnete ich die Hintertür der Küche und ließ Lin vorausgehen.

Kapitel 9

Amy

»Und du bist sicher, dass du allein klarkommst?«, fragte mich Tante Cybill nun schon zum dritten Mal.

»Natürlich komme ich allein klar, Tante Cybill. Ich bin fast dreißig Jahre alt. Du kannst also wirklich ganz ohne schlechtes Gewissen zur Arbeit gehen.«

Tante Cybill lächelte, doch es erreichte ihre Augen nicht. Ich konnte ihr deutlich ansehen, wie unangenehm ihr das Ganze war. Aber Tante Cybill lebte nun mal von ihrem kleinen Buchladen. Den konnte sie nicht einfach schließen, weil ich spontan meinen Besuch angekündigt hatte. Davon war ich auch zu keiner Zeit ausgegangen.

Für Tante Cybill schien es plötzlich ein riesiges Problem zu sein, mich hier in ihrem Cottage mir selbst überlassen zu müssen. Dabei war ich wirklich nicht auf Gesellschaft angewiesen. Das mochte daran liegen, dass ich bereits von Kindesbeinen an allzu oft mir selbst überlassen worden war.

»In St. Ives findet heute der Farmers Market statt, zu dem wir öfter gemeinsam gefahren sind, als du mich früher hier besucht hast. Erinnerst du dich daran?«, fragte Tante Cybill, als wäre ich damals keine drei Jahre alt gewesen.

Dabei konnte ich mich sehr wohl noch an die Gerüche und die Atmosphäre des Marktes erinnern. Neben eingekochter Marmelade, unbehandeltem Gemüse, Fleisch und Fisch gab es dort auch selbst gebrannten Gin und jede nur erdenkliche Töpferware. Mum hatte sich bei einem unserer Besuche ein blaues Tellerset mit weißen Fischen darauf gekauft.

Hätte ich es nicht mit eigenen Augen gesehen, hätte ich es vermutlich nicht geglaubt. Für meine Mum war das Service nämlich eigentlich viel zu kitschig. Aber in diesem speziellen Fall hatte sie offenbar eine Ausnahme gemacht. Ich erinnerte mich noch an den verträumten Ausdruck in ihren Augen, als sie das Geschirr zu Hause in London ausgepackt und im Schrank verräumt hatte. Seither stand es dort und wurde nur zu ganz besonderen Anlässen herausgeholt.

»Natürlich! Wie könnte ich den vergessen? Gibt es den alten Joe noch, der den Kindern Schokolade zusteckt?«

Tante Cybill kicherte und errötete dabei leicht.

»Joe ist nur noch ab und zu dort. Er kommt manchmal rüber nach Port Isaac und besucht mich in meinem Laden.«

»Bringt er dir dann auch immer Schokolade mit?«

Mir war nicht entgangen, dass ihr das Thema ein wenig unangenehm war. Offenbar standen sich Joe und Tante Cybill näher, als ich es noch vor wenigen Minuten gedacht hätte. Aber daran war nichts Verwerfliches. Tante Cybill war ungebunden, und soweit ich wusste, war Joe verwitwet. Zumindest meinte ich, mich daran zu erinnern, dass er mir irgendwann bei einem meiner Besuche auf dem Markt erzählt hatte, er lebe allein und hätte keine Kinder, die ihn besuchen kommen. Aus diesem Grund verschenkte er seine Schokolade an die Kinder, die auf dem Markt mit ihren Eltern einkaufen kamen.

Tante Cybill und Joe also. Interessant. Denn bis zu diesem Augenblick hatte ich meine Tante noch nie für einen Mann schwärmen sehen.

»Manchmal. Ja«, erklärte sie kurz angebunden. »Aber jetzt muss ich wirklich los. Wenn ich ein bisschen früher über deinen Besuch Bescheid gewusst hätte, dann hätte ich Nancy nicht freigegeben. Aber sie wollte unbedingt zu ihrer Familie in die Highlands fahren. Sie ist der totale Schneefan und hat die letzten vier Weihnachten hier in Cornwall bei frühlingshaften Temperaturen verbracht.«

»Die Ärmste.«

»Brauchst du noch etwas? Falls du Hunger bekommst, bediene dich bitte. Es müsste alles da sein. Und wenn nicht, findest du es bestimmt in St. Ives. Natürlich nur, wenn du dort auch hinfahren möchtest.«

»Tante Cybill, du brauchst dir um mich wirklich keine Sorgen zu machen. Ich werde nach St. Ives fahren, auf den Markt gehen und anschließend noch ein bisschen durch den Ort bummeln. An der Promenade ist zu dieser Jahreszeit sicher nicht viel los. Das wird toll. Und bei meinem nächsten Besuch sage ich dir rechtzeitig Bescheid, damit wir diese Tour dann gemeinsam machen können. Einverstanden?«, fragte ich mit ausgestreckter Hand.

»Einverstanden!«, erklärte Tante Cybill und schlug ein.

Mit einem »Pass auf dich auf!« und »Fahr vorsichtig!« verabschiedete sich Tante Cybill von mir und lief flink wie ein Eichhörnchen die gewundenen Gassen und Straßen des Rose Hills hinunter zum Hafen.

Der Blick von hier oben war einfach atemberaubend schön. Noch hing über dem Wasser eine dichte Nebelschwade. Aber die würde sich bestimmt bald auflösen. Zwischen einzelnen weißen Schäfchenwolken blitzte nämlich immer mal wieder die Sonne hervor. Nicht mehr lange und sie würde sich durchsetzen und diesen Tag zum Strahlen bringen.

Und während ich so darüber nachdachte, wie mild die Winter an der kornischen Küste verliefen, verirrten sich meine Gedanken zurück zu der kurzen Begegnung am gestrigen Nachmittag mit Colin. Abermals stellte ich mir die Frage, warum Tante Cybill es so außergewöhnlich fand, dass er spazieren gegangen war und wir uns dabei zufällig begegnet waren.

Irgendein Geheimnis rankte sich um den bärtigen und langhaarigen Kerl, dessen einfühlsame Blicke mir einfach nicht mehr aus dem Kopf gehen wollten. Schon verspürte ich wieder das Bedürfnis, dem Ganzen nachzugehen wie ein Trüffelschwein, das fette Beute witterte.

Immer dann, wenn ich zu viel Zeit hatte, begannen sich in meinen Gehirnwindungen Geschichten zusammenzuspinnen. Meine Finger kribbelten dermaßen, dass ich gar nicht anders konnte, als meine Ideen auf Papier zu bringen. Seit meiner Schulzeit und Mums vernichtendem Urteil hatte ich allerdings kein Manuskript mehr begonnen. Zu groß war die Angst zu scheitern, zu klein das Selbstwertgefühl, das mir signalisieren sollte, dass ich alles schaffen konnte, wenn ich nur wollte.

Ich war noch nicht so weit, redete ich mir tapfer ein. Vielleicht würde ich es auch nie sein. Aber jetzt war nicht länger Zeit, Trübsal zu blasen. Anstatt weiter in Tante Cybills Wohnküche herumzuhocken und zu grübeln, sollte ich mir meinen Autoschlüssel schnappen und losfahren.

Der Tag war noch jung. Mir standen alle Türen offen, wenn ich mir nicht mal wieder selbst im Weg stand. Vielleicht würde ich sogar barfuß im Sand laufen. St. Ives hatte die schönsten Strände Cornwalls. Auch wenn ich Port Isaacs Charme bedingungslos erlegen war, musste ich dies neidlos anerkennen.

Mit Handtasche, Autoschlüssel und Tante Cybills Haustürschlüssel bewaffnet, zog ich die Tür ihres Cottages ins Schloss, eilte hinüber zu meinem Mini und fuhr beschwingt rückwärts aus ihrer Ausfahrt hinaus. Im Radio lief *Rudolph, the Red-Nosed Reindeer*, für mich ein Vorgeschmack auf die Hölle. Aber sei's drum. Auch das würde mir die Stimmung heute nicht vermiesen können. Nichts würde mir die Laune verderben. Denn ab sofort nahm ich mein Leben wieder selbst in die Hand.

Das konnte doch nicht so schwer sein. Weihnachten hin oder her. Dieses Jahr würde ich das Chaos nicht über mein Leben regieren lassen. Dieses Mal würde ich mich dem Schicksal mit erhobenem Haupt entgegenstellen und … Rums! Rückwärts auf ein anderes Fahrzeug auffahren. Scheiße! Wie konnte das denn nur passieren? Ich hatte doch in den Rückspiegel geschaut. Mist! Wo kam dieser Oldtimer plötzlich her?

Wie gebannt starrte ich noch immer in den Spiegel, unfähig, mich vom Platz zu erheben oder gar die Tür zu öffnen, um auszusteigen. Wenn ich nur lange genug sitzen blieb, dann löste sich mein Problem ja vielleicht ganz von allein in Wohlgefallen auf. Bestimmt war es dem Aston-Martin-Besitzer gar nicht aufgefallen, dass ich ihn gestreift hatte, und er hielt nur dort in Tante Cybills Einfahrt, weil ihm sein Handy vom Beifahrersitz in den Fußraum gerutscht war. Alles war möglich. Schließlich war bald Weihnachten. Die Zeit der Wunder und so.

Plötzlich klopfte jemand an meine Scheibe. Ich erschrak so fürchterlich, dass ich beinahe laut losgeschrien hätte. Nur unter Aufbietung all meiner Kräfte konnte ich mich im letzten Moment noch beherrschen.

Aber als ich nicht sofort reagierte, klopfte es erneut. Doch dieses Mal schob der Typ sein Gesicht ins Fenster, sodass ich es gut erkennen konnte. Ein Bart kam zum Vorschein. Ebenso wie langes dunkles Haar, das ein Gesicht wie frisch gewaschene Gardinen, die zum Trocknen aufgehängt worden waren, umrahmte. Und dann traf mich die Erkenntnis mit der Wucht eines Vorschlaghammers: türkisblaue Augen.

Regungslos starrte ich Colin an, ehe er mir mit einem abermaligen Klopfen überdeutlich zu verstehen gab, dass es nun an der Zeit war, das Fenster zu öffnen.

Der Motor meines Minis lief noch immer. Mit zittrigen Fingern drückte ich den Schalter, um die schützende Glasscheibe zwischen Colin und mir hinunterzufahren. Keine Ahnung, was mich da geritten hatte. Gut möglich, dass ich zu diesem Zeitpunkt noch die Hoffnung hatte, alles würde nicht so schlimm werden, wie die tiefe Furche auf Colins Stirn zu prophezeien drohte.

Mit einem eingeschüchterten »H-hey« auf den Lippen zwang ich mich zu einem Lächeln, um gute Miene zum bösen Spiel zu machen.

»Hast du denn keine Augen im Kopf?«

Colin blaffte mich ungehalten an. Seine Wangen hatten sich gerötet, und auch die Furche auf seiner Stirn schien sich immer weiter in seine Haut zu graben. Und ganz nebenbei waren wir vom förmlichen Sie zum persönlicheren Du übergegangen. Aber so ein Unfall hatte ja auch etwas Verbindendes, irgendwie.

»Doch … ähm. Ich kann mir das auch nicht erklären. Keine Ahnung, wie das passieren konnte. Ich werde gleich mal meine Versicherung anrufen …«, versuchte ich ihn zu beschwichtigen.

Doch Colin hörte mir offenbar überhaupt nicht zu.

»Auf meinem Beifahrersitz sitzt eine schwangere Frau. Du hättest uns töten können. Verstehst du? Uns alle.«

»Na ja, ich bin mit knapp zehn Meilen pro Stunde die Auffahrt hinuntergerollt. Ich glaube nicht, dass …«, versuchte ich an Colins gesunden Menschenverstand zu appellieren. Doch anstatt mir zuzuhören, schrie er mich lieber weiter an.

»Wer zum Teufel hat dir denn deinen Führerschein ausgestellt?« Er regte sich auf, als hätte ich eine ganze Entenfamilie nebst Erpel überfahren. Dabei war rein gar nichts passiert. Abgesehen von dem Blechschaden, der zu sondieren war.

Aber das gab ihm noch lange nicht das Recht, so mit mir zu sprechen. Was glaubte er denn, wen er da vor sich hatte? Ein eingeschüchtertes Ding vom Land, das sich nicht zu wehren wusste? O nein. Der Gute würde sich mächtig umschauen müssen.

Schuldig hin oder her. Das ließ ich nicht auf mir sitzen. Colin musste sich ein anderes Opfer für seine Wutausbrüche suchen. Ich würde es mir nicht gefallen lassen, dass er so mit mir redete. Wir kannten uns ja schließlich nicht mal richtig.

»Wer sagt denn, dass ich schuld an der ganzen Sache bin? Vielleicht hattest du ja deine Augen auf dem Smartphone anstatt auf der Straße. Als aufmerksamer Verkehrsteilnehmer hättest du mich sehen und ausweichen müssen.«

Wie um meine Aussage zu untermalen, öffnete ich die Tür und baute mich vor Colin zur vollen Größe auf. Dabei ging ich ihm zwar immer noch nur bis zur Schulter, aber immerhin saß ich nicht mehr wie eine Schülerin vor ihrem Lateinlehrer, der sie maßregelte, weil sie den Unterschied zwischen Plusquamperfekt und Perfekt noch immer nicht verstanden hatte.

»Also das ist ja wohl …«, holte Colin zum nächsten Schlag aus.

Und wurde jäh von einem gellenden »Stopp!« aus der Richtung des Aston Martins unterbrochen.

Wir beide waren so perplex, dass wir tatsächlich innehielten und aufhörten, uns zu streiten.

»Wenn ich nicht in zwanzig Minuten bei Dr. Shephard bin, geht er in die Mittagspause, und ich muss mindestens eine weitere Woche auf den nächsten freien Ultraschalltermin warten. Da ich jeden Tag gefühlt eine Tonne zunehme, möchte ich schnellstmöglich wissen, ob der kleine Turner dort in meinem Bauch ein Junge oder ein Mädchen ist. Also wenn es euch beiden nichts ausmacht, dann würde ich die ganze Blechschadensache hier auf später vertagen und zu Dr. Shephards Praxis fahren wollen.«

Die Frau gefiel mir. Sie bot Colin die Stirn. Ob sie wohl seine Freundin und damit die Mutter seines noch ungeborenen Kindes war? Ein unschönes Gefühl machte sich bei diesem Gedanken in mir breit. Dabei konnte ich gar nicht so genau sagen, was es war. Eifersucht? Neid? Quatsch! Ich kannte Colin doch überhaupt nicht. Zudem hatte er sich mir in den letzten Minuten nicht unbedingt als der Prinz auf dem weißen Pferd präsentiert. Ganz im Gegenteil!

»Natürlich, Lin! Es tut mir leid, dass du warten musstest. Lass uns schnellstmöglich zu deinem Arzt fahren, um sicherzustellen, dass dir und dem Kind auch wirklich nichts passiert ist«, gab Colin sich plötzlich äußerst fürsorglich.

Seine Worte prallten nicht einfach so an mir ab. Was, wenn die schwangere Frau durch den Auffahrunfall tatsächlich Schaden genommen hatte und ich schuld daran war? Oftmals brauchte es nicht viel und die Beteiligten erlitten eine Gehirnerschütterung. Das würde ich mir nie verzeihen. Auch wenn ich es Colin gegenüber nicht eingestehen würde.

»Das tut mir schrecklich leid«, hörte ich mich in Richtung der Frau sagen. Colin würdigte ich dabei keines Blickes.

»Alles in Ordnung. Machen Sie sich keine Gedanken um mich«, sagte sie mit zuckersüßer Stimme.

Nur zwei Sekunden später keifte sie in Colins Richtung: »Colin, wenn du nicht gleich kommst, setz ich mich hinters Lenkrad deines heiß geliebten Aston Martins und fahre selbst!«

Da hatte ich offenbar nicht nur einen Wagen angefahren, sondern ein Statussymbol. Wahrscheinlich eins von der Sorte, mit dem sich der Fahrer identifizierte und für das er lange gespart hatte. Das hier war also sicher noch nicht ausgestanden, wenn überhaupt, dann nur vertagt.

Oje, das würde sicher teuer werden.

Colin warf mir einen finsteren Blick zu, ehe er sich trollte. Seine türkisblauen Augen sahen mich dabei so eindringlich an, dass mir ganz anders wurde. Keine Ahnung, wie ich die gestern ziemlich sexy finden konnte. Heute konnten sie mir gestohlen bleiben. Nebst dem ganzen Mann.

Und dann meinte er noch in alter Terminator-Manier: »I'll be back!«, und gab mir dabei zu verstehen, dass er mich im Auge behalten würde. Was für ein Idiot!

»Colin!«, ermahnte ihn seine Begleiterin, während sie mit dem Finger auf ihre Armbanduhr tippte.

»Ich komme ja schon«, maulte er ergeben.

Das wiederum zauberte mir ein Lächeln ins Gesicht.

Bevor die beiden wieder im Wagen saßen, begutachtete Colin den Schaden und schüttelte den Kopf darüber. Tief durchatmend näherte ich mich ihm von hinten, um mir ebenfalls ein Bild der Lage zu machen. Das sah nicht gut aus. Das sah ganz und gar nicht gut aus.

Das Adrenalin schoss durch meinen Körper wie ein Feuerwerkskörper. Meine Knie fühlten sich an, als wären sie durch Wackelpudding ersetzt worden.

Jeden Moment verschwand der Aston Martin von der Bildfläche. Ich würde ihm jedoch sicher keine Tränen hinterherweinen. Dennoch würde ich irgendwann meiner Leasingfirma über den Schaden Bescheid geben müssen. Wie ärgerlich! Gerade das hatte ich ja vermeiden wollen, indem ich mit dem Mini nicht zu Tante Cybill in die engen Gässchen von Port Isaac gefahren war.

Da fiel mir plötzlich auf, dass ich mir noch gar kein Bild von der Lage meines eigenen Wagens gemacht hatte. Bisher hatte ich all meine Energie darauf verwendet, Colin die Stirn zu bieten. Was kräftezehrend genug gewesen war.

Langsam, auf noch immer zittrigen Beinen ging ich einmal ums Auto herum. Und wie durch ein Wunder sah man kaum etwas. Zumindest ich als Laie erkannte keinen größeren Schaden. Was mich zunächst erst mal erleichterte. Nur die Stoßstange hatte hinten rechts etwas abbekommen. An dieser Stelle musste sie mit dem Aston Martin kollidiert sein. Ich strich vorsichtig mit den Fingern darüber. Vielleicht sollte ich versuchen, die Stelle etwas abzuschleifen. Gut möglich, dass die äußeren Spuren des Aufpralls dann schon bald verblassten.

Gegen meinen Wagen sah der Aston Martin wie ein Totalschaden aus. Ein schlechtes Gewissen befiel mich augenblicklich, und ich wusste, dass ich für den Schaden aufkommen würde.

»Amy, wir bräuchten deine Hilfe«, hörte ich Colins zerknirscht klingende Stimme plötzlich in meinem Rücken sagen.

Verblüfft wandte ich mich zu ihm um.

»Mein Wagen springt nicht an. Könnte ich mir vielleicht deinen Mini borgen, um Lin zur Untersuchung zu fahren?«

Verschwunden war der aufgebrachte Gockel, der mir nicht schnell genug mit seinem Schnabel die Augen auspicken konnte. Colin war wie ausgewechselt. Lammfromm. Als hätte es den Vorfall von eben nie gegeben.

»Ich soll euch mein Auto leihen?«, fragte ich erstaunt und verwirrt zugleich.

Colin konnte doch nach allem, was gerade eben erst zwischen uns passiert war, nicht ernsthaft von mir erwarten, dass ich ihm meinen Wagen anvertraute. Das wäre ja noch schöner.

»Ja. Bitte.«

Das letzte Wort klang ziemlich gepresst, als müsste er sich überwinden, es über die Lippen zu bringen. Ich konnte ihm ansehen, wie viel Kraft es ihn kostete, so ruhig zu bleiben. Aber schließlich wollte er ja etwas von mir. Nicht ich von ihm.

»Kommt überhaupt nicht in die Tüte«, sagte ich entschieden und verschränkte dabei meine Arme vor der Brust.

Für gewöhnlich war ich nicht nachtragend. Wirklich nicht. Ich nahm es nicht einmal meiner Kollegin Pat krumm, dass sie mir ständig meinen heiß geliebten Darjeelingtee wegtrank und nicht für Ersatz sorgte. Aber was zu viel war, war zu viel. Außerdem kannte ich diesen Colin ja nicht einmal. Ich wusste weder, was er für ein Mensch, noch was für ein Fahrer er war.

Colins Wangenknochen begannen zu mahlen. Es war ihm deutlich anzusehen, wie sehr er mit sich rang und sich darum bemühte, Ruhe zu bewahren.

»Ich verspreche auch, dass dem Wagen nichts passiert. In spätestens zwei Stunden hast du ihn wieder«, versuchte er es weiter auf die nette Tour, auch wenn er innerlich sicher ganz andere Worte für mich bereithielt.

Irgendwie gefiel es mir, wie er sich wand. Ich musste mich regelrecht beherrschen, dass ich nicht zu kichern begann. Denn das würde das bereits volle Fass sicher zum Überlaufen bringen. Und so weit musste es ja nun wirklich nicht kommen. Aber ein, zwei weitere Tropfen würden sicher nicht schaden.

»Würdest du mir denn deinen Wagen anvertrauen?«, stellte ich ihm eine Gegenfrage.

Seine türkisblauen Augen weiteten sich unnatürlich, während er seine beiden Kieferleisten so fest aufeinanderpresste, dass ich seine Wangenknochen überdeutlich hervortreten sehen konnte.

»Colin, was ist denn nun?«, hörte ich Lin vom Wagen aus zu uns herüberrufen.

Colin blickte zwischen Lin und mir hin und her. Ich konnte ihm deutlich ansehen, wie sehr er mit sich rang. Sicher wollte er seinem ungeborenen Kind nicht mit seinen Eitelkeiten im Weg stehen. Diese Vorsorgeuntersuchungen waren ja auch verdammt wichtig, um die Gesundheit von Mutter und Kind zu gewährleisten.

Beinahe konnte er einem schon leidtun.

»Ich fahre dich«, hörte ich mich plötzlich sagen.

»Das wäre nett.« Lin sah erleichtert aus.

Es war so ein schönes Bild, wie sie dort mit den Händen auf ihrem Babybauch in Tante Cybills Einfahrt stand. Lin strahlte so von innen heraus, dass man in ihrer Gegenwart ganz automatisch ein Lächeln auf den Lippen hatte.

»Kommt überhaupt nicht infrage! Du fährst unter gar keinen Umständen allein mit dieser Wahnsinnigen! Die ist imstande und fährt dich gegen einen Baum. Das kann ich auf gar keinen Fall verantworten«, wetterte Colin neben mir, der offenbar ganz vergessen hatte, dass ich im Moment seine einzige Option war.

»Na, dann kannst du ja mitfahren«, schlug sie ihm schulterzuckend vor.

Lin wartete gar nicht mehr auf Colins Antwort, sondern lief schnurstracks auf meinen Mini zu und öffnete die Beifahrertür.

»Du müsstest dich allerdings hinten reinsetzen«, erklärte sie an Colin gewandt. »Neuerdings wird mir auf der Rückbank immer schlecht.«

Colin stand noch immer wie vom Donner gerührt neben mir. Ich konnte ihm deutlich an seinem verstörten Gesichtsausdruck ansehen, dass er gar nicht wusste, wie ihm geschah.

Eben war er mit seiner Freundin zu einer Routineuntersuchung unterwegs, dann der Unfall und jetzt auch noch eine Fahrt in einem Mini mit einer Unbekannten. Ziemlich reichlich auf einmal. Und Zeit zum Verdauen blieb auch nicht sonderlich viel.

Schon hatte ich die Fahrertür des Minis geöffnet und den Sitz einladend nach vorn geklappt, damit der fast ein Meter neunzig große Mann hinter mir einsteigen konnte.

Colin seufzte, mahlte mit den Wangenknochen und setzte sich letztlich doch artig hinter mich in den Mini. Ging doch! Dass man immer erst laut werden musste. Dabei hätte ich diesen sanftmütigen Augen gar nicht so viel Temperament zugesprochen. Aber wenn es um den Nachwuchs ging, wurden sicher irgendwelche Urinstinkte geweckt, die man nicht so schnell ausblenden konnte.

Erst als ich mich hinters Lenkrad gesetzt und in den Rückspiegel geschaut hatte, bemerkte ich, dass der Aston Martin noch immer in der Einfahrt stand und mich behinderte.

»Wir sollten den Aston vielleicht ein Stück beiseiteschieben, damit ihm nichts zustößt«, sagte ich zuckersüß und erntete daraufhin ein verschwörerisches Grinsen vom Beifahrersitz.

Colin hingegen warf mir funkelnde Blitze von der Rückbank entgegen, folgte mir aber wie ein Schoßhündchen, um seinen geliebten Wagen aus dem Weg zu schaffen.

»Mrs Ward?«, vermeldete ein älterer Herr mit weißem Schnauzbart und Glatze.

Mein Blick glitt hinüber zu Colin, der extra zwei Stühle Sicherheitsabstand zwischen uns gewählt hatte. Ganz so, als könnte er sich sonst doch noch vergessen und mir Dinge an den Kopf werfen, die er womöglich später bereuen würde.

Vielleicht war er aber auch einfach kein Freund meiner Fahrkünste und versuchte, die traumatische Fahrt in der Praxis zu verarbeiten, um sich seelisch und moralisch auf den Rückweg einzustellen.

Besonders mit Ruhm hatte ich mich heute tatsächlich nicht bekleckert. Das musste ich ehrlich zugeben. Den Radfahrer, der auf meine Spur abbog, hatte ich erst im allerletzten Moment wahrgenommen, und auch das Reh wäre mir beinahe unter die Räder gekommen.

Dabei würde ich mich selbst als gute Fahrerin bezeichnen. Ich war in den fast zehn Jahren, in denen ich nun meinen Führerschein besaß, noch nie geblitzt worden. Und der Zwischenfall heute mit dem Aston Martin war auch der erste seiner Art.

Aber irgendetwas sagte mir, dass Colin mir wohl keinen Glauben schenken würde, wenn ich ihm das erzählte. Also schwieg ich lieber, wartete geduldig darauf, dass Lin ihre Untersuchung hinter sich brachte und wir schließlich wieder zurück nach Port Isaac fahren konnten.

Nach St. Ives würde ich es heute allerdings nicht mehr schaffen. Der Markt würde ohnehin bald schließen. Außerdem hatte ich noch immer ganz wacklige Knie, auch wenn ich das Colin gegenüber nie zugegeben hätte. Aber länger als unbedingt nötig mit diesem Kerl zusammen auf engstem Raum zu sein, war nun auch nicht wieder meine Wunschvorstellung für diesen Tag gewesen.

»Colin, Amy, kommt ihr mit?«, fragte Lin und sah uns auffordernd an.

»Ich?«, fragten wir beide im selben Augenblick.

Lin grinste, während Dr. Shepard geduldig neben ihr stand und wartete. Der Mann hatte sicher schon einiges im Leben gesehen. Der würde sich so schnell von nichts aus der Ruhe bringen lassen. Wie zum Beweis fuhr er sich andächtig über den Schnurrbart.

»Vier Augenpaare sehen mehr als zwei. Also kommt schon mit. Ich will jetzt endlich wissen, ob Brady und ich ein Mädchen oder einen Jungen bekommen.«

»Brady?«, fragte ich irritiert. »Ich dachte …«, und sah dabei hinüber zu Colin.

»… dass Colin der Vater ist?« Lins Stimme überschlug sich fast bei ihren Worten. Dann lachte sie. »Colin ist der Bruder meines Mannes und der zukünftige Patenonkel unseres Kindes«, erläuterte sie mir die Familienverhältnisse, als wäre Colin gar nicht anwesend.

»Dann seid ihr gar kein Paar?«, plumpsten die nächsten Worte ganz ohne mein Zutun aus meinem Mund. Kaum dass ich sie ausgesprochen hatte, hätte ich sie am liebsten wieder zurückgenommen.

Lin schüttelte vehement den Kopf.

»Wie kommst du denn darauf?«, fragte Lin.

»Na ja, ihr fahrt gemeinsam zur Ultraschalluntersuchung. Macht man das für gewöhnlich nicht mit seinem Freund?«

»Mann«, korrigierte Lin mich. »Brady ist im Einsatz. Er ist der Hausarzt von Port Isaac und heute leider verhindert.« Dann blickte sie zu Colin. »Mein Schwager ist dankenswerterweise eingesprungen, da ich keinen eigenen Wagen habe.«

»Nachdem nun alles hinreichend geklärt sein dürfte, würde ich Sie bitten, mir in den Untersuchungsraum zu folgen«, mischte sich Dr. Shephard nun doch ein.

Es war kurz vor der Mittagszeit. Lin war seine letzte Patientin.

»Kommt ihr?«, forderte Lin uns auf.

Colin und ich erhoben uns von unseren Plätzen und steuerten auf die Tür zu. Lin hatte bereits mit ihrem Arzt das Zimmer betreten. Als Colin und ich gleichzeitig vor dem Türrahmen ankamen, hielt er kurz inne und gab mir ganz Gentleman mit seiner Hand zu verstehen, dass er mir den Vortritt lassen wollte.

Als ich seine türkisblauen Augen so dicht vor meinem Gesicht sah, fühlten sich meine Knie abermals ganz zittrig an. In diesem Moment war ich mir aber sicher, dass es nichts mit dem Unfall zu tun hatte.

»Nach dir«, hörte ich Colin schließlich sagen, als ich nach einer gefühlten Ewigkeit noch immer an Ort und Stelle stand und keine Anstalten machte, mich vom Fleck zu bewegen.

»Oh, ja, natürlich«, sagte ich schnell und huschte an ihm vorbei in den Korridor.

Dabei wehte mir ein angenehm männliches Aftershave entgegen. Es roch nach salziger Meeresluft und einer herben maskulinen Note. Sehr angenehm und irgendwie auch aufregend.

Wieder glitt mein Blick zu Colin, der zu mir aufgeschlossen hatte und nun neben mir den sterilen Gang entlanglief. Lin und er waren also gar kein Paar. Ob er wohl dennoch eine Freundin hatte?

Warum machst du dir solche Gedanken über diesen Kerl? Hast du denn schon wieder vergessen, was er dir erst vor einer Stunde um die Ohren geworfen hat?, fragte meine innere Stimme aufmüpfig.

Ich dachte, du magst ihn. Erst gestern hast du ihn schließlich verteidigt, als ich schnellstmöglich von ihm wegwollte, hielt ich ihr entgegen.

Da ging es ja auch darum, dass ich ihn sexy fand und nicht geglaubt habe, dass er ein Serienkiller ist. Heute hat er sich dann jedoch als Arschloch entpuppt. Da wäre mir der Serienkiller fast lieber gewesen, behauptete sie.

Na ja, als Arschloch würde ich ihn jetzt nicht bezeichnen. Er war einfach ein wenig aufgebracht wegen seines Wagens. Außerdem hat er sich bestimmt Sorgen um seine Schwägerin gemacht, verteidigte ich ihn.

Oh, ich verstehe. Der Wind hat sich gedreht, erwiderte meine innere Stimme wissend. Mir kommt er trotzdem nicht ins Haus. Und damit basta!, schmetterte sie mir ungehalten entgegen, als wäre Colin ein Straßenhund, der ihr bei nächster Gelegenheit ein Häufchen auf den Badezimmerläufer setzen würde.

Ich schüttelte leicht den Kopf, als Colin neben mir rechts in einen kleinen, weiß gestrichenen Raum abbog, in dem sich in der Mitte der klassische Untersuchungsstuhl befand. Rechts davon stand eine Liege. Davor war ein runder Hocker auf Rollen platziert und zwischen dem Stuhl und der Liege stand ein riesiges Gerät.

»So, machen Sie den Bauch bitte schon mal frei«, forderte Dr. Shephard Lin auf, die eben ihre Schuhe ausgezogen und sich auf die besagte Liege gelegt hatte.

Der Raum wirkte sehr steril auf mich. Außer den Möbeln und Gerätschaften hing kein Bild an der Wand. Dafür standen drei Bilderrahmen abgewandt von uns auf dem Schreibtisch auf der gegenüberliegenden Seite des Raumes. Bestimmt Bilder seiner eigenen Familie.

Colin stand zwei Meter neben mir, um den Sicherheitsabstand zwischen uns weiter zu wahren. Anstatt nach seiner würzig-männlichen Duftmischung roch es nun nach Krankenhaus. Ein Geruch, den ich nur sehr ungern wahrnahm.

Als kleines Mädchen hatte ich die Mandeln rausoperiert bekommen und musste eine Woche in der Klinik bleiben. Eine Woche im Hochsommer wohlgemerkt. Außerdem musste ich mir das Zimmer mit zwei älteren Damen teilen, die furchtbar schnarchten und nicht mehr allein auf die Toilette gehen konnten.

»Dann wollen wir mal«, sagte Dr. Shephard, während er auf dem Hocker Platz nahm.

In der Hand hielt er eine große Flasche, die er zunächst etwas schüttelte. Dann goss er eine durchsichtige glibbrige Substanz auf Lins Bauch. Die zuckte daraufhin ein wenig zusammen. Offenbar war das Zeug ziemlich kalt.

Während der Frauenarzt sich den Schallkopf schnappte, um ihn auf Lins Bauch entlanggleiten zu lassen, fühlte ich mich zusehends unbehaglich. Da ich weder eine

Familienangehörige noch eine Freundin von Lin war, hatte ich plötzlich das Gefühl, etwas sehr Intimem beizuwohnen.

Von jetzt auf gleich hatte ich das Bedürfnis, den Raum wieder zu verlassen und draußen im Wartebereich auf Colin und Lin zu warten. Ich schielte hinüber zu Colin und bemerkte, dass er sich ähnlich unwohl in seiner Haut fühlte wie ich.

»Kommt schon näher, ihr beiden. Von dahinten könnt ihr doch überhaupt nichts sehen«, forderte uns Lin auf, während ich noch mit mir haderte, ob ich gehen oder bleiben sollte.

Unsicher biss ich mir auf die Unterlippe, ehe ich schließlich ihrem Wunsch folgte und mich neben Colin platzierte, der wie gebannt auf einen Monitor starrte, auf dem sich bei näherer Betrachtung etwas bewegte.

Ich schlug mir die Hand vors Gesicht, als ich erkannte, worum es sich dabei handelte. Das war ein Baby. Im Bauch seiner Mutter. Nie zuvor hatte ich solche Aufnahmen live gesehen. Plötzlich war ich gerührt und gleichsam aufrichtig dankbar dafür, dass Lin mir diesen Moment ermöglicht hatte.

Im zarten Alter von knapp siebzehn Jahren hatte ich irgendwann für mich entschieden, dass ich keine eigenen Kinder haben wollte. Ich wollte nicht die gleichen Fehler wie meine Mum machen. Und da ich selbst nichts anderes vorgelebt bekommen hatte, war die Wahrscheinlichkeit ziemlich groß, dass ich ähnlich wie sie scheitern würde. Das wollte ich weder dem Kind noch mir selbst antun. Also hatte ich mich ganz bewusst gegen eine Familie und Kinder entschieden.

Wenn ich mir die Aufnahmen dort im Bildschirm nun so ansah – die Hand, die mir zuwinkte, die Füße, die wie wild strampelten –, überkam mich ein merkwürdiges Gefühl. Eine gewisse Sehnsucht nach etwas, was ich nicht kannte, plötzlich verspürte ich allerdings das Bedürfnis, mich auf die Suche danach zu machen.

»Können Sie etwas sehen, Dr. Shephard?«, fragte Lin ganz aufgeregt, während der Arzt bedächtig mit dem Schallkopf über ihren Bauch fuhr und einige Daten festhielt.

»Ihr Kind wächst und gedeiht. Es ist der Schwangerschaftswoche entsprechend entwickelt. Fruchtwasser ist ebenfalls ausreichend vorhanden. Weiter kann ich sagen, dass …«

Dann stoppte er mitten im Satz und fuhr eine bestimmte Stelle einige Male mit dem Cursor nach.

»Ja?«, fragte Lin unruhig, während wir alle wie gebannt auf den Monitor starrten und nicht zu atmen wagten.

Die Spannung war zum Greifen nahe. Sogar Colin wirkte etwas angespannt.

»… es noch keinerlei verkalkte Stellen am Mutterkuchen gibt. Ihr Baby wird ausreichend mit allem versorgt, was es zum Wachsen und Gedeihen braucht«, resümierte Dr. Shephard und erntete daraufhin einen resignierten Aufschrei von Lin.

»Sehen Sie denn auch, was es wird?«, hakte sie ungeduldig nach.

»Oh, ja, Sie waren ja die Patientin, die ich schon mehrmals vertrösten musste, da Ihr Kind in der Vergangenheit nicht ganz so kooperativ war.«

Dr. Shephard lachte.

»Also?«, drängte ihn Lin weiter dazu, endlich Nägel mit Köpfen zu machen.

Dr. Shephard fuhr weiter mit dem Schallkopf über Lins Bauch und zog dabei lange Kreise. Einige Sekunden sagte er gar nichts. Wir warteten. Und es geschah nichts. Dann nahm er sich die andere Seite von Lins Bauch vor und vermeldete laut: »Aha!«, ehe er wieder bedächtige Kreise zog.

»Aha, was?«, hakte Lin nach, die die Spannung kaum noch ertragen konnte.

Doch Dr. Shephard ließ sich davon nicht aus der Fassung bringen, zog den Schallkopf weiterhin über Lins Bauch und besah sich alles ganz genau.

Lins Fingerspitzen hüpften auf der Bank auf und nieder, als spielten sie ein äußerst virtuoses Stück auf dem Klavier. Ich kniff meine Augen so fest zusammen, dass ich mich auf die winzigen Aufnahmen auf dem Bildschirm konzentrieren konnte. Und dennoch war für mich nichts zu erkennen. Keine Ahnung, wie Dr. Shephard da Licht ins Dunkel bringen wollte.

»Also für mich sieht das ganz nach …« Dann stockte er abermals und fuhr erneut auf die andere Seite von Lins Bauch. Diesmal musste er sich sogar vom Hocker erheben, da er sonst nicht hingekommen wäre.

»Ja?«, redete Lin ihm weiter Mut zu, ihr endlich seine Vermutung zu offenbaren.

Wenn es nicht so spannend gewesen wäre, hätte ich herrlich über die Szenerie lachen können. Vielleicht sollte ich meinem Chef vorschlagen, mich mehr Manuskripte aus dem humoristischen Bereich lektorieren zu lassen. Liebesromane mit einem Schuss Humor konnten auch sehr unterhaltsam sein. Wobei mir Inspector Baker sicher fehlen würde.

»Nun, es spricht alles dafür, dass Sie … ein Mädchen erwarten, Mrs Ward.«

Statt einer Antwort war plötzlich ein lautes glückliches Kreischen zu hören. Lin zappelte wie verrückt mit den Beinen, sprang von der Liege auf und küsste Dr. Shephard auf die Glatze.

Dieser wusste im ersten Moment gar nicht, wie ihm geschah. Ebenso erging es mir, als Colin mich aus heiterem Himmel in die Arme nahm, mich hochhob und um seine Achse kreisen ließ. Er lachte und steckte mich mit seiner Freude dermaßen an, dass ich es ihm gleichtat, auch wenn ich mich im selben Augenblick mächtig überrumpelt fühlte.

»Mrs Ward, wir müssen Ihnen das Gel noch abwischen«, protestierte Dr. Shephard, während Lin tanzend durch den Raum lief.

»Mrs Ward!«, ermahnte sie Dr. Shephard erneut.

Lin fügte sich. Und auch Colin schien zu realisieren, dass das, was er da tat, unserem Verhältnis zueinander nicht ganz angemessen war. Als hätte er sich an mir verbrannt, ließ er ziemlich abrupt von mir ab und sah mich dabei so an, als wäre ich eine Hexe, die ihn dazu genötigt hatte, sie durch die Luft zu wirbeln.

Das hatte ich definitiv nicht. Denn nun war mir plötzlich so schlecht, dass ich mich am liebsten auf den freien Untersuchungsstuhl gesetzt hätte, den ich für gewöhnlich nicht sonderlich mochte.

»Habt ihr es gehört?«, fragte Lin keine Sekunde später, als glaubte sie allen Ernstes, irgendjemandem im Umkreis von fünf Meilen wäre ihr Freudenschrei entgangen.

»Ein Mädchen. Wie wundervoll!«, beeilte ich mich, zu sagen.

Erst wollte ich ihr die Hand reichen, doch Lin zog mich einfach an sich und drückte mich ganz fest.

»Ich freu mich so für euch«, meinte dann auch Colin, der sich offenbar wieder gefangen hatte. »Ein Mädchen ist wirklich toll.«

»Ach.« Lin winkte ab. »Ein Junge wäre auch toll gewesen. Aber jetzt weiß ich endlich, wie ich das Zimmer der kleinen Prinzessin hier einrichten kann.«

Ein freudiges Grinsen breitete sich über ihr ganzes Gesicht aus, bis ihre Augen mit der Dezembersonne um die Wette leuchteten.

»Dann sehen wir uns in zwei Wochen wieder.« Dr. Shephard drückte Lin ein Heft in die Hand.

»Muss ich denn wirklich immer noch kommen, jetzt, da ich weiß, dass es ein Mädchen wird?«, fragte sie leicht schmollend.

Und dann geschah etwas, was ich Dr. Shephard gar nicht zugetraut hätte. Er erboste sich. So sehr, dass ich Sorge hatte, er könnte jeden Moment einen Herzinfarkt erleiden.

»Das ist hoffentlich nicht Ihr Ernst, Mrs Ward. Die Untersuchungen sind wichtig. Das sollten Sie nicht auf die leichte Schulter nehmen. Nur so können wir die Gesundheit von Ihnen und Ihrem Kind sicherstellen.«

»Das war doch nur ein Scherz, Dr. Shephard«, ruderte Lin zurück. »Ich freue mich doch immer auf den Termin bei Ihnen«, schmeichelte sie ihm und erntete dafür ein mildes Lächeln.

»Nachdem jetzt alles geklärt ist, können wir ja wieder nach Hause fahren«, merkte Colin folgerichtig an.

Er wagte es dabei nicht einmal, mich anzusehen. Offenbar war ihm sein Gefühlsausbruch noch ziemlich unangenehm.

Wie auf Kommando hakte sich Lin bei mir unter und strahlte mich überglücklich an.

»Danke, Amy. Ja! Du bist ein Glücksbringer. Weißt du das eigentlich?«

Ich winkte bescheiden ab.

»Nein, nein. Glaub mir! Wenn du heute nicht dabei gewesen wärst, dann hätte sich der Krümel dort in meinem Bauch sicher wieder nicht gezeigt.«

»Ich war vorher auch noch nicht dabei«, machte sich Colin bemerkbar.

Lin wandte sich zu Colin um.

»Stimmt! Das habe ich gar nicht bedacht.«

Grinsend blickte sie zwischen Colin und mir hin und her.

»Dann muss es wohl an euch beiden liegen. Meine Glücksbringer!«

Bei diesen Worten hakte sie sich bei Colin und mir ein.

Zu dritt verließen wir die Praxis und fuhren zurück nach Port Isaac. Der restliche Tag verlief eher ereignislos, worüber ich mich allerdings nicht beklagte. Ganz im Gegenteil.

Bei einer Tasse Darjeeling und einem guten Buch von Luna McDavis machte ich es mir auf Tante Cybills Veranda bequem. Der Blick auf den Hafen und das Meer war atemberaubend. Diese Weite und das Gefühl von grenzenloser Freiheit kannte ich so aus London nicht.

Ebenfalls ungewohnt war Lins Angebot, sich mit ihr und ihrer Freundin Valerie die Tage zum Afternoon Tea zu treffen. Die Menschen in London waren da distanzierter. Meinem Gefühl nach kämpfte sich dort lieber jeder allein durch den Großstadtdschungel. Zu wissen, dass es hier anders sein könnte, war schön.

Auch wenn sich augenscheinlich nicht alle Bewohner von Port Isaac darüber freuten, dass ich sie mit meiner Anwesenheit beglückte. Als Colin aus meinem Mini gestiegen und der Aston Martin in sein Sichtfeld geraten war, konnte ich spüren, dass er mich am liebsten zum Mond geschossen hätte.

Ein Grinsen stahl sich bei diesem Gedanken auf meine Lippen. Colin war nämlich ziemlich sexy, wenn er so aufbrausend war. Dabei schienen seine türkisblauen Augen noch eine Spur heller zu leuchten. Heller als die Sterne.

Ich mochte die vielen Punkte dort oben am Firmament. Und ich mochte Colin. Auch wenn ich das freiwillig nie zugegeben hätte.

Kapitel 10

Colin

»Guten Morgen, Bruderherz.«

Ob dieser Morgen wirklich ein guter war, wagte ich zu bezweifeln. Archie hatte mich vor knapp zwanzig Minuten angerufen und mir eine Hiobsbotschaft nach der anderen vorgesetzt. Häppchenweise.

Nachdem ich meinen Aston Martin gestern Nachmittag in seiner Werkstatt abgestellt hatte, glaubte ich noch, die Reparaturen würden sich in Grenzen halten. Schließlich war Amy kaum merklich auf den Wagen aufgefahren. Ein Laie wie ich konnte nicht allzu viele Schäden erkennen. Der Lack hatte ein wenig gelitten und verbeult war die rechte Seite auch gewesen. Nichts, was man mit genügend Farbe und etwas Fingerspitzengefühl nicht wieder hinbekommen hätte.

Doch dann die Ernüchterung: Die Tür war verzogen. Ebenso wie die Karosserie. Es brauchte also mehr als ein wenig Farbe und Erfahrung, um den Aston Martin wieder in Schuss zu bekommen. Viel mehr.

»Hey, Brady«, sagte ich schließlich und stellte ihm etwas Rührei mit Toast und Butter auf den Tresen.

»Oha, welche Laus ist dir denn über die Leber gelaufen?«

»Eine rothaarige mit Sommersprossen auf der Nase«, erklärte ich kurz angebunden.

»Kenne ich die Kleine?«, fragte Brady mit einem süffisanten Grinsen auf den Lippen. »Vielleicht eine neue

Tinder-Bekanntschaft?« Bei diesen Worten wackelte er anzüglich mit den Augenbrauen. »Würde zumindest erklären, warum du heute Morgen so verschlafen aussiehst. War wohl eine heiße Nacht.«

Genervt verdrehte ich die Augen bei Bradys Worten.

»Nix Tinder! Die Rothaarige ist Amy, der Schrecken aller Autobesitzer. Die Gute ist mir gestern in Dads Aston gefahren. Der ist jetzt mehr oder minder ein Totalschaden. Archie hat mich eben angerufen.«

Mit jedem weiteren meiner Worte erstarb Bradys Grinsen.

»Lin meinte, es wäre nur ein Lackschaden gewesen.«

Ich lachte bitter auf.

»Ja, das dachte ich bis eben auch noch. Aber der Fachmann spricht von bloßen Materialkosten von rund zweitausend Pfund«, legte ich die Fakten auf den Tisch. Gleich neben das Rührei und den Toast mit Butter.

»Scheiße!«, brachte Brady es auf den Punkt.

»Ja, schöne Scheiße«, pflichtete ich ihm bei.

»Ich zahl dir das natürlich. Schließlich ist es passiert, als du Lin zum Arzt bringen wolltest. Danke dir übrigens noch mal dafür, dass du eingesprungen bist.«

Ich winkte ab.

»Ist schon gut. Die Reparatur werde ich mir irgendwie leisten können, und meine Schwägerin habe ich doch gerne begleitet. Ich freu mich schließlich auch sehr auf mein Patenkind.«

Brady nickte und aß hastig ein paar Bissen.

»Was ich nur nicht verstehe: Warum hast du die Angelegenheit nicht deiner Versicherung gemeldet? Amy würde mit großer Wahrscheinlichkeit die alleinige Schuld bekommen, und du müsstest nicht einen einzigen Penny selbst zahlen.«

Da traf Brady einen wunden Punkt. Als Amy mir gestern in Dads Wagen gefahren war, hätte ich sie am liebsten in der Luft zerrissen. Unser Dad hatte seinen Oldtimer heiß und innig geliebt. In all den Jahren, in denen er ihn besaß, war nicht ein einziger Kratzer in den Lack gekommen. Die meiste Zeit hatte er ohnehin in der Garage gestanden.

Dann in Dr. Shephards Praxis hatte sich allerdings etwas verändert. Als Lin glücklich aufsprang und sich darüber freute, endlich zu wissen, dass sie ein Mädchen bekommen würde, verspürte ich das dringende Bedürfnis, Amy an mich zu ziehen und sie ganz fest zu halten. Als stünde sie stellvertretend für das pure Glück, das ich in diesem Moment empfand.

Weit hergeholt und für einen Außenstehenden sicher nicht nachvollziehbar. Und dennoch: Ich hatte mich Amy in diesen wenigen Sekunden sehr nahe gefühlt. Da war etwas zwischen uns gewesen.

Allerdings hatte dieses Etwas heute Morgen gewaltig darunter gelitten, dass Archie anrief, um mir zu offenbaren, was es kosten würde, um den Aston Martin wieder in Schuss zu bekommen.

Als Brady mich noch immer erwartungsvoll ansah und sogar kurzzeitig von seinem Essen abließ, zuckte ich demonstrativ unentschlossen mit den Schultern.

»Ich dachte ja, die Kosten würden sich im Rahmen halten. Von zweitausend Pfund ging ich dabei sicher nicht aus. Das kannst du mir glauben.«

Brady nickte.

»Es ist ja nichts verloren. Du könntest immer noch mit der Versicherung sprechen.« Dabei sah er mich durchdringend an, als wollte er am liebsten hinter meine Stirn blicken und nachsehen, was mir so durch den Kopf ging.

»Ja, vermutlich sollte ich das tun.« Damit war das Thema hoffentlich vom Tisch.

»Amy ist Cybills Nichte. Richtig?«

Ich seufzte innerlich auf.

War ja klar, dass Brady sich die Chance nicht nehmen lassen würde, mit mir über die eine neue Frau in meinem Leben zu sprechen.

»Das hat dir Lin doch sicher schon alles bis ins kleinste Detail erzählt.«

»Ich wollte es aber von dir hören«, meinte er mit einem wissenden Lächeln auf den Lippen.

»Ja, Amy ist Cybills Nichte. Zufrieden?«

»Noch nicht ganz«, erwiderte Brady. »Lin meinte, sie wäre hier zu Besuch. Und sie hat keinen Ring an ihrem Finger gesehen. Also dachte ich …«

Nun seufzte ich für Brady gut sichtbar.

»… dass ich ihr einen Ring an den Finger stecken sollte? Brady, nur weil sich eine unverheiratete Frau in diesen kalten Tagen nach Port Isaac verirrt, heißt das doch noch lange nicht, dass ich mich wie ein Löwe auf sie werfen und sie wie meine Beute festhalten sollte.«

Brady nahm ein paar Happen und schob den Teller dann von sich.

»Nein, das heißt es ganz sicher nicht. Da gebe ich dir recht.«

»Schön, dass wir zumindest in diesem Punkt einer Meinung sind.«

»Du solltest nur ehrlich zu dir sein, Bro«, erwiderte Brady geheimnisvoll.

»Was soll denn das nun wieder heißen?«, fragte ich ihn unumwunden.

Langsam hatte ich die Faxen nämlich echt dick. Erst Tinder, dann Amy. Was noch? Wann würde mein Bruder endlich Ruhe geben und mich mein Leben auf meine Weise leben lassen? Mir graute vor der Antwort. Also schob ich sie lieber ganz weit von mir.

»Lin meinte, es hätte gestern in Dr. Shephards Praxis einen sehr überschwänglichen Moment zwischen Amy und dir gegeben«, sagte er und lehnte sich dabei in seinem Stuhl zurück, als wüsste er, dass er gerade ein Ass aus dem Ärmel gezogen hatte.

Bis zu Bradys Offenbarung hatte ich tatsächlich geglaubt, Lin wäre mein kleiner Gefühlsausbruch nicht aufgefallen. Schließlich war sie so sehr mit sich und der frohen Botschaft beschäftigt gewesen, dass ich annahm, sie hätte das zwischen Amy und mir gar nicht mitbekommen.

»Da war nichts«, wiegelte ich ab. »Ich hab mich nur so sehr für euch beide gefreut, dass ich mich dazu hinreißen ließ, eine Dummheit zu begehen.«

Brady riss die Augen auf.

»Du hast sie hochgehoben und in der Luft herumgewirbelt. Und das bezeichnest du als Dummheit?«

»Musst du nicht in deine Sprechstunde?«, versuchte ich Brady zu signalisieren, dass er die rote Linie längst überschritten hatte.

Doch das kümmerte ihn überhaupt nicht.

»Colin, ich will doch nur … Vielleicht ist Amy ja dein ganz persönliches Weihnachtswunder. Lin meinte, ihr würdet sehr gut zusammenpassen.«

»Ach ja. Meint sie das? Hab ich bei der ganzen Sache vielleicht auch noch ein Wörtchen mitzureden? Amy ist mit Sicherheit nicht mein Weihnachtswunder, *Bro.* Sie ist in Dads Wagen reingefahren, falls du es schon wieder vergessen haben solltest. Diese Frau macht nur Ärger.«

»Wenn du dich da mal nicht täuschst«, erwiderte Brady augenzwinkernd, schnappte sich seinen Arztkoffer und machte sich schließlich vom Acker.

Nur seine Worte wirkten den ganzen Tag in mir nach.

Kapitel 11

Amy

Es war schon kurz vor neun, als ich an diesem Morgen das erste Mal auf die Uhr sah. Ich konnte mich gar nicht mehr daran erinnern, wann ich zuletzt so gut geschlafen hatte. Seit ich von meinem Chef zwangsweise in den Urlaub geschickt worden war, hatte ich meist die halbe Nacht wach gelegen, gegrübelt und nur sehr schwer in den Schlaf gefunden.

Nicht so gestern Nacht. Da war ich regelrecht wie ein Stein ins Bett gefallen und hatte ohne Unterbrechung bis jetzt durchgeschlafen. Ohne Grübeleien und Zukunftsängste.

Dabei hätten mich die gestrigen Erlebnisse durchaus die Nacht über wach halten können. Erst der Unfall und der dadurch entstandene Schaden, den ich sicher bezahlen musste, dann dieser merkwürdig vertraute Moment mit Colin. Gestern war viel passiert. Und dennoch hatte ich ganz wunderbar geschlafen. Musste wohl an der frischen Seeluft liegen. Vielleicht konnte man die ja abpacken und mit nach London nehmen. Mir graute es schon wieder beim Gedanken an meine Abreise und die dunklen Albträume, die mich mit Sicherheit zu Hause in Empfang nehmen würden.

Ein verhaltenes Klopfen war an der Tür zu hören.

»Amy? Bist du schon wach?«, flüsterte Tante Cybill kaum hörbar.

Eigentlich hätte ich gerne noch ein paar Minuten für mich gehabt. In der Früh brauchte es immer ein wenig, bis ich in die Gänge kam. Ein Zustand, den Mum nicht besonders an mir leiden konnte. Aber jetzt war nicht die Zeit, darüber nachzudenken.

»Amy?«, fragte Tante Cybill noch einmal.

»Ja«, erwiderte ich schließlich, als ich das Gefühl hatte, es wäre etwas Dringendes, was Tante Cybill nur ungern aufschieben und mit mir besprechen wollte, noch ehe sie runter in ihre Buchhandlung ging.

Gut möglich, dass Colin sich bei ihr gemeldet hatte, um ihr mitzuteilen, was seine Versicherung gesagt hatte. Wir hatten zwar nicht darüber gesprochen, aber ich ging fest davon aus, dass er den Schaden melden würde.

Als die Türklinke sich nach unten durchbog, setzte ich mich aufrecht in Tante Cybills Gästebett hin und drückte den Schalter der kleinen Nachttischlampe, um den Raum etwas zu erhellen.

»Oh, schön! Du bist schon wach«, bemerkte Tante Cybill.

Sie lächelte so fröhlich, dass ich den Gedanken an Colin und den Aston Martin schnell wieder verwarf. Das war mit Sicherheit nicht der Grund für ihre gute Laune.

»Ich habe einen Anruf von den Veranstaltern der Lese-Aktion bekommen«, hörte ich Tante Cybill ganz aufgeregt sagen. Ihre Hände zitterten leicht, und auch ihr Mund bewegte sich in einer Tour.

»Oh, weshalb haben sie dich denn so früh angerufen?«

Ich ahnte schon, worum es ging, wollte Tante Cybill aber nicht die Freude nehmen, es mir selbst zu erzählen.

Sie klatschte ganz aufgeregt in die Hände und strahlte dabei wie ein Honigkuchenpferd. Ein bisschen erinnerte sie mich an eine junge Autorin, der ich persönlich mitgeteilt hatte, dass wir ihr Manuskript über City Gardening verlegen wollten.

»Du wirst es nicht glauben«, erhöhte Tante Cybill weiter die Spannung. »Wir haben es geschafft. Tyler White wird bei uns lesen. Und das schon am kommenden Montag. Ist das nicht verrückt?«

»Am kommenden Montag?«, rief ich entsetzt.

Als Tante Cybill mir von der Lesung erzählt hatte, war ich davon ausgegangen, dass der Bestseller-Autor erst nach Weihnachten ins beschauliche Port Isaac käme. Nun zu hören, dass er in wenigen Tagen hier aufschlagen würde, ließ mich die erholsame Nacht schlagartig vergessen. Alles verkrampfte sich in mir, und ich hatte gute Lust, meine Sachen zu packen und von hier zu verschwinden.

»Ich brauche unbedingt deine Hilfe«, überging Tante Cybill meine Frage und umschloss meine Hände mit ihren. »Wenn meine Kunden erfahren, dass Tyler White sich allen Ernstes die Ehre geben wird, in meiner kleinen Buchhandlung zu lesen, dann werden sie alle kommen wollen. Aber du kennst ja meine beengten Verhältnisse. Um möglichst vielen begeisterten Leserinnen und Lesern die Möglichkeit zu geben, Tyler White live und in Farbe zu erleben, müsste ich den Laden ein wenig umräumen. Könntest du dir denn vorstellen, mir dabei zu helfen?«

Tante Cybill redete wie im Rausch. Ich hatte Mühe, ihr zu folgen. Schließlich war ich erst vor wenigen Minuten aufgewacht und hatte noch nicht einmal einen Kaffee getrunken.

Als ich mit meiner Antwort ein wenig zögerte, ruderte Tante Cybill eilig zurück.

»Entschuldige bitte, mein Kind. Ich wollte dich nicht mit meinen Sorgen behelligen. Du bist hier, um dich ein wenig von der stressigen Arbeit in London zu erholen, und dann komme ich daher und bitte dich, bei mir mit anzupacken.«

»Tante Cybill, ich helfe dir sehr gerne«, beeilte ich mich nun, zu sagen, da es mir unangenehm war, dass meine Tante das Gefühl hatte, ich würde ihr die Unterstützung verweigern.

Vielmehr rang ich noch immer innerlich mit der Nachricht, dass Tyler White, der Grund für meine Probleme im Verlag, ausgerechnet hier auftauchen würde. Und das schon ziemlich bald. Was sollte ich nur tun? Tante Cybill brauchte jetzt erst mal meine Hilfe. Aber das hieß ja nicht, dass ich der Lesung selbst beiwohnen musste. Da würde vermutlich eh kein leerer Stuhl übrig bleiben, wenn ich Tante Cybills Ausführungen Glauben schenken konnte.

Port Isaac war nicht sonderlich groß. Aber Nachrichten verbreiteten sich auch über die Ortsgrenzen hinaus wie ein Lauffeuer. Die angrenzenden Dörfer und kleineren Städte würden sicher bald Wind von dem Event des Jahres bekommen, und jeder würde sich eine Karte in der Buchhandlung sichern.

Tante Cybill tätschelte mir die Wange.

»Ach, das ist lieb von dir, mein Kind. Dann macht es dir sicher auch nichts aus, unseren Gast vor den Lesern willkommen zu heißen und ihm ein paar nette Worte mit auf den Weg zu geben. Schließlich kennst du ihn ja im Gegensatz zu mir persönlich.«

»Bitte was?«, fragte ich überrumpelt.

Das führte dann doch eine Spur zu weit.

Die Vorbereitungen für die Lesung waren etwas ganz anderes, als dicht neben Tyler White zu stehen und ihn wie eine goldene Gans vor dem Publikum anzupreisen. Das konnte Tante Cybill nicht von mir erwarten. Auch wenn sie keinen blassen Schimmer hatte, warum nicht.

»Ich bin furchtbar aufgeregt in solchen Situationen«, gestand sie mir. »Meist kommen dann nur piepsig klingende Laute über meine Lippen. Wenn überhaupt. Es wäre mir furchtbar peinlich, wenn ich mich derart vor meinen Kunden und natürlich auch vor dem Autor blamieren würde.«

Verschwunden war der glückliche Ausdruck in ihrem Gesicht. Ihre Miene wirkte besorgt, ja, nahezu ängstlich.

»Ich überleg mir was«, sagte ich schließlich, als ich den Anblick ihrer traurigen Augen nicht länger ertragen konnte.

»Das würdest du für mich tun?«, fragte sie gerührt.

»Aber sicher doch.«

»Das ist lieb von dir, mein Kind.«

Dann sprang sie von meiner Bettkante auf und ging zur Tür.

»Ich muss jetzt runter in die Buchhandlung. Ich bin gestern noch einkaufen gegangen. Es müsste also alles für ein ausgewogenes Frühstück da sein. Falls dir irgendetwas fehlen sollte, schreib es mir gerne auf einen Zettel und lass ihn auf der Anrichte. Dann besorge ich das beim nächsten Mal.«

»Das, was du eingekauft hast, wird mir bestimmt vollkommen ausreichen. Wahrscheinlich ist es eh viel zu viel.«

Tante Cybill lachte.

Kaum dass sie mein Zimmer verlassen hatte, traf mich die Erkenntnis mit der Wucht eines Vorschlaghammers. Tyler White würde kommen. Und ich würde ihm nicht aus dem Weg gehen können. Ganz im Gegenteil.

Wie konnte ich nur einwilligen, Tante Cybills Gast mit ein paar Worten vorzustellen und ihn willkommen zu heißen? Allein schon beim Gedanken an diesen Moment brachte ich kein Wort über die Lippen. Nicht mal piepsig.

Ich ließ mich zurück in die Federn fallen, zog das Kissen unter meinem Kopf hervor und presste es mir aufs Gesicht, um meiner Hoffnungslosigkeit ein Ventil zu geben. Zweimal schrie ich so laut hinein, dass es sich wahrlich ein bisschen besser danach anfühlte.

Zumindest bis zu dem Augenblick, als Tante Cybill nach mir rief.

»Amy? Ist alles okay bei dir?«, fragte sie besorgt, und ich beeilte mich, das Kissen wieder von meinem Gesicht zu nehmen.

»Alles bestens. Das ist nur … so eine neue Yoga-Übung, die ich erst vor ein paar Wochen gelernt habe. Sie soll entspannen und die Schakren öffnen«, behauptete ich souveräner, als ich mich fühlte.

»Oh, das musst du mir bei Gelegenheit mal genauer erklären.«

»Gerne.«

»Ich wollte dich auch gar nicht lange stören. Gwen hat nur eben angerufen. Sie hat wohl im Radio gehört, dass Tyler White in meine Buchhandlung kommt, und ebenfalls ihren Besuch angekündigt«, berichtete Tante Cybill.

»Mum will nach Port Isaac kommen, um einem Krimibestsellerautor beim Lesen zuzuhören? Bist du dir sicher, dass es sich bei der Gwen, die dich angerufen hat, wirklich um meine Mum handelt?«

Tante Cybill lachte.

»Ganz sicher sogar.«

Na, das konnte ja noch heiter werden.

Fröhliche Bescherung!

Kapitel 12

Colin

»Seit wann verirrst du dich denn zu mir an den Kiosk?«, fragte March in ihrer gewohnt direkten Art.

»Es ist auch schön, dich wiederzusehen, liebe March«, erwiderte ich mit einem Lächeln auf den Lippen.

»Kaffee?«, fragte sie kurz angebunden.

Aber das meinte sie nicht böse. March war eben March. Die Güte in Person. Auch wenn sie das hinter ihrer harten Hülle gut zu verstecken wusste.

»Gerne«, erwiderte ich seufzend.

»Hast du es schon gehört?«

March sah mich interessiert an, während sie mir einen Filterkaffee eingoss und ihn mir über den Tresen schob.

»Bitte nicht du auch noch«, flehte ich sie inständig an. »Jeder Mensch im Ort scheint nur noch dieses eine Thema zu kennen.«

March zuckte mit den Schultern.

»Es passiert momentan nicht allzu viel. Da verbreitet sich die Nachricht über einen weltweit bekannten Bestsellerautor, der mal eben eine Stippvisite in Port Isaac einlegt, eben wie im Lauffeuer. Was erwartest du? Es ist Winter.«

»Bei zehn Grad Außentemperatur und freundlichem Sonnenschein«, erwiderte ich angesäuert.

»Wären dir minus zehn Grad mit Schnee und Eis etwa lieber?«, hakte March nach, ohne dabei wertend zu klingen.

»Ja, vielleicht wären sie das tatsächlich«, sagte ich und nahm dann einen großen Schluck des Kaffees.

»Brady behauptet immer, es gäbe hier bei dir den besten Kaffee«, hörte ich mich plötzlich sagen. Dabei war ich doch gerade zu March gekommen, weil man hier für gewöhnlich seine Ruhe hatte.

Und die hatte ich wirklich bitter nötig. Wie im Taubenschlag war es am Morgen im *Golden Lion* zugegangen. In der Küche gab es kein anderes Gesprächsthema. Sogar Mum war ganz aus dem Häuschen gewesen, als sie von dem Event des Jahres gehört hatte. Auch die Frühstücksgäste hatten nur dieses eine Thema gekannt.

So viel Unruhe am frühen Morgen war nichts für mich. Bestsellerautor hin oder her. Der Mann war schließlich auch nur ein Mensch. Irgendwie fand ich es affig, dass die Einwohner von Port Isaac seinetwegen wie aufgescheuchte Hühner umherrannten. Tyler White war ein Krimiautor, über sechzig, mit hängenden Wangen und weißem Vollbart.

Bis zum heutigen Tag hatte ich nur ein paar seiner Inspector-Baker-Romane gekannt. Die, wohlgemerkt, echt zu empfehlen waren. Aber erst vor einer Stunde hatte ich den Mann gegoogelt, um mir ein Bild von ihm zu machen.

Gänzlich gegen meine Erwartung schaute mir dort im Display ein alter Mann entgegen. Kein Dreißigjähriger mit schwarzer Lederjacke und einem Gesicht zum Dahinschmelzen. Nur ein alter Mann, der Bücher schrieb. Wieso wurde der wie ein Rockstar gefeiert?

»Und?«, hakte March nach.

»Was meinst du?«

Ich konnte mich nicht mehr erinnern, was wir zuvor gesprochen hatten.

»Findest du auch, dass es hier den besten Kaffee im Ort gibt?«

Ich nickte.

»Definitiv!«, antwortete ich ehrlich und genoss derweil die Stille.

March schenkte mir ein angedeutetes Lächeln und machte sich dann wieder an die Arbeit. Offenbar hatte sie frische Zimtschnecken gebacken. Es roch ganz vorzüglich nach Zimt und Zucker.

»Möchtest du vielleicht eine?«, erriet sie meine Gedanken und hielt mir eines der kleinen Köstlichkeiten mit der üppigen glänzenden Glasur unter die Nase.

Ich zögerte nicht lange.

»Die sönd röchtig gut«, erwiderte ich nach dem ersten Bissen.

»Das freut mich. Brady fand sie auch so gut, dass er sich gleich drei Stück mit in die Praxis genommen hat«, offenbarte mir March augenzwinkernd.

»Das ist ja einer. Zuvor war er erst noch bei mir frühstücken. Er scheint ja mittlerweile ein gutes Auskommen gefunden zu haben«, stellte ich fest.

»Brady weiß das Leben zu nehmen«, brachte es March auf den Punkt.

Ganz im Gegensatz zu mir. Mich überforderte ja schon das Kennenlernen einer neuen Frau. Aber zu meiner Verteidigung musste ich anmerken, dass mir die Gute in den Wagen gefahren war. Dennoch oder gerade deswegen konnte ich ihre smaragdgrünen Augen einfach nicht vergessen.

Wann immer ich meine Augen schloss, dachte ich an sie. Und dabei stand nicht unbedingt der verbeulte Aston Martin im Vordergrund.

»Ich habe gehört, du hattest einen unschönen Zwischenfall mit deinem Oldtimer«, bemerkte March wie beiläufig.

Sicher hatte Brady ihr davon erzählt.

»Nicht so schlimm«, wich ich ihr aus und nahm noch einen großen Bissen von der Zimtschnecke. Der cremig-zimtige Geschmack war jetzt genau das Richtige. Ich sollte March bei Gelegenheit nach dem Rezept fragen. Wobei Backen nicht unbedingt meine Stärke war. Aber da ging es vielen meiner Kollegen recht ähnlich. Kochen war einfach etwas anderes als backen.

Anstatt nach dem Rezept zu fragen, konnte ich auch einfach wiederkommen. March war wirklich eine sehr angenehme Gesellschafterin. Sie wusste genau, wie weit sie gehen konnte, ohne einem auf die Nerven zu fallen. Gleichzeitig wurde man großzügig verköstigt und hatte für ein paar Augenblicke seine Ruhe.

Bald schon würde ich allerdings zurück ins Restaurant müssen. Allein die Vorstellung, mir auch weiterhin die Sensationsmeldung des Tages immer und überall anhören zu müssen, war nervig genug. Aber was sollte ich machen? Ohrenstöpsel oder Noise-Cancelling-Kopfhörer verwenden?

Ich seufzte etwas zu laut.

»Cybills Nichte Amy soll in die Sache verwickelt sein«, bohrte March weiter nach. Offenbar wollte sie mich in dieser ganz bestimmten Angelegenheit noch nicht vom Haken lassen.

»Hm?«

»Der Unfall.«

»Oh, ja. Aber wie gesagt. War nur halb so schlimm«, log ich und wusste nicht einmal warum.

Vielleicht erhoffte ich mir, wenn ich die Kosten für die Reparatur selbst trug, Amy so schnell nicht wieder über den Weg zu laufen. Gleichzeitig sehnte ich mich regelrecht danach, baldmöglichst in ihre smaragdgrünen Augen zu blicken. Das war verrückt. Und neu. Ein Kribbeln machte sich tief in mir bemerkbar, von dem ich hoffte, es würde bald wieder verfliegen.

»Das ist gut. Denn sie wird sicher nicht mehr allzu lange hier sein.«

»Nicht?«, forderte ich March auf, weiterzusprechen, während ich abermals in meine Zimtschnecke biss.

»Nein, sie wird bald wieder nach London zurückfahren«, erklärte mir March und wischte dabei mit einem nassen Tuch über den Tresen.

»London also«, stellte ich unnötigerweise fest.

Noch ein Grund, der Frau weitestgehend aus dem Weg zu gehen. Sie würde Port Isaac den Rücken kehren. Und das, was ich da zwischen uns in Dr. Shephards Praxis verspürt hatte, würde schon bald nicht mehr sein als der Hauch einer Erinnerung, die nach und nach verblassen würde, bis nichts mehr von ihr übrig war.

»Ich hatte einmal einen Freund in Südafrika«, begann March völlig aus dem Zusammenhang heraus zu erzählen.

Bei jedem anderen hätte es mich vermutlich gestört oder ich hätte mich zumindest darüber gewundert. Nicht so bei March.

»Ich traf ihn auf einer meiner Reisen. Mit dem Rucksack auf dem Rücken bin ich schon viele Jahre vor der Zeit, als alle damit anfingen, sich Backpacker zu nennen, durchs Land gereist und habe Menschen und fremde Orte kennengelernt. Einer davon war Simon. Ein lebensfroher junger Mann. Wir mochten uns auf Anhieb. Doch unsere Wege trennten sich schon bald wieder, weil er zurück nach Hause musste. Sein Vater war krank geworden.«

Während ich fast ein wenig gespannt auf die Pointe wartete, fragte ich mich unweigerlich, ob March außer ihrem heiß geliebten Arthur noch andere Männer gedatet hatte. Der Gedanke fühlte sich irgendwie merkwürdig an. Schließlich war March schon sehr alt. Aber auch sie war einmal jung gewesen, hatte sich verliebt, ein gebrochenes Herz davongetragen, war gefallen und anschließend wieder aufgestanden, um sich das Krönchen zu richten.

Seit ich March kannte – also mein Leben lang –, hatte sie immer stark und selbstsicher auf mich gewirkt. Eine Person, zu der man mit seinen kleinen und großen Problemen gehen konnte, ohne Gefahr zu laufen, missverstanden zu werden. Wann immer man March brauchte, konnte man darauf zählen, dass sie für einen da war. Aber March war auch nur ein Mensch. Sicher hatte sie ebenso ihre schwachen Momente. Wem sie die wohl anvertraute?

Facebook und Instagram waren keine Option. Ich musste beim Gedanken daran, March könnte in den sozialen Medien unterwegs sein, innerlich schmunzeln. Ihre Beiträge würden sicher Aufsehen erregen, und nicht selten würde sie sich über die Zustände in Port Isaac aufregen. Vor allem dann, wenn sich mal wieder ein Filmteam ankündigte, um unser schönes Örtchen als Kulisse zu nutzen. Die Leute vom Film konnte March nämlich auf den Tod nicht ausstehen. Ebenso wenig wie die neuen Medien. Also war das Thema schon mal vom Tisch. Schade eigentlich. Ich wäre ihr definitiv gefolgt.

»Ich habe Simon seit diesem Tag nie wiedergesehen.«

Okay, das war jetzt nicht unbedingt das, was ich erwartet hatte. Ziemlich ernüchternd, wenig aufmunternd.

»Aber diesen Sommer mit ihm werde ich nie vergessen. Er wird für immer in meinem Herzen bleiben. Manchmal ist eine Erinnerung größer als die Distanz, die zwischen uns liegt, mein Junge.«

March klang beinahe rührselig und eine Spur zu melodramatisch für meinen Geschmack. So kannte ich sie gar nicht. Es dauerte ein paar Sekunden, bis ich mich auf diese neue March eingestellt hatte.

»Ihr jungen Leute habt es da heute um so vieles einfacher. Erinnerungen werden in Apps auf euren Handys konserviert. Wo immer ihr steht und geht, könnt ihr ein Foto machen. Wahrer Luxus! Und dann gibt es ja auch noch so etwas wie Bus und Bahn. Den Flieger nicht zu vergessen.«

March zwinkerte mir vielsagend zu, ehe sie sich meinen leeren Teller schnappte und sich von mir abwandte, um ihn abzuwaschen.

Bildete ich es mir nur ein, oder hatte March von meinen wie auch immer gearteten Gefühlen für Amy Wind bekommen? Wie war das nur möglich? Brady gegenüber hatte ich vorgegeben, sauer auf Cybills Nichte zu sein. Was gewissermaßen ja sogar stimmte. Amy hatte schließlich eines der wenigen Erinnerungsstücke an unseren Dad beschädigt.

Der Aston Martin war nicht nur ein Wagen. Brady und ich hatten in unserer Kindheit viele schöne Ausflüge mit Dad und seinem Auto ans Meer gemacht, waren angeln gegangen und hatten manchmal sogar unter freiem Himmel campiert. Das alles verband ich mit dem Oldtimer. Und noch so vieles mehr. Erinnerungen, die für einen Außenstehenden wie Amy auf den ersten Blick nicht zu sehen waren.

»Wirst du denn zu der Lesung von Tyler White kommen?«

Gut sichtbar für March verdrehte ich meine Augen.

»Jetzt fang du nicht auch noch damit an! Wenn es nach mir ginge, würde ich am Montag meine Sachen packen und von hier verschwinden. Dummerweise haben wir an dem Abend bereits zwei Weihnachtsfeiern im *Golden Lion*, sodass Mum mich einen Kopf kürzen machen würde, wenn ich mich meiner Verantwortung entziehen würde. Mum kann unglaublich nachtragend sein. Das ist der einzige Grund, warum ich an diesem Tag in Port Isaac sein werde. Aber glaub mir, ich werde mich Cybills Buchhandlung keine fünf Meter nähern.«

March grinste.

»Ich wusste ja gar nicht, dass du so resolut sein kannst.«

Es stimmte schon. Für gewöhnlich war ich eher der zurückhaltende Typ, der am Rande einer Gruppe stand, um als stiller Beobachter alles gut im Blick zu behalten. Aber heute und in diesem ganz speziellen Fall war mir nicht nach Zuschauen und Abnicken.

»Nur weil ich mich meistens im Hintergrund halte, heißt das nicht, dass ich keine eigene Meinung hätte.« Wieso verspürte ich plötzlich den Drang, es ihr zu erklären?

Vielleicht sollte ich genau das auch mal Mum und Brady sagen. Wobei die beiden sich vermutlich dennoch weiterhin in mein Leben einmischen würden. Es tat also nichts zur Sache.

»Dann bleibt mir nur noch, dir die Daumen zu drücken, dass dein Wunsch in Erfüllung geht.«

»Oh, das wird er. Ich habe nämlich nicht vor, den *Golden Lion* an diesem Tag zu verlassen. So einfach ist das.«

Kapitel 13

Amy

Während ich noch fieberhaft überlegte, was die größere Katastrophe war – Tyler White schon bald gegenüberzustehen oder Mum in Port Isaac zu wissen –, rührte ich mir mein Porridge an und schnippelte nebenbei einen Apfel klein.

Porridge mit Apfel und Zimt war Seelenfutter, das ich gerade richtig nötig hatte. Als ich noch klein war, hatte Granny Porridge immer dann gemacht, wenn es mir nicht gut ging. Und leider ging es mir in meiner Kindheit öfter nicht gut. Ich war ein blasses Kind und hatte jedes Mal furchtbare Probleme mit dem Kreislauf, wenn ich wuchs. Ein bisschen wie eine Pflanze, die man nicht ordentlich pflegte, die ihre Blätter hängen ließ und auf den nötigen Dünger wartete. In meinem Fall hieß dieser Dünger Liebe.

Wann immer ich bei Granny war, lud ich meine Batterien ganz voll mit ihrer Liebe, ihrer Güte und ihrer Herzlichkeit. Doch kaum zu Hause angekommen, fühlte ich mich wie ein Smartphone mit fast leerem Akku. Bei Mum fiel mir alles so viel schwerer. In der Schule hatte ich Probleme, Anschluss zu finden. Viele Nachmittage meiner Kindheit und Jugend saß ich allein zu Hause herum, schrieb meine Fantasiegeschichten oder las.

Mit dem Löffel nahm ich eine ausgewogene Mischung von Porridge und Äpfeln. Als der Geschmack sich in meinem Mund verbreitete, schloss ich für einen Augenblick die

Augen, sog den Duft ganz fest in meine Nase ein und erinnerte mich dabei an Granny und ihr freundliches Lachen.

Sie fehlte mir schrecklich. Es war traurig, dass man einen geliebten Menschen nicht einfach mit Porridge mit Apfelstücken herbeizaubern konnte. Und dafür andere Personen weit weg.

Beim Gedanken an den kommenden Montag zog sich mein Magen auf die Größe einer Erbse zusammen. Was zum Henker hatte ich dem Universum bloß angetan, dass es mich so leiden sehen wollte?

Erst die Sache mit Colins Wagen, dann Tyler White im Doppelpack mit meiner Mum. Das war eindeutig zu viel für mich. Wie sollte ich mich meinem Autor gegenüber verhalten? Warum kam Mum so spontan vorbei? Und was war mit Colin? Sollte ich ihn im *Golden Lion* aufsuchen und ihn fragen, wie wir die Sache mit seinem Aston Martin klären wollten?

Ich nahm einen weiteren Löffel meines Frühstücks und ärgerte mich darüber, dass sich aufgrund meiner trüben Gedanken dieses wohltuende Gefühl von eben nicht mehr in mir einstellen wollte. Der Moment war verstrichen. Ebenso wie die Chance, Tante Cybill zu offenbaren, warum ich Tyler White besser nicht über den Weg laufen sollte.

Anstatt die Karten offen auf den Tisch zu legen, hatte ich ihr lächelnd zugesagt, ihr helfen zu wollen. Das war so dämlich von mir gewesen. Zu meiner Verteidigung musste allerdings angemerkt werden, dass Tante Cybill mich vollkommen aus dem Hinterhalt überfallen hatte. So kurz nach dem Aufwachen sollte man eine Person nicht um einen

Gefallen bitten dürfen, fand ich. Das sprach irgendwie gegen die gute Sitte. Zudem hatte ich noch nicht mal einen Kaffee intus gehabt. Wer konnte bitte schön so früh schon so klar denken, während kein Gramm Koffein seine Blutbahnen durchflutete? Also ich definitiv nicht, wie ich am heutigen Morgen erst hinreichend bewiesen hatte. So ein Mist aber auch!

Mein Smartphone vibrierte. Nur einmal.

Ich entsperrte das Display und las dort Lins Namen. Wir hatten gestern noch Nummern ausgetauscht, als sie vorschlug, gemeinsam mit ihrer Freundin Valerie etwas zu unternehmen. Ich hatte es auf die Gefühlsduselei nach der freudigen Botschaft vom Frauenarzt geschoben und nicht damit gerechnet, dass sie sich wirklich melden würde.

»Lust auf einen kleinen Ausflug?«, stand dort geschrieben.

Unschlüssig biss ich mir auf die Unterlippe. Denn einerseits hatte ich sehr große Lust, das Chaos hier hinter mir zu lassen und ein wenig Zerstreuung zu suchen. Andererseits wusste ich aber auch, dass ich meinem Schicksal nicht entkommen konnte. Ich würde das Unausweichliche lediglich ein wenig aufschieben.

»Woran hast du gedacht?«, schrieb ich zurück, ohne mich festzulegen.

Kaum dass ich die Lettern im Chat erblickt hatte, wollte ich sie schon wieder zurücknehmen. Für den Wimpernschlag eines Augenblicks dachte ich ernsthaft darüber nach, die Nachricht wieder zu löschen. Aber Lin war schneller als ich. Zwei blaue Haken signalisierten mir, dass sie meine Worte bereits gelesen hatte. Was für ein wundervoller Morgen. Nicht!

»Wir könnten rüber zur Daymer Bay fahren und dort am Strand ein wenig spazieren gehen. Ich brauche dringend etwas Strandgut für das Kinderzimmer. Die Wickelkommode würde ich gerne selbst bauen«, schrieb Lin eifrig.

Die Daymer Bay war in rund zwanzig Minuten mit dem Auto zu erreichen. Tante Cybill und ich waren dort früher manchmal baden gewesen, als ich sie besucht hatte. Heute bei knapp acht Grad war kein Badewetter. Aber ich konnte mich noch gut daran erinnern, wie gern ich dort gewesen war. Also willigte ich ein, und ungefähr dreißig Minuten später klingelte es an Tante Cybills Haustür.

»Hey, du musst Amy sein. Schön, dich kennenzulernen. Lin hat schon viel von dir erzählt.«

Kaum dass ich die Tür geöffnet hatte, prasselten die Worte einer Frau auf mich ein, von der ich annahm, sie wäre Valerie, Lins Freundin.

»Hey …«

»Oh, entschuldige bitte«, sagte sie schließlich, als sie bemerkte, dass sie sich mir nicht vorgestellt hatte. »Ich bin Valerie.«

»Das dachte ich mir schon fast«, erwiderte ich mit einem Lächeln.

»Könnte ich, bevor wir gleich losfahren, vielleicht noch mal ganz kurz bei dir auf Toilette? Der kleine Mann hier in meinem Bauch drückt am liebsten auf meine Blase. Offenbar ist die besonders bequem beim Schlafen.«

Valerie lachte, und erst jetzt fiel mir auf, dass sie ebenfalls schwanger war. Es musste schön sein, gleichzeitig mit der besten Freundin ein Kind zu erwarten. Die beiden könnten später dann ebenfalls Freunde werden. Oder in Valeries und Lins Fall vielleicht sogar ein Liebespaar.

Valerie sah mich fragend an. Erst dann realisierte ich, dass ich ihr noch eine Antwort schuldig war.

»Hinter der zweiten Tür auf der rechten Seite befindet sich das Badezimmer«, sagte ich und machte sodann eilig Platz, damit Valerie an mir vorbei in Tante Cybills Cottage konnte.

Derweil stieg Lin aus einem roten Twingo. Offenbar der Wagen, den ihr Mann gestern in Beschlag genommen hatte. Sie winkte.

»Was ist los? Warum kommt ihr nicht?«

Lin klang etwas ungeduldig, aber mitnichten genervt.

»Valerie musste noch mal schnell auf Toilette«, erklärte ich und schlüpfte in meinen Wintermantel.

»Oh, das ist eine gute Idee«, meinte Lin, schlug die Tür ins Schloss ihres Twingos und eilte zu mir herüber. »Eine zwanzigminütige Fahrt kann sich wie die Ewigkeit anfühlen, wenn ein ungeborenes Baby auf deiner Blase herumhüpft.« Sie kicherte albern und nahm mich dabei wie beiläufig in den Arm, um mich zu begrüßen.

Eine so vertraute Geste hätte ich nicht erwartet. Auch wenn sie eher nur im Vorbeigehen passierte. Doch wider Erwarten empfand ich sie als sehr schön und genoss sie sogar in gewisser Hinsicht.

Damals in der Schule galt ich als Außenseiterin. Bis auf meine beste Freundin Abigail gab es kaum Kinder, mit denen ich mich nach dem Unterricht traf, um ins Kino zu gehen oder im Garten zu spielen. Es war neu für mich, ohne Weiteres in eine bestehende Freundschaft von zwei Frauen aufgenommen zu werden. Und das einfach so. Ohne dass ich diesbezüglich irgendwie nachgeholfen hätte oder zu Kreuze hätte kriechen müssen.

»Dieser kleine gehäkelte Hut im Badezimmer, unter dem Cybill ihr Klopapier aufbewahrt, ist ja wirklich herzig. Hat sie den selbst gemacht oder gekauft?«, fragte mich Valerie plötzlich wie aus dem Nichts.

Ich zuckte leicht zusammen, da ich sie nicht kommen sehen hatte.

Sie bemerkte es.

»Das tut mir leid! Habe ich dich erschreckt? Jasper, mein Mann, behauptet auch immer, ich würde mich wie eine Katze auf Samtpfoten anschleichen. Dabei laufe ich wie jeder andere auch. Wobei, seit ungefähr drei Wochen watschle ich eher wie eine Ente.«

Valerie und ich lachten über ihre Bemerkung.

»Warte erst mal ab, wie es sein wird, wenn du so weit bist wie ich. Allein bekomme ich schon nicht mal mehr meine Schuhe zu, und über das Gefühl, wie einer dieser riesig gezüchteten Kürbisse durch die Welt zu rollen, will ich erst gar nicht sprechen.«

Valerie streichelte ihrer besten Freundin einfühlsam über den Arm. Ich lächelte derweil ein wenig verlegen, weil ich mir nicht sicher war, was angebracht war und was nicht. Etwas Zurückhaltung war bestimmt nicht schlimm.

»Also, was ist jetzt? Können wir los?«, fragte Lin eine Spur zu ernst, als hätten wir nicht bis gerade eben auf sie gewartet.

Dann kicherte sie albern.

»Wie war meine March-Parodie?«

Ihr Blick ging in Valeries Richtung. Ich kannte March zwar flüchtig, aber das konnte Lin ja nicht wissen. Ferner würde ich mir nicht anmaßen wollen, darüber zu urteilen, ob das ihrem Verhalten gleichkam oder nicht.

Valerie lachte ebenfalls.

»Gar nicht so schlecht, meine Liebe. Gar nicht so schlecht.« Dabei klopfte sie ihr anerkennend auf die Schulter. »Aber jetzt lasst uns wirklich losfahren, bevor sich meine Blase erneut bemerkbar macht.«

Die Fahrt in Lins Twingo verlief wie mit alten Freundinnen, die sich lange nicht gesehen hatten. Lin hatte sogar das Radio ausgeschaltet, damit wir uns besser unterhalten konnten.

Die Mädels wollten alles über mich wissen, ohne mich dabei auszufragen. Das Gespräch plätscherte locker dahin und hatte nichts mit den ersten Unterhaltungen in der Großstadt zu tun. Während mich in London jeder nach meinem Job, der Lage meiner Wohnung oder meinem 5-Jahres-Plan gefragt hätte, blieben Valerie und Lin mehr auf der familiären Ebene, ohne dabei unangenehme Fragen zu stellen.

»Cybill ist sicher ganz außer sich über die guten Nachrichten«, merkte Valerie in diesem Moment an.

Offenbar hatte sich die schöne Kunde über Tante Cybills Gewinn schon im Ort verbreitet. Dabei hatte sie doch erst vor knapp einer Stunde das Haus verlassen.

»Ja, sie konnte es gar nicht so recht fassen. Ich freue mich sehr für meine Tante«, auch wenn ich mich nicht besonders mitfreuen konnte. Aber diesen Gedanken sprach ich nicht laut aus. Den behielt ich trotz der entspannten Atmosphäre lieber für mich, würde er mich doch in ein falsches Licht rücken.

Ferner war es weder der passende Ort noch die passende Zeit, meinen angestauten Frust und die Sorge vor dem kommenden Montag auf den Tisch zu packen. Valerie und Lin hatten mich gefragt, ob ich sie zu einem Tag am Strand begleiten wollte. Unverbindlich und eher heiter als wolkig. Ich wollte die Stimmung also unter keinen Umständen trüben. Denn insgeheim war das hier genau das, wonach ich mich schon seit sehr langer Zeit sehnte. Und auch wenn es nur für die Dauer meines Aufenthalts in Port Isaac so zwischen uns sein sollte, dann würde ich gerne jeden Moment mit den beiden Frauen in vollen Zügen genießen.

»Da vorne kannst du gut parken.«

Valeries Arm schoss an meinem Gesicht vorbei, und ihr Finger deutete auf eine Parklücke, von der aus wir problemlos an den Strand laufen konnten. Bei dieser Witterung war ohnehin nicht viel los. Im Sommer musste man dagegen einige Runden drehen, wenn man so naiv gewesen und mit dem Auto angereist war.

Sobald Lin den Motor abgeschaltet hatte, schnallte ich mich ab und öffnete die Tür. Eine salzige Meeresbrise kroch sogleich in den Wagen. Das Kreischen der Möwen hieß uns wie ein Empfangskomitee willkommen. In der Ferne war ein Schiff zu sehen, das Kurs auf ein unbekanntes Ziel nahm.

»Es ist so schön, mal wieder in der Daymer Bay zu sein.«

Freudig in die Hände klatschend saß Lin noch immer neben mir und besah sich von der Anhöhe aus das Meer mit seinen sanften, nur ganz leicht wogenden Wellen. Der Anblick war beruhigend und doch wühlte er mich innerlich ein wenig auf, erinnerte er mich doch an meinen Spaziergang vor ein paar Tagen oben an den Klippen, bei dem ich Colin das erste Mal begegnet war.

Ob ich es wohl wagen und Lin auf ihren Schwager ansprechen sollte? Ich verspürte das Bedürfnis, für meinen Fehler einzustehen, auch wenn mich die Leasingfirma für den kleinen Zwischenfall sicher ausbluten lassen würde. Aber dafür konnte Colin schließlich nichts. Außerdem schien er wirklich an dem Aston Martin zu hängen. Bestimmt war er auch einer dieser Oldtimer-Besitzer, die stundenlang an ihrem Wagen herumbastelten und dabei tagelang nicht wieder aus der Garage herauskamen.

»Bevor wir loslaufen, bräuchte ich noch ganz kurz eine Toilette«, vermeldete Valerie von der Rückbank und erntete ein genervtes Stöhnen vom Fahrersitz.

»Wenn das so weitergeht, dann werden wir sicher nicht vor Einbruch der Dunkelheit aufbrechen können. Wenn mein Kind später keine Wickelkommode hat, werde ich ihm erzählen, wie es dazu kam und wer dafür verantwortlich ist.«

»Alles besser, als dir in den Twingo zu pinkeln. Das willst du sicher auch nicht«, wehrte sich Valerie.

»Um Gottes willen, schau, dass du Land gewinnst. Mein armes Auto!«

Valerie kicherte, löste ihren Gurt und öffnete ebenfalls die Tür. Im Gegensatz zu mir stieg sie allerdings gleich aus.

Einige Sekunden hingen Lin und ich unseren Gedanken nach. Mir wollte einfach nicht aus dem Kopf gehen, was mich schon bald erwarten würde. Mum allein war bereits eine immense Herausforderung. Tyler White gleichzeitig mit Mum hier in Port Isaac zu wissen, war ähnlich wie ein Erdbeben gepaart mit einem Hurrikan.

Je länger ich darüber nachdachte, desto überzeugter war ich davon, dass mir auch dieses Jahr vor Weihnachten ein Unglück ins Haus stand. Ganz in der Tradition der vergangenen Jahre. Auch wenn ich Weihnachtsschmuck, Tannenbäume und Geschenke wirklich gerne hatte, konnte ich auf die Tradition der alljährlichen Pleiten, Pech und Pannen getrost verzichten. Aber irgendetwas sagte mir, dass mich diesbezüglich niemand nach meiner Meinung fragen würde.

»Warst du schon mal hier in der Daymer Bay?«, riss Lin mich dankenswerterweise aus meinen trüben Gedanken.

Ich nickte.

»Tante Cybill ist ein paarmal mit mir hierhergefahren. Mit den Rädern. Allerdings immer im Sommer.« Ein Lächeln stahl sich auf meine Lippen. »Wir beide hatten unten am Strand immer viel Spaß. Einmal haben wir sogar einen

Delfin gesehen. Ich kann mich noch sehr gut an den Tag erinnern.«

»Das glaube ich dir gerne. Solche schönen Erinnerungen bleiben einem zum Glück ein Leben lang.«

Wahre Worte! Ob sie mich auch über die schwierige kommende Zeit bringen würden, wagte ich jedoch zu bezweifeln. Erinnerungen waren ja schön und gut, aber sie waren nichts weiter als Bilder, die sich in meinem Gedächtnis abgespeichert hatten. Sie würden nicht die Macht besitzen, meine weihnachtliche Pechsträhne zu durchbrechen. Dazu brauchte es ein echtes Wunder.

Als jemand gegen Lins Fensterscheibe klopfte, erschraken wir beide zu Tode.

Wir hatten Valerie nicht kommen sehen.

»Kommt ihr dann? Wenn ihr weiterhin so tranig seid, geht die Sonne bereits unter, bevor wir etwas gefunden haben.«

Lin schnaubte.

»Wir wollten nur nett sein und auf dich warten. Wie das Freundinnen eben so füreinander tun«, echauffierte sie sich, während ich mir der Tatsache bewusst wurde, dass sie mich bereits nach dieser kurzen Zeit zu ihren Freundinnen zählte.

Ein warmes Gefühl machte sich in meinem Magen breit. Vielleicht würde die prognostizierte Katastrophe am Montag ja doch nicht so episch ausfallen, wie ich sie mir ausmalte. Ein wenig Hoffnung sollte ich noch haben. Auch wenn mich die Vergangenheit etwas anderes gelehrt hatte.

»Wonach genau halten wir eigentlich Ausschau?«, fragte ich nach einigen Minuten, in denen Lin, Valerie und ich am Strand spazieren gegangen waren und ich fieberhaft jedes

Sandkorn im Umkreis von zwei Metern um mich herum in Augenschein genommen hatte.

»Im Grunde kann man das so genau gar nicht sagen. Man muss es sehen«, philosophierte Lin, woraufhin tausend Fragezeichen in meinem Kopf hin und her wirbelten.

»Was Lin damit sagen will, ist, dass es im Prinzip alles sein kann. Angeschwemmtes Holz, schöne große Muscheln, glänzende Steine oder Gegenstände, die das Meer nach Jahrzehnten und länger wieder freigibt. Einmal hat Lin alte Fliesen gefunden, die mal auf einem portugiesischen Handelsschiff auf dem Weg nach Brasilien waren. Das Schiff sank vor langer Zeit.«

»Wow, das war sicher ein besonderer Tag für dich, Lin.«

»Das war er. Ganz sicher. Aber noch aufregender war der Tag, als ich mich endlich traute, meine Passion zum Beruf zu machen, und meinen kleinen Laden eröffnet habe. Damals hätte ich wirklich nie gedacht, dass ich einmal von dem, was ich liebe, auch leben könnte. Es war zwar immer ein Traum von mir gewesen, aber wir wissen ja alle, dass diese nicht zwangsläufig in Erfüllung gehen müssen.«

Dann winkte sie ab und strich sich die im Wind flatternden Haare aus dem Gesicht.

»Aber erzähl doch mal von dir! Was machst du in London? Hast du einen Freund? Wo arbeitest du?«

Ich atmete einmal tief durch, lief ein paar weitere Schritte am Strand entlang und sah angestrengt zu Boden, als könnte mir sonst etwas Superwichtiges entgehen.

»Ich arbeite als Lektorin für einen großen Verlag. Und nein, ich bin nicht in einer Beziehung. Mein letzter Freund war eine Totalpleite, sodass ich momentan auch wenig Lust habe, mich neu zu binden.«

Die Worte sprudelten nur so aus meinem Mund, als hätte sich ein Ventil bei mir geöffnet, das endlich Dampf ablassen musste. Im ersten Moment war ich ein wenig geschockt über meine Offenheit. Für gewöhnlich gab ich sehr wenig über mich preis. Aber die Gesellschaft von Lin und Valerie war so angenehm herzlich, dass ich plötzlich das Bedürfnis verspürte, mich ihnen anzuvertrauen.

»Männer!«, brachte Valerie es auf den Punkt. »Der Mann, mit dem ich vor Jasper zusammen war, hat mich kurz nach der Hochzeit einfach sitzen lassen, weil ihm Port Isaac plötzlich viel zu klein war. Dabei wusste er seit dem Tag, an dem wir uns kennenlernten, dass ich nie aus meiner Heimat weggehen würde. Ich bin hier fest verwurzelt, und mit dem Candyheaven habe ich mir ebenso wie Lin einen Traum erfüllt, den ich zum Glück bis heute leben darf.« Sie grinste zufrieden. Als sie sich wieder an die Zeit der Trennung von ihrem Ex zurückerinnerte, veränderte sich ihr Gesichtsausdruck.

»Aber als Ron mich verließ, gab es auch eine Zeit, in der ich keinen Mann mehr an mich heranlassen wollte. Es tut weh, wenn ein Herz gebrochen wird. Ich kann dich also nur allzu gut verstehen, liebe Amy.«

Als Valerie geendet hatte, strich sie mir mit ihrer Hand über den Arm und sah mir dabei fest in die Augen.

»Bei welchem Verlag arbeitest du denn?«, wechselte Lin abrupt das Thema.

Ich schluckte abermals. Noch so eine offene Baustelle in meinem Leben, die mich nachts um den Schlaf brachte.

Bis vor wenigen Tagen hätte ich Lin und Valerie von meinem Job bei Cooper & Smith vorgeschwärmt. Ich hätte ihnen aufgezählt, mit welch tollen Autoren ich zusammenarbeiten darf, und Projekte erwähnt, an deren Realisierung ich beteiligt war.

Aber sobald ich heute meinen Mund öffnen und über meinen geliebten Beruf sprechen wollte, bildete sich augenblicklich ein riesiger Kloß in meinem Hals.

»Bei Cooper & Smith«, sagte ich letztlich, als Lin mich erwartungsvoll ansah, ohne dabei jedoch weiter ins Detail zu gehen.

»Ist dort nicht auch Tyler White?«, fragte nun Valerie.

Ich nickte und konzentrierte mich dabei wieder auf die einzelnen Sandkörner vor mir auf dem Boden.

Der Wind hatte ein wenig aufgefrischt. Ich stellte den Kragen meines Wintermantels auf, als es mir ein wenig kalt wurde. Meine Mütze hatte ich blauäugig in Tante Cybills Cottage zurückgelassen. Aber die Sonne hatte so schön gestrahlt, als mich die beiden Frauen abholten, dass ich der Überzeugung war, es würde ein ausreichend warmer Wintertag werden.

Weit gefehlt, wie ich nun schmerzlich am eigenen Leib erfahren musste.

»Magst du meinen Schal haben?«, fragte Lin in diesem Augenblick, als hätte sie gespürt, dass mir kalt war.

»Mir ist immerzu viel zu warm. Dummerweise vergesse ich das nur ständig.«

Valerie begann prompt zu lachen. Und Lin und ich konnten gar nicht anders, als miteinzustimmen.

»Die gute alte Schwangerschaftsdemenz«, witzelte Valerie. »Wenn du dich auf eines in deiner Schwangerschaft verlassen kannst, dann auf das Sodbrennen, die Wassereinlagerungen und eben die klassische schwangerschaftsbedingte Vergesslichkeit. Ich liebe das Baby in meinem Bauch, aber ich bin auch froh, wenn mein Körper wieder mir allein gehört. Wisst ihr, was ich meine?«

Valerie strich sich während ihrer Worte zärtlich über den Bauch.

»Absolut!«, bestätigte sie Lin, während ich mich enthielt.

Ich war bisher schließlich noch nicht in den Genuss gekommen, schwanger zu sein. Wenn ich die beiden so sah, bekam ich aber das erste Mal Lust dazu. Ganz unabhängig von meiner Überzeugung, nie eine gute Mutter sein zu können.

»Ich bin die Lektorin von Tyler White.«

Warum diese Worte plötzlich aus meinem Mund purzelten, war mir unerklärlich.

Lin quiekte auf.

»Das ist ja wundervoll! Das müssen wir unbedingt allen erzählen.«

Panik machte sich bei Lins Worten in mir breit.

»Ich spreche nicht gern darüber«, erklärte ich kopfschüttelnd.

Lin und Valerie tauschten unsichere Blicke.

»Warum denn nicht?«, hakte Valerie schließlich vorsichtig nach.

Ich seufzte. Nun war der Moment also gekommen, den ich so gefürchtet hatte. Doch neben meine Furcht mischte sich auch ein anderes Gefühl. Hoffnung. Hoffnung darauf, dass sich etwas ändern könnte, wenn ich über meine Probleme sprach.

»Weil ich durch irgendetwas, was ich getan oder gesagt habe, seinen Ärger auf mich gezogen habe, sodass mein Chef mich in den Zwangsurlaub geschickt hat.«

Nun war es passiert. Ich hatte mich einer anderen Person anvertraut. Gleich zweien, um genau zu sein. Doch der Mut, der mich eben noch getragen hatte, war schnell wieder verschwunden. Mein Herz rutschte mir in Rekordgeschwindigkeit in die Hose. Am liebsten hätte ich die letzten paar Minuten ungeschehen gemacht.

Lin und Valerie waren Fremde für mich. Wie konnte ich erwarten, dass sie verstehen würden, was da in meinem Leben gerade schieflief? Ich hätte meine Probleme besser für mich behalten oder sie mit Tante Cybill besprechen sollen. Die kannte mich zumindest schon mein ganzes Leben lang. Und würde es vermutlich dennoch nicht verstehen. Ich tat es ja selbst nicht. Was hatte ich mir von diesem Geständnis also bloß erwartet?

Zunächst bemerkte ich es nicht. Erst als Lin mich in ihre Arme zog, spürte ich meine nassen Wangen und das Beben meines Körpers.

»Oje, du Arme! Und jetzt wirst du ihm mit sehr großer Wahrscheinlichkeit schon am Montag über den Weg laufen. Das muss der blanke Horror für dich sein«, hörte ich Valerie in meinem Rücken sagen, während mich Lin noch immer zu beruhigen versuchte.

Als ich mich wieder ein wenig gefasst hatte, löste ich mich von Lin, dankte ihr ganz ohne Worte dafür, dass sie für mich da war, und spürte plötzlich eine Kraft in mir, die ich vorher nicht einmal erahnt hätte.

Valerie und Lin gaben mir diese Kraft. Sie fällten kein Urteil über mich, machten mich nicht für etwas verantwortlich, was ich nicht getan hatte. Sie waren einfach nur für mich da.

»Tante Cybill hat mich zudem gebeten, ihn vor dem Publikum anzukündigen und eine Art Lobeshymne auf ihn zu singen.«

»Das ist natürlich …«, begann Lin zu sagen.

»… starker Tobak«, beendete Valerie ihren Gedanken.

Das traf es ziemlich gut. Ich konnte mir im Moment nicht vorstellen, auch nur ein gutes Haar an Tyler White zu lassen. Schließlich war er der Grund dafür, dass meine berufliche Zukunft am seidenen Faden hing. Anstatt ihn für seine Werke zu rühmen, hätte ich ihm am liebsten auf den Kopf zugesagt, was ich von ihm hielt, und ihn im Anschluss daran zum Teufel gejagt. Das ging jedoch nicht, wenn ich Tante Cybill nicht ins Unglück stürzen wollte. Starker Tobak eben.

»Aber ich will euch nicht länger mit meinen Problemen belästigen«, ruderte ich schnell zurück, als ich bemerkte, wie die Stimmung immer weiter kippte.

Ich wollte nicht verantwortlich dafür sein, dass sich der Ausflug in der Daymer Bay, auf den sich Lin sicher schon sehr gefreut hatte, zu einem Problembewältigungstrip entwickelte. Anstatt mich in den Vordergrund zu spielen, sollte ich mich lieber zurückhalten und die Herausforderungen der kommenden Tage mit mir allein ausmachen. So wie ich es in der Vergangenheit immer getan hatte. Keine Ahnung, warum ich mich heute so bereitwillig dazu hinreißen ließ, über mich zu sprechen. Sonst stand ich doch auch nicht besonders gerne im Fokus.

Lin legte ihre Hand auf meine rechte Schulter. Valerie tat es mit ihrer auf meiner linken gleich.

»Du belästigst uns doch nicht!«, rief Lin.

»Anstatt dir Sorgen darüber zu machen, ob du uns zur Last fällst oder nicht, sollten wir vielleicht lieber darüber nachdenken, wie wir dir helfen können.« Sie überlegte kurz. Dann schien ihr ein Licht aufzugehen. »Lin oder ich könnten den Autor doch am Montagabend willkommen heißen.«

»Dir könnte es plötzlich ganz schlecht werden, sodass eine von uns einspringen muss. Am besten notierst du besagte Rede auf einem Zettel. Den können wir dann einfach vorlesen, und alle sind happy. Oder meinst du, Cybill könnte etwas dagegen haben? Vielleicht sollten wir sie fragen, ob sie die Rede selbst halten möchte, wenn du nicht kannst.«

Ich schüttelte vehement den Kopf.

»Tante Cybill möchte auf keinen Fall vor das Publikum treten. Das hat sie mir gesagt, als sie mich bat, diesen Part für sie zu übernehmen. Offenbar hat sie Probleme damit, vor vielen Menschen zu sprechen«, erklärte ich.

»Mach dir keine Sorgen! Das schaffen wir schon«, machte Lin meine Herausforderung kurzerhand zu der Aufgabe von uns dreien. Und das erste Mal seit einer sehr langen Zeit hatte ich wirklich das Gefühl, dass doch noch alles gut werden könnte.

Wir liefen ein paar Meter weiter den Strand entlang. Bis auf uns hatte sich heute niemand hierher verirrt. Ich konnte nicht behaupten, dass mich dieser Umstand besonders bekümmerte. Ganz im Gegenteil. Ich genoss die Weite des Meeres, die rauschenden Wellen und das Gefühl der Verbundenheit zu den beiden Frauen an meiner Seite.

Wie selbstverständlich hatten sie mich in ihre Mitte genommen. Ab und an bückte sich eine von uns, weil ihr etwas ins Auge gefallen war, das wir vielleicht für das Kinderzimmer von Lins Baby verwenden konnten. Doch unsere Ausbeute war bisher recht spärlich gewesen. Bis auf einen knorrigen Ast und ein paar kleinere Muscheln hatten wir noch nichts gefunden. Was uns allerdings die Stimmung nicht verhagelte.

Zumindest bis mir ein weiterer Gedanke kam, den ich nicht länger unausgesprochen lassen wollte.

»Ist Colin mit seinem Wagen eigentlich schon in der Werkstatt gewesen?«, fragte ich an Lin gewandt.

Ich wollte nicht, dass der Unfall zwischen uns stand und unsere Beziehung zueinander trübte. Ferner wollte ich Verantwortung für mein Handeln übernehmen. Und auch wenn Colin dort in Tante Cybills Auffahrt wie aus dem Nichts aufgetaucht war, lag die Schuld dennoch bei mir. Auch wenn ich das ihm gegenüber vermutlich nie so bereitwillig zugegeben hätte.

»Mach dir wegen Colin mal keine Sorgen!«, beruhigte mich Lin mit wenigen Worten. Auch wenn ich sie noch nicht so gut kannte und nicht wusste, wie sie es meinte, war ich nur allzu gerne bereit dazu, ihr Glauben zu schenken. »Er wickelt das mit der Reparatur selbst ab. Das hat er Brady heute Morgen zumindest erzählt.«

Colin wollte selbst für den Schaden aufkommen? Wieso denn das? Ich war doch die Schuldige. Nicht er. Sosehr ich mich auch darüber freuen sollte, dass ich vom Haken war, wollte es mir nicht gelingen. Es war einfach nicht richtig.

Als Lin bemerkte, wie mich ihre Worte verunsicherten, hielt sie inne und lächelte mir aufmunternd zu.

»So aufbrausend, wie er sich gestern dir gegenüber gegeben hat, habe ich den Guten noch nie erlebt. Colin ist eher der ruhige Typ, den nichts so schnell aus der Fassung bringen kann. Die Situation gestern hat ihn heillos überfordert. Glaub mir, ich kenne ihn schon ein paar Jahre.«

»Das mag ja alles stimmen, aber ich sollte dennoch für den Unfall aufkommen. Schließlich habe ich ihn ja auch verursacht.«

Lin sah bei meiner Feststellung zu Boden, ehe sie es wagte, mir wieder in die Augen zu sehen.

»Genau genommen bin ich für den Unfall verantwortlich«, offenbarte sie mir kleinlaut, während Valerie ein paar Schritte vor uns mit einem Gegenstand in der Luft herumwedelte.

Auf die Entfernung hin konnte ich nur feststellen, dass er länglich und recht groß war. Der alte Balken eines Schiffes vielleicht.

»Wie meinst du das?«, hakte ich nach.

»Ich bat Colin, kurz bei Cybills Einfahrt haltzumachen, weil mir mein Handy aus der Tasche gerutscht war«, offenbarte sie mir zähneknirschend. »Mit dem Bauch konnte ich mich nicht so leicht bücken.«

»Oh«, war meine erste Reaktion. »Aber das ändert nichts an der Tatsache, dass ich Colin ins Auto gefahren bin. Wäre ich nicht so unvorsichtig die Einfahrt hinuntergerollt, dann wäre der Aston Martin jetzt unversehrt.«

»Und wir hätten uns womöglich nie kennengelernt«, resümierte Lin folgerichtig.

Bislang hatte ich mir nur immer die Dinge vor Augen geführt, die mir das Schicksal genommen hatte. Nie hatte ich mir Gedanken darüber gemacht, welch Glück aus einem Unglück erwachsen konnte.

»Das wäre wirklich zu schade gewesen«, beeilte ich mich zu sagen. »Auch wenn ich mir andere Umstände dafür gewünscht hätte. Ich sollte das wiedergutmachen«, überlegte ich laut.

»Colin würde das Geld für die Reparatur nie annehmen. Er ist ein Gentleman. Auch wenn man es ihm gestern vielleicht nicht gleich angemerkt hat.«

Lin lachte.

»Dann muss ich mir etwas anderes überlegen.« Da kam mir auch schon ein Geistesblitz. »Ich könnte ihn mit dem Catering für die Lesung beauftragen und versehentlich mehr bezahlen, als er berechnet. Bis das in der Buchhaltung auffällt, bin ich längst zurück in London.«

Lin wog ihren Kopf unschlüssig hin und her.

»Auf einen Versuch käme es an. Aber Colin würde das sicher nicht auf sich sitzen lassen.«

»Was willst du damit sagen? Dass er nach London fahren und mir das Geld zurückbringen würde?«

»Wäre gut möglich«, erwiderte sie lachend, während ich mir vorstellte, wie Colin vor meiner Tür stand.

Ein warmes Kribbeln war in meinem Bauch zu verspüren. Das von der Sorte, bei dem man sich so herrlich schwerelos wie eine Seifenblase fühlt, die immer weiter gen Himmel aufsteigt.

Erst Valeries beherztes »Schaut doch mal!« riss mich aus meinen Gedanken und ließ die Seifenblase zerplatzen.

»Was ist das?«

Lin besah sich das unförmige Etwas skeptisch von allen Seiten, während ich nach wie vor an meiner Theorie vom Balken eines alten Schiffswracks festhielt.

»Was das ist, willst du wissen?«, fragte Valerie leicht verärgert, als wären wir beide nicht in der Lage, einen Schatz zu erkennen, wenn man uns diesen unter die Nase hielt.

Lin sah verunsichert zu mir. Zur Antwort zuckte ich nur leicht mit den Schultern. So sicher war ich mir mit meiner Theorie dann auch wieder nicht. Am Ende lag ich mit meiner Meinung meilenweit daneben.

»Keine Ahnung, was es ist«, begann Valerie auszuführen, während sie den braunen länglichen Gegenstand mit einem Durchmesser von schätzungsweise zehn Zentimetern in der Luft schwenkte. »Aber ich kann dir sagen, was es einmal sein wird.« Dabei grinste sie übers ganze Gesicht. »An dem Balken könntest du ein Mobile für das Kinderzimmer anbringen«, erklärte sie mit zufriedenem Lächeln, während sie Punkte auf dem Holz andeutete, an dem die Fäden festgemacht werden konnten.

»Jetzt sehe ich es auch«, bestätigte Lin eifrig.

»Ich auch. Ganz klar«, sagte ich schnell, damit Valerie das wohlige Gefühl der Anerkennung vermittelt bekam, das ihr zustand.

Es war ein schöner Nachmittag dort draußen in der Daymer Bay. Auch wenn das Wetter nicht dazu einlud, in den Wellen baden zu gehen und am Kiosk ein Eis zu kaufen, hatte ich viele schöne Erinnerungen gesammelt. Erinnerungen, die mich tragen würden. Weit über den Montag hinaus.

Kapitel 14

Colin

»Das ist ja merkwürdig«, hörte ich Mum in ihrem Büro sagen, als ich daran vorbeiging. Weit über ihren Schreibtisch gebeugt, besah sie sich einen Zettel genauer und schüttelte dabei immer wieder den Kopf. Dann kramte sie sich durch einen anderen Papierstapel, der für mich keinerlei Ordnungssystem erkennen ließ, für sie aber vermutlich akribisch genau systematisiert war, nur um abermals den Kopf zu schütteln.

Mum hatte mich nicht bemerkt. Es wäre also ein Leichtes für mich gewesen, weiterzugehen und so zu tun, als hätte ich es nicht mitbekommen, wie sie dort in ihrem Zimmer stand und ein wenig verzweifelt mit sich selbst sprach.

Aber dann überkam mich das schlechte Gewissen. Mum kümmerte sich komplett allein um den ganzen Papierkram und hielt mir damit den Rücken frei. Es war also das Mindeste, dass ich sie fragte, ob ich ihr irgendwie helfen konnte. Auch wenn sich allein beim Gedanken daran schon jede Faser meines Körpers dagegen sträubte.

Also klopfte ich an die einen Spaltbreit geöffnete Tür. Mum drehte sich zu mir um und zog sich die Lesebrille von der Nase.

»Du bist es, Colin«, bemerkte sie erleichtert, als hätte sie jemand anderen erwartet.

Ihrer Reaktion nach zu urteilen, einen Beamten vom Finanzamt, der sich zu einer Prüfung der Steuerunterlagen im *Golden Lion* einfinden wollte.

»Kann ich dir irgendwie helfen?«, fragte ich halbherzig in der Hoffnung, sie würde mein Angebot ausschlagen.

Wieder sah sie zu den vielen Papierstapeln auf ihrem Schreibtisch hinüber.

»Ich denke nicht«, hörte ich sie sagen und wollte schon wieder auf dem Absatz kehrtmachen, als sie ein »Aber vielleicht ja doch« von sich gab und all meine Zuversicht zunichtemachte.

Mit absoluter Zielgenauigkeit griff sie sich einen Zettel aus dem Stapel und besah ihn sich noch einmal genauestens, ehe sie ihn mir unter die Nase hielt.

»Am Montagabend ist ein Catering geordert worden. Für die Lesung mit dem Autor …«

»Tyler White«, schnaubte ich genervt, während Mum ihr Verzücken deutlich ins Gesicht geschrieben stand.

Die Aussicht, der Bestsellerautor könnte von den Kanapees aus unserem Haus ganz angetan sein, schien sie schon vor dem eigentlichen Event in ekstatische Freude zu versetzen.

Ich teilte ihre Vorfreude leider nicht im Mindesten. An besagtem Montagabend waren die beiden größten Weihnachtsfeiern der Woche, nämlich die der Fischer und des Kajakclubs, angekündigt. Die Tatsache, nun auch noch unzählige winzig kleine belegte Weißbrotscheiben vorbereiten zu müssen, freute mich kein bisschen. Ganz im Gegenteil.

Aber Mum hatte den Auftrag bereits angenommen. Als ich mein Veto hätte einreichen können, war es dazu also längst zu spät gewesen. Ferner wollte ich Cybill nicht enttäuschen. Und meine Crew würde das Catering sicher auch noch stemmen können. Wir waren ein gutes Team.

Allerdings hatte ich mir fest vorgenommen, Amy weitestgehend aus dem Weg zu gehen. Und ein Catering bei ihrer Tante war nicht unbedingt dafür geeignet, wenn man jeden Berührungspunkt vermeiden wollte.

»Genau der«, merkte Mum an, während sie mich durchdringend ansah.

Sie schien zu bemerken, dass ich mir wünschte, der Tag wäre längst schon ins Land gezogen, sagte aber nichts weiter dazu.

»Auf jeden Fall wurde die Rechnung heute bereits beglichen. Von einer Amy.« Wieder sah sie aufs Papier. »Devonport«, las sie vor.

»Das ist doch … gut«, erwiderte ich.

Aber Mum ließ sich davon nicht beirren.

»Amy hat Lin ein Kuvert in die Hand gedrückt. Die wiederum hat es gleich bei mir abgegeben. Anstatt der veranschlagten dreihundert Pfund hat sie allerdings dreitausend hineingegeben.«

Ich zuckte mit den Schultern.

»Ein Missverständnis vermutlich«, versuchte ich eine Lösung für das Problem zu finden.

»Ich weiß nicht.« Wieder sah Mum auf das Papier in ihren Händen. »Ist es nicht merkwürdig, dass diese Amy anstatt Cybill das Catering bezahlt? Und dann der falsche Betrag. Sie wird das Geld ja nicht irgendwo rumliegen gehabt haben. Bei der Auszahlung am Automaten muss ihr doch aufgefallen sein, dass das Bündel Geldscheine nie und nimmer dreihundert Pfund sein konnten.«

Je länger ich über Mums Worte nachdachte, desto intensiver wirkten sie in mir nach.

Lin war heute Nachmittag mit Valerie und Amy in der Daymer Bay gewesen. Brady hatte mir auf seinem Nachhauseweg davon erzählt, wie sehr Lin von Amy geschwärmt hatte und davon, wie schön die Zeit dort am Strand gewesen war.

Ich hatte Brady zwar nur mit einem Ohr zuhören können, da es in der Küche gerade heiß hergegangen war, aber jetzt machte ich mir so meine Gedanken darüber. Worüber könnten die Frauen gesprochen haben? Ging es am Ende vielleicht sogar um mich und den Aston Martin? War das zu viel bezahlte Geld Amys Art, für den Schaden aufzukommen?

Doch anstatt meine Gedanken mit Mum zu teilen, behielt ich sie lieber für mich. Vielleicht war es ja wirklich nichts weiter als ein Missverständnis, und sie hatte das Geldbündel, ohne es zu zählen, in den Briefumschlag gegeben. Wobei mich die Tatsache ein wenig irritierte, dass ausgerechnet Amy den Betrag übergeben hatte.

»Wer hat das Catering denn in Auftrag gegeben?«, versuchte ich der Sache auf den Grund zu gehen.

Mum warf abermals einen Blick auf den Zettel in ihrer Hand.

»Auch diese Amy«, bestätigte sie meine Vermutung.

»Amy ist Cybills Nichte«, erklärte ich ihr.

Ein wenig verwunderlich war es dennoch, dass ich bereits Amys Bekanntschaft gemacht hatte, während Mum offenbar noch keinen blassen Schimmer davon hatte, wer die Frau war.

»Oh, okay. Damit klärt sich zumindest das eine Fragezeichen, das ich in der Sache habe. Ich werde gleich mal mit Cybill telefonieren und fragen, wo ich ihre Nichte finden kann, um die Sache zu klären.«

Mum schenkte mir ein dankbares Lächeln. Offenbar war sie froh darüber, dass ich ihr helfen konnte.

Doch im Gegensatz zu ihr hatte ich nun mehr Fragezeichen im Kopf, als mir lieb war.

Wie war das noch gleich gewesen? Ich wollte Amy aus dem Weg gehen, bis sie wieder abgereist war? Irgendwas sagte mir, dass das nicht so einfach werden würde, wie ich es mir vorgestellt hatte.

Kapitel 15

Amy

Der Nachmittag mit Lin und Val, wie ich sie seither nennen sollte, hatte sich im Nachhinein genau als das Richtige für mich herausgestellt. Beschwingt und voller Zuversicht war ich erst zur Bank gegangen, um Lin das Geld für das Catering mitzugeben. Lin hatte zwar zu bedenken gegeben, dass ihre Schwiegermutter sehr wahrscheinlich recht schnell bemerken würde, dass mir ein »Fehler« unterlaufen war. Aber ich war so positiv gestimmt gewesen wie schon lange nicht mehr, dass ich diesem Gedanken keine längere Beachtung schenkte und hoffte, das Schicksal würde nur ein einziges Mal auf meiner Seite stehen.

Dann war ich zurück zu Tante Cybills Haus gekommen, hatte mich ohne Umschweife an den Schreibtisch gesetzt und sogleich damit begonnen, den Text für Tyler Whites Begrüßung zu formulieren.

Anfangs dachte ich, es würde mir nie gelingen, etwas Nettes über den Mann zu Papier zu bringen, von dem meine berufliche Zukunft abhing. Voller Erstaunen bemerkte ich erst beim Schreiben, wie leicht es mir fiel.

Denn auch wenn ich im Moment nicht sonderlich gut auf ihn zu sprechen war, gab es viele schöne Erinnerungen an unsere Zusammenarbeit. Mit jedem weiteren Buch, das er geschrieben hatte, lief der Austausch noch ein bisschen runder. Er wusste, worauf es mir ankam, und ich lernte schnell, in welchen Bereichen er sich nur ungern ins Handwerk pfuschen ließ.

Wir lernten beide, mit unseren Eigenarten umzugehen. Und ich wusste ihn von Buch zu Buch immer mehr zu schätzen. Auch wenn ich das aus der jetzigen Perspektive nur sehr ungern zugab. Denn schließlich würde mich diese ach so harmonische Beziehung zwischen uns beiden am Ende womöglich den Job kosten.

Nichtsdestotrotz schrieb ich meine Lobeshymne auf ihn und schob den aktuellen Groll auf den Mann in den Hintergrund. Schließlich würde ich sie ja nicht verlesen müssen.

Zeile für Zeile flog meine Hand über das Papier, setzte Buchstabe an Buchstabe und formte Worte und Gedanken zu einem einheitlichen Bild wie das Gemälde eines Künstlers. Ich war so vertieft in meine Arbeit, dass ich nicht bemerkte, wie Tante Cybill nach Hause gekommen war.

Erst als sie an meine Tür klopfte, wurde ich mir der Tatsache bewusst, dass es draußen bereits dunkel war und ich die Zeit vollkommen vergessen hatte. Aber manche Worte wollten nicht so recht zu den anderen passen, also hatte ich an ihnen gefeilt und neue Farben angemischt, bis sie ins Bild gepasst hatten.

»Ja?«, bat ich meine Tante herein.

»Ich wollte dich nur kurz fragen, ob wir zusammen kochen wollen oder ob du schon andere Pläne für den Abend hast.«

Tante Cybill sah müde aus. Sicher hatte ihr Telefon am heutigen Tag nach der frohen Botschaft nicht stillgestanden. Ich konnte mir gut vorstellen, dass halb Cornwall bei ihr angerufen hatte, um noch ein Ticket für die Lesung des Bestsellerautors in ihrer kleinen Buchhandlung zu ergattern. Es kam schließlich nicht allzu oft vor, dass sich jemand wie Tyler White hier ins Outback vorwagte. Für gewöhnlich las er nur in wirklich großen Städten mit Tausenden von zumeist weiblichen Zuhörerinnen.

»Weißt du was? Heute werde ich für dich kochen«, entschied ich spontan, als meine Tante ausgiebig zu gähnen begann.

»Aber nein«, wehrte sie sich halbherzig. »Du bist doch mein Gast.«

Ich zuckte mit den Schultern, während sie sich auf der Bettkante niederließ.

»Und? Gibt es ein Gesetz, in dem festgeschrieben wurde, dass Gäste nicht für ihre Gastgeber kochen dürfen? Brexit hin oder her. Das würde sicher eine Spur zu weit führen.«

Tante Cybill lachte amüsiert auf.

»Also wenn du wirklich möchtest, dann darfst du sehr gerne für mich kochen, mein Kind. Vielleicht gehe ich in der Zeit noch kurz in die Wanne und schalte vorher das Telefon ab. Eine Kundin aus Port Quin hat sich doch tatsächlich die Mühe gemacht und meine private Telefonnummer in Erfahrung gebracht, weil sie mich heute im Laden nicht erreichen konnte und Angst hatte, morgen keine Tickets mehr zu ergattern.«

»Das ist sicher eine gute Idee. Wie war dein Tag? War viel los?«, fragte ich und schob dabei die losen Zettel zu einem Stapel zusammen.

Plötzlich hatte ich das Bedürfnis, sie vor meiner Tante zu verstecken. Was hanebüchener Unsinn war. Tante Cybill war schließlich nicht Mum. Sie würde nicht eigenmächtig in meinen Notizen herumstöbern und jedes Wort darauf auf den Prüfstand stellen. Und sie würde mir sicher nicht mit einem derart vernichtenden Urteil kommen, wie Mum es vor so vielen Jahren über mein Werk gefällt hatte.

»Anstrengend«, seufzte sie, ehe ein zufriedenes Lächeln ihre Mundwinkel umspielte. »Aber anstrengend von der schönen Sorte, wenn du verstehst, was ich meine. Das Telefon stand heute den ganzen Tag nicht still. Kein Wunder also, dass die Dame aus Port Quin mich nicht erreichen konnte. Und auch das Glöckchen über der Tür schien heute pausenlos zu bimmeln. Viele wollten natürlich Tickets für die Lesung am Montag kaufen, blieben dann aber länger im Laden und nahmen gleich Gutscheine und Bücher als Weihnachtsgeschenke für Familie und Freunde mit. Der Umsatz des heutigen Tages müsste eigentlich mindestens mit einem 3-Gänge-Menü im *Golden Lion* gefeiert werden, aber ich bin einfach zu müde.«

Ich lächelte verständnisvoll.

»Dann ist ein schönes Bad mit einem Buch wahrscheinlich gerade genau das Richtige für dich. Ruh dich aus und tank am besten ganz viel Energie für die kommenden Tage! Noch hattest du keine enttäuschten Kunden am Telefon, denen du keine Karte mehr anbieten konntest.«

Tante Cybill riss die Augen auf.

»O Gott, daran habe ich noch gar nicht gedacht. Meinst du wirklich, dass es so schlimm wird? Ich enttäusche meine Kunden doch so ungern.«

Auf Tante Cybills Stirn hatte sich schlagartig eine so tiefe Furche gebildet, dass es mir schon wieder leidtat, ihr die Schattenseiten des Glücks aufgezeigt zu haben. Es hätte auch gereicht, wenn sie morgen in ihrer Buchhandlung ihre Erfahrungen gemacht hätte. Aber nun war es zu spät, meine Worte zurückzunehmen. Ich konnte sie nur noch abmildern.

»Es wird sicher nicht so schlimm werden. Du könntest ihnen ja anbieten, dass der Autor Bücher für sie signiert, die sie am Tag nach der Veranstaltung bei dir abholen können. Das ist doch ein netter Service und zeigt deinen Kunden dann auch, dass du dir Gedanken um sie gemacht hast.«

Tante Cybill erhob sich etwas schwerfällig von meinem Bett.

»Das ist eine sehr schöne Idee. Ich werde gleich die nette Dame anschreiben, die die Organisation der Lesung übernommen hat, und sie fragen, wie wir das ganz praktisch umsetzen können. Am besten wäre es wahrscheinlich, wenn ich eine Liste hätte, die ich ihr vorab schicke und anhand der Tyler White dann die Bücher signieren kann. Andererseits kommt er schon am Montag. Das wird zu knapp mit der Post«, überlegte sie laut und machte sich dabei auf den Weg zur Tür.

»Vergiss nicht deine Auszeit in der Wanne!«, gab ich zu bedenken.

»Das mit der Mail ist fix erledigt. Dann gehe ich brav baden. Versprochen!«

Ich musste grinsen.

»Was hältst du von Fisch mit Petersilienkartoffeln und Rote-Beete-Salat?«, rief ich ihr noch hinterher, als sie schon aus meinem Zimmer gelaufen war.

»Kling gut! Der Fisch muss sowieso weg, bevor deine Mum morgen kommt.«

Dann verschwand sie in ihr Arbeitszimmer auf der gegenüberliegenden Seite des Flurs und schloss ihre Zimmertür, um ungestört arbeiten zu können.

Hatte ich da gerade richtig gehört? Mum würde schon morgen anreisen und nicht erst am Montag zur Lesung? Das gab meinem Wohlbefinden dann doch einen gehörigen Dämpfer.

Aber was hatte ich auch anderes erwartet? Sobald es bei mir im Leben ein bisschen aufwärts ging, wusste eine höhere Macht, mich in die Schranken zu verweisen. Besonders vor Weihnachten sollte ich mich wohl besser nicht in Sicherheit wiegen und auf der Hut sein.

Kapitel 16

Colin

»Wie siehst du denn aus?«, brach es aus mir heraus, als Brady in die Küche marschiert kam.

Nur schwerlich konnte ich an mich halten, als ich *Rudolph the Red-Nosed Reindeer* auf seinem selbst gestrickten Pullover erkannte. Bis zu diesem Tag hätte ich den guten Kleidungsstil meines Bruders immer verteidigt. Zeitweise etwas abgehoben für die Provinz, aber dennoch mit viel Esprit. Das hier hatte rein gar nichts mit besagtem Stil zu tun. Eher das Gegenteil war der Fall.

»Hör sofort auf zu kichern! Sonst komm ich so schnell nicht wieder bei dir vorbei.« Er drohte mir mit erhobenem Zeigefinger.

»Das macht mir gar nichts«, erwiderte ich und setzte mein Pokerface auf. »Ich muss ja nicht verhungern, weil meine Frau schwanger ist und keine Essensgerüche ertragen kann.«

»Stimmt. Du hast nämlich gar keine«, verpasste mir Brady verbal eine in die Weichteile.

»Ihr beiden versteht euch heute Morgen ja wieder blendend«, meinte Mum plötzlich kopfschüttelnd neben mir.

Brady und ich sahen uns an, als hätten wir etwas ausgefressen. Wie damals, als wir noch klein waren und heimlich im Vorratsraum Lebensmittel für ein Picknick stibitzt hatten.

»Netter Pullover übrigens«, merkte Mum in Bradys Richtung an, ehe sie sich an mich wandte.

»Ich habe Cybill noch nicht erreichen können. Gestern Abend habe ich es zwar ein paarmal bei ihr probiert, aber es sprang immer gleich die Mailbox an. Und heute Morgen habe ich sie vermutlich knapp verpasst. Wenn ich im Büro so weit fertig bin, werde ich mal bei ihr in der Buchhandlung vorbeisehen.« Mum gab sich geschäftig.

»Um dir dabei eine Karte für die Lesung von Tyler White zu sichern?«, fragte Brady breit grinsend und mit verschränkten Armen vor der Brust. Rudolph konnte man dennoch gut sehen.

Mum fuhr sich verlegen durchs Haar.

»Schon möglich«, sagte sie wie beiläufig. »Jetzt muss ich aber erst mal an die Arbeit. Die Fischer waren mit der Menüauswahl noch nicht ganz glücklich. Ich telefoniere gleich mal mit O'Brian in der Hoffnung, eine Einigkeit herbeizuführen. Wann fährst du heute zum Großmarkt, Colin?«

»In gut einer Stunde, denke ich«, antwortete ich nach einem prüfenden Blick auf meine Armbanduhr.

»Bis dahin sollte ich den alten O'Brian genau dort haben, wo ich ihn haben will.«

Mit diesen Worten wandte Mum sich von uns ab und rauschte wie ein Wirbelwind an den verschiedenen Stationen meiner Küche vorbei.

»Weswegen will Mum denn so dringend mit Cybill sprechen?«, fragte Brady interessiert, während er sich einen Apfel schnappte und herzhaft hineinbiss.

»Tu nicht so!«, schmetterte ich ihm ungehalten entgegen und deutete mit der Gurke auf ihn, die ich gerade schneiden wollte, als zuerst Brady und schließlich auch Mum meine allmorgendliche Ruhe gestört hatten. »Du weißt doch ganz genau, was hier gespielt wird.«

Brady hob beide Arme samt angebissenem Apfel in die Höhe.

»Hey, hey, hey, ganz vorsichtig! Die Gurke könnte geladen sein«, witzelte er und entlockte mir damit tatsächlich ein Lachen.

Rudolph enthielt sich dem Ganzen und schielte weiterhin auf seine leuchtend rote Nase.

»Aber Spaß beiseite«, meinte er dann und biss erneut in den Apfel. »Wasch isch losch?«, gab er schmatzend von sich.

»Amy hat Cybills Catering bezahlt«, begann ich zu erzählen, wobei ich noch immer der Überzeugung war, dass Brady die Geschichte bereits kannte.

»Und was daran ist bitte schön so verwerflich, dass Mum mit Cybill darüber sprechen muss?«, fragte Brady mit bis zum Haaransatz hochgezogenen Augenbrauen.

»Die Tatsache, dass sie statt dreihundert Pfund *dreitausend* in ein Kuvert gesteckt und von Lin überbringen lassen hat.«

Bradys Mund bildete bei meinen Worten ein stummes »Oh«.

»Merkwürdig! Das hätte ihr doch auffallen müssen. Dreihundert und dreitausend Pfund macht sich bei den Scheinen schließlich spürbar bemerkbar.«

Brady schien wirklich nicht zu wissen, was da hinter seinem Rücken ablief. Offenbar hatte ihn Lin nicht in ihre Pläne – oder waren es Amys und sie hatte Lin nur eingespannt? – eingeweiht.

Ich verdrehte die Augen und schüttelte leicht den Kopf.

»Checkst du es denn gar nicht?«, fragte ich etwas entnervt.

»Was genau sollte ich denn …« Dann verstummte er kurz, ehe sich dieser wissende Ausdruck in seinem Gesicht abzeichnete, der von dem Licht zeugte, das ihm zwischenzeitlich offenbar aufgegangen sein musste.

»Du meinst …?«

»Ja, genau das meine ich«, bestätigte ich ihm seine unausgesprochene Vermutung.

»Die Frage ist nur, wer hat Amy davon erzählt, dass ich für den Schaden des Aston Martins selbst aufkommen werde?«

Brady fuhr sich verlegen durchs Haar.

»Gut möglich, dass ich es Lin gegenüber erwähnt habe. Ich wusste ja nicht, dass es ein Geheimnis ist«, gab er sich ahnungsloser, als er wirklich war.

»Und die hat es Amy bei ihrem Ausflug erzählt. So wird ein Schuh draus.«

Brady sah zerknirscht drein.

»Eigentlich ist es doch gut, wenn sie dir das Geld auf diese Weise zukommen ließ. Jetzt musst du die Reparatur für Dads Wagen nicht aus eigener Tasche bezahlen. Die Sache ist vom Tisch. Und das ohne größeren Aufwand.«

Ein Lächeln breitete sich auf Bradys Gesicht aus.

Im Grunde sollte ich seiner Meinung sein. Die Sache mit dem Unfall war nun hinreichend geklärt, ohne dass ich den nervigen Papierkram mit der Versicherung erledigen musste. Aber auch ohne dass ich noch einen weiteren Grund gehabt hätte, Amy wiederzusehen.

Die Erkenntnis traf mich schwer. Bis vor kurzer Zeit hätte ich behauptet, dass es genau mein Wunsch war, Amy weitestgehend aus dem Weg zu gehen und sie so schnell wieder zu vergessen, wie sie sich in mein Leben gedrängt hatte.

»Oder gibt es einen anderen Grund, warum dir diese reibungslose Abwicklung nicht so ganz zusagt?«, fragte Brady mit wackelnden Augenbrauen und leicht zur Seite geneigtem Kopf.

»Quatsch!«, erwiderte ich eine Spur zu harsch.

Der Typ las in meinem Gesicht wie in einem offenen Buch.

»Was ist mit Tinder?«, wechselte er unvermittelt das Thema.

Einerseits sollte ich ihm dankbar dafür sein. Denn so musste ich zumindest nicht mehr über Amy sprechen. Andererseits war die Tinder-Sache auch nicht unbedingt mein Lieblingsthema.

»Was soll damit sein?«, fragte ich achselzuckend.

»Du wolltest dem Ganzen doch eine Chance geben«, hörte ich Brady sagen, ehe er abermals genüsslich in seinen Apfel biss.

»Wollte ich das?«, erwiderte ich mit hochgezogenen Augenbrauen. Und noch ehe er etwas entgegnen konnte, fragte ich: »Warum nagst du heute eigentlich nur an einem Apfel herum? Sonst orderst du doch mindestens Rührei mit Speck oder Würstchen mit Bohnen. Hat Lin ihre Abneigung gegen den Geruch von gekochtem Essen abgelegt oder bist du auf Diät?«

Brady prustete vor Lachen.

»Ich und eine Diät. Ts.« Dann ging er ein paar Schritte zurück, damit ich ihn in seiner vollen Größe gut sehen konnte. »Dieser Astralkörper braucht Fleisch und genügend Eiweiß. Aber mit Sicherheit keine Diät.«

Schon das zweite Mal an diesem frühen Morgen musste ich die Augen verdrehen. Und das dritte Mal folgte auf dem Fuße, als Elliott das Radio lauter stellte. WHAMS *Last Christmas* schmetterte zum gefühlt millionsten Mal durch die Lautsprecher. Hatte denn heute keiner Erbarmen mit mir?

»Aber mal im Ernst«, begann er zu erzählen. »March hat mir gestern verraten, dass es heute am Stand ihre köstlichen Mince Pies geben wird.«

Brady strahlte bis über beide Ohren wie ein Kind, dem man einen Lolli in Aussicht gestellt hatte.

Aber bei Marchs Pies konnte ich das wirklich gut nachvollziehen. Halb Port Isaac stand an den Tagen, an denen sie die süßen Köstlichkeiten buk, an ihrem Kiosk Schlange. Man musste Glück haben, wenn man noch eine ergattern wollte.

»Was macht dich so sicher, dass du was abbekommen wirst?«, fragte ich, während Elliott das Radio in meinem Rücken wieder etwas leiser stellte. WHAM hatte sich offenbar genug über das letzte Weihnachtsfest ausgelassen.

Ein selbstsicheres Lächeln stahl sich auf Bradys Lippen.

»March hat mir zugesichert, dass sie mir zwei aufheben wird.«

»Zwei gleich«, bemerkte ich anerkennend. »Da könntest du mir eines der Pies doch abgeben.«

Brady sah mich abwägend an.

»Gerne. Aber nur, wenn du Amy um ein Date bittest.«

»Bitte was?«, rief ich so laut, dass sich der Rest meiner Crew fragend nach mir umsah.

Etwas leiser ergänzte ich schließlich: »Du spinnst ja wohl. Erst fährt mir die Frau Dads Wagen zu Schrott, und nun soll ich sie zum Dank auch noch ausführen? Du hattest eindeutig zu wenige Kalorien am heutigen Morgen, mein Lieber. Dein Gehirn scheint noch nicht betriebsbereit zu sein.«

Brady lachte schallend auf.

»Erstens hat Amy dir den Aston Martin nicht zu Schrott gefahren. Er hat eine leichte Delle am Kotflügel. Ferner hat sie dir das Geld dafür bereits gegeben, ohne großes Aufsehen darum zu machen. Und zweitens, ja, und zweitens, solltest du dir eingestehen, dass du genau das willst. Dein Blick spricht Bände, mein Lieber.«

Bei diesen Worten überwand er die wenigen Schritte, die zwischen uns lagen, und klopfte mir auf die Schulter.

»Vielleicht ist das mit Tinder ja wirklich nichts für dich.«

»Aber das mit Amy?«, fragte ich unsicher.

»Bei ihr weißt du zumindest, dass sich keine Siebzigjährige hinter dem Profil versteckt. Und das, was Lin bisher von ihr erzählt hat, lässt auch nicht darauf schließen, dass sie merkwürdige Sexpraktiken anziehend findet.«

»Was genau hat sie dir denn alles über Amy erzählt?«, bohrte ich nach und gab mich derweil mächtig vertieft in das fachmännische Zurechtschneiden der Gurke für eine kalte Suppe.

Mum fand zwar, dass eine Suppe warm zu sein hatte, aber die Resonanz bei meinen Gästen sprach für mich und die kalte Variante. Und das sogar im Winter. Also hatte sie sich schließlich zähneknirschend gefügt. Was nicht unbedingt sehr häufig vorkam.

»Das wüsstest du wohl gerne.«

Dann bedeutete er mir mit der rechten Hand, näher zu ihm zu kommen, damit er mir etwas ins Ohr flüstern konnte.

Ich tat ihm den Gefallen.

»Verabrede dich mit ihr und bring es selbst in Erfahrung.«

Nach diesen Worten verließ er meine Küche. Ich sah ihn an diesem Tag nicht wieder. Doch nach meiner Mittagspause stand plötzlich wie durch Zauberhand eine Papiertüte auf meinem Arbeitsbereich.

Marchs Mince Pie roch verführerisch, als ich ihn aus der Tüte herausholte. Für einen schrecklich langen Augenblick sah ich ihn prüfend von allen Seiten an, als wäre er besagter Apfel aus dem Paradies, von dem Eva auf keinen Fall kosten sollte.

Letztlich warf ich jedoch all meine Bedenken über Bord und nahm einen großen Bissen davon. Der würzig-süße Geschmack entfaltete sich auf meinen Geschmacksknospen. Mit jedem weiteren Bissen kam sogar bei mir, dem personifizierten Weihnachtsgrinch, allmählich etwas Vorfreude auf das Fest auf. Nur ein wenig. Und auch nur, bis ich mir der Tatsache bewusst wurde, dass Brady mich nun zwar nicht mehr mit Tinder nerven, mir aber ständig gute Ratschläge in Sachen Amy mit auf den Weg geben würde. Worauf hatte ich mich da bloß eingelassen?

Kapitel 17

Amy

Als ich am heutigen Morgen das erste Mal auf die Uhr sah, war es kurz vor sieben. Genüsslich drehte ich mich noch mal auf die andere Seite, schloss die Augen und wäre beinahe eingeschlafen, wenn mich nicht ein Klopfen an der Tür aufgeschreckt hätte.

Ich liebte Tante Cybill wirklich. Aber wenn sie es sich nun zur Gewohnheit machte, mich jeden Morgen so früh aus den Federn zu holen, dann konnte ich für nichts garantieren. Vor dem ersten Kaffee des Tages war ich unleidlich und unfähig, einen klaren Gedanken zu fassen.

Dennoch rief ich »Ja?« und bat Tante Cybill damit in mein Zimmer.

Nicht ganz freiwillig. Aber schließlich war das hier ihr Haus, in dem sie mir Obdach gewährt hatte, ohne mir groß irgendwelche Fragen zu stellen. Ich sollte mich ein wenig dankbarer dafür zeigen, dass sie mich so herzlich in Empfang genommen hatte. Kaffee hin oder her.

»Liebes, bist du schon wach?«, fragte sie zögerlich im Türrahmen stehend.

»Jetzt schon«, erwiderte ich schnippischer, als ich es eigentlich beabsichtigt hatte.

Bei meinen Worten sprang die Tür noch ein Stück weiter auf.

»Es tut mir leid, dass ich dich heute schon wieder so früh geweckt habe. Aber deine Mum kommt in einer Stunde mit dem Zug in Bodmin an und müsste dort von jemandem abgeholt werden.«

Als hätte ich es nicht geahnt, sauste just in diesem Moment das Damoklesschwert, das seit der gestrigen Ankündigung der Ankunft meiner Mum über mir geschwebt hatte, auf mich herab.

»Ich würde ja selbst fahren, aber du weißt ja, was aktuell bei mir im Buchladen los ist. Susan, meine Aushilfe, schafft das unter keinen Umständen allein.« Tante Cybill seufzte, als würde sie innerlich mit sich ringen, ob es nicht doch noch eine andere Lösung gab.

In meinem Kopf rasten die Informationen von links nach rechts und wieder zurück, ohne dass sie in mein Bewusstsein hinabgesickert wären. Erst mal Kaffee! Dringend!, riefen sie alle unisono.

»Die einfache Strecke beläuft sich schon auf eine halbe Stunde Fahrzeit. Und deine Mum kommt gegen zehn Uhr an. Da wäre ich dann mitten am Tag weg. Wenn es so weitergeht wie gestern, dann kündigt mir Susan bei meiner Rückkehr nicht nur den Job, sondern auch gleich die Freundschaft. Was ich ausgesprochen schade fände«, prasselten immer weitere Worte aus Tante Cybills Mund in mein Ohr und rauschten in einer wilden Achterbahnfahrt durch meine Gehirnwindungen, bis mir ganz schwindelig wurde.

»Ist ja schon gut. Es ist meine Mum. Also werde ich sie auch abholen fahren. Das ist doch selbstverständlich. Außerdem hatte ich ohnehin noch keine Pläne für den heutigen Tag.«

Nur sehr mühsam setzte ich mich im Bett aufrecht hin. Das Licht, das vom Flur in mein Zimmer schien, kämpfte sich durch jeden Millimeter Dunkelheit hindurch und blendete mich dabei beinahe. Ich war zwar kein Vampir, aber ohne Kaffee eben ein wenig unleidlich. Das gab ich gerne offen zu.

Einer meiner Exfreunde hatte tatsächlich aus ebendiesem Grund mit mir Schluss gemacht. Er hatte einfach nicht länger ertragen können, dass ich kurz nach dem Aufstehen meist übel gelaunt war und etwas Zeit für mich brauchte. Er dagegen hätte am liebsten gleich dort weitergemacht, wo wir am Abend zuvor aufgehört hatten. Gott, der Mann war wirklich unersättlich gewesen. Die italienische Kaffeemaschine, die er bei seinem Auszug mitnahm, vermisste ich bis heute. Dieser Kaffee! Der Geschmack war unbeschreiblich gewesen. Cremig und zugleich würzig herb. Ein Gedicht.

»Das wäre wunderbar! Aber nur wenn es dir keine allzu großen Umstände macht«, riss mich Tante Cybill aus den Erinnerungen an meine Espressoma… äh, an meinen Exfreund, natürlich.

»Ganz sicher nicht«, antwortete ich lächelnd, auch wenn ich mich sogar lieber mit Tyler White ausgesprochen hätte, als eine halbe Stunde mit Mum auf engstem Raum zu verbringen.

»Sie wird sich sicher freuen, dich zu sehen. Ihr beide könntet zum Mittagessen in den *Golden Lion* gehen. Wenn du möchtest, reserviere ich gleich noch einen Tisch für euch beide.«

Das wollte ich auf gar keinen Fall. Schlafende Hunde sollte man ja bekanntlich nicht wecken. Und ich wollte Colin nur ungern mit der Nase darauf stupsen, dass ich ihm über Umwege das Geld für die Reparatur zugesteckt hatte. Laut Lin war der imstande dazu, es mir postwendend zurückzugeben. Das wollte ich tunlichst vermeiden. Besonders in der Weihnachtszeit sollte ich wohl oder übel darauf achten, meinen Mitmenschen freundlich und zuvorkommend zu begegnen. Karma und so.

»Das schaffen wir schon allein, Tante Cybill. Wir sind zwei erwachsene Frauen, und Mum macht doch eh ständig irgendeine Diät.«

»Stimmt«, räumte Tante Cybill ein. »Daran habe ich gar nicht gedacht. Na ja, ich habe Gwen ja auch schon ein paar Jahre nicht mehr gesehen. Wahrscheinlich erkenne ich sie gar nicht wieder. Sie hatte immer die bessere Figur von uns beiden.«

Sie lächelte ein wenig überfordert und offenbarte mir dabei ihre Unsicherheit. Tante Cybill schien es ganz ähnlich wie mir zu gehen. Wir beide hatten Bauchschmerzen beim Gedanken daran, mit welcher Laune Mum wohl in Port Isaac ankommen würde. Ein Hurrikan war ein zartes Lüftchen gegen sie, wenn sie nicht gut drauf war. Also betete ich für Sonnenschein. Und Kaffee. Für mich.

»Sobald wir in Port Isaac ankommen, schauen wir in deiner Buchhandlung vorbei. Dann kann Mum auch gleich ein wenig mit anpacken. Die Vorbereitungen für den Montag sind bestimmt noch nicht abgeschlossen. Oder? Und du kannst sicher jede helfende Hand gebrauchen. Nicht wahr?«

Erst als ich geendet hatte, bemerkte ich, wie flehentlich sich meine Stimme anhörte. Aber die Vorstellung, den kompletten Tag allein mit meiner Mum verbringen zu müssen, war ein wenig, wie barfuß über glühende Kohlen zu laufen. Wobei ich in diesem speziellen Fall den Kohlen den Vorzug gegeben hätte. Nur leider blieb mir keine Wahl.

Tante Cybill lächelte, ging die wenigen Schritte, die zwischen uns lagen, auf mich zu und strich mir einfühlsam mit ihrer Hand über die Wange.

»In einem Buchladen gibt es immer etwas zu tun.« Dann zwinkerte sie mir vielsagend zu und verließ den Raum wieder.

Als ich erneut auf die kleine weiße Uhr auf dem Nachttisch sah, war es gerade einmal sieben Uhr zehn. Eindeutig viel zu früh. Also entschied ich mich dazu, mich noch mal umzudrehen. Einen Wecker stellte ich nicht. So lange würde ich sicher nicht mehr schlafen können. Es war ohnehin fraglich, ob ich nach all den Hiobsbotschaften noch mal ins Land der Träume hinübersegeln konnte. Meist schwirrten mir solche unangenehmen Gedanken permanent durch den Kopf, bis ich keine Lust mehr hatte und freiwillig aufstand.

Dummerweise war ausgerechnet heute ein anderer Tag. Einer von der Sorte, an denen ich seelenruhig einschlafen und bis in die Mittagsstunden schlummern konnte. Zum Glück war es nicht ganz so spät, als ich das erste Mal nach einem intensiven Traum von einem äußerst attraktiven Mann mit Bart und türkisblauen Augen auf die Uhr sah.

Dennoch musste ich mich sputen, wenn ich nicht zu spät kommen wollte. Es gab kaum etwas, was Mum mehr hasste als Menschen, die unpünktlich waren. Dabei ließ sie weder die anderen Verkehrsteilnehmer noch Baustellen als Ausreden gelten. In ihren Augen hatte man immer so zeitig loszufahren, dass man unter gar keinen Umständen zu spät kam. Eine Vorstellung, die nicht selten an der Realität scheiterte. Gerade im Londoner Stadtverkehr konnte man oft um einiges länger festsitzen, als man hätte losfahren müssen. Klang das in irgendeiner Form logisch?

Kaffee!, schrie nun jede Faser meines Körpers, während ich hastig in eine Jeans schlüpfte, von der ich schon jetzt ganz genau wusste, dass Mum sie grauenvoll finden würde. Sie hasste Löcher in Hosen. Das war dann wohl meine Art der stillen Rebellion. Und das mit fast dreißig.

Zum Ausgleich schlüpfte ich in den Kaschmirpullover, den sie mir vor zwei Jahren zu Weihnachten geschickt hatte. Ich wollte Mum nicht schon gleich zu Beginn gegen mich aufbringen. Dabei dachte ich jedoch weniger an mich als an Tante Cybill. Die Ärmste konnte gerade wirklich keine unnötige Aufregung gebrauchen.

Während mein ganz persönliches schwarzes Gold aus der Kaffeemaschine floss, spritzte ich mir ein wenig kaltes Wasser ins Gesicht und putzte mir eilig die Zähne. Mein Haar bändigte ich, so gut es ging, und verwurschtelte es zu einem hohen Dutt. Einzelne Strähnen fielen mir dabei ins Gesicht. Unordnung war ein weiterer Punkt, der Mum zur Weißglut treiben konnte. Aber darauf konnte ich jetzt keine Rücksicht mehr nehmen. Wenn sie nicht wollte, dass ich auch noch zu spät kam, musste sie mich eben so zerzaust in Kauf nehmen. Oder mit dem Bus fahren.

Eilig pinselte ich mir etwas Tusche auf die Wimpern und gab ein wenig von meinem schimmernden farblosen Lipgloss auf die Lippen. Anschließend eilte ich zu meiner täglichen Koffeindosis, nur um mir sogleich die Zunge daran zu verbrennen. So viel dazu.

Wenn Mum in diesem Moment da gewesen wäre, dann hätte sie mir sicher gesagt, dass das nicht passiert wäre, wenn ich mir genug Zeit für alles eingeplant hätte. Ich konnte ihre hämische Stimme deutlich in meinen Ohren hören.

Mein nächster Schluck war zögerlicher, aber der Kaffee noch ebenso heiß. Wenn ich nicht zu spät kommen wollte, hätte ich genau vor zwei Minuten losfahren müssen.

Dann vibrierte mein Smartphone. Ich entsperrte das Display und atmete erleichtert auf, als ich Lins WhatsApp-Nachricht erblickte. Nicht auszudenken, was los wäre, wenn Mum schon am Bahnhof stand, während ich noch hier in Port Isaac bei meinem Morgenkaffee saß.

»Lust auf frische Croissants und Milchkaffee?« Ein dampfender Kaffeetassen-Emoji und eine strahlende Sonne beendeten ihre Nachricht.

»Ich muss meine Mum vom Bahnhof abholen«, erwiderte ich und ergänzte meine Nachricht mit dem Affen, der sich beide Hände vors Gesicht hielt.

»In Bodmin?«, fragte Lin.

»Ja.

»Kann ich mitkommen? Mir fällt die Decke zu Hause auf den Kopf.« Ein lachender Smiley strahlte mich an.

»Oje, was ist mit deinem Laden? Ist der gar nicht geöffnet?«

»Brady hat mich gebeten, dieses Jahr vor Weihnachten etwas kürzerzutreten. Wegen dem Baby. Und ich war so im Hormonrausch, dass ich eingewilligt und meinen Laden zeitweise untervermietet habe. Eine Künstlerin nutzt die Räumlichkeiten gerade als Atelier. Das Licht wäre ganz fantastisch, meinte sie.« Wieder ein lachender Smiley.

Verunsichert biss ich mir auf die Unterlippe und ließ mir dabei viel zu viel Zeit beim Tippen meiner Nachricht. Wollte ich wirklich, dass Lin meine Mum in ihrer Glanzrolle kennenlernte? Wenn ich das richtig verstanden hatte, dann ja sogar auf nüchternen Magen. Konnte ich das verantworten?

Das Ticken der Uhr an der Küchenwand war plötzlich das einzige Geräusch, das ich noch wahrnahm. Ich musste endlich eine Entscheidung treffen. Wenn möglich, ohne dabei jemanden vor den Kopf zu stoßen.

»Ich bin in fünf Minuten bei dir. Geh lieber noch mal aufs Klo. Mum mag es nicht besonders, wenn ich zu spät komme.« Ans Ende meiner Nachricht quetschte ich ebenfalls einen lachenden Smiley. Dabei war es doch mein Ernst. Mein voller.

Aber mir schwante, dass Lin sich schon bald selbst ein Bild machen konnte. Ob ich wollte oder nicht.

»Siebzehn Minuten.«

Mit diesen Worten begrüßte uns meine Mum am Bahnhof von Bodmin. Ein Gutes hatte es ja. Auf diese Weise brauchte ich nicht länger darüber zu mutmaßen, wie ihre Laune heute wohl sein würde. Unterirdisch war noch zu blumig formuliert.

»Entschuldige bitte, Mum, aber der Verkehr …«, versuchte ich die Wogen zu glätten, auch wenn ich wusste, dass dieses Vorhaben aussichtslos sein würde.

»Es ist ganz allein meine Schuld, Mrs Devonport. Ich habe Amy aufgehalten und sie gebeten, mich mitzunehmen.«

Lin strahlte meine Mum freundlich an. Doch diese verzog keine Miene.

»Es heißt Ms Devonport«, berichtigte Mum Lin, während sie ihr unverhohlen auf den Bauch starrte. »Ich war nie verheiratet«, erklärte sie schließlich und nahm ihren Koffer in die Hand.

»Wo steht der Wagen?«, fragte sie kühl und blickte dabei auf den Vorplatz der Central Station.

Es war also alles wie immer zwischen uns.

Mein Blick huschte hinüber zu Lin, die etwas verunsichert dreinsah, sich aber schnell wieder fing und mir ein aufmunterndes Lächeln zuwarf.

Ich atmete zweimal ganz tief durch, so wie ich es in meinem Yoga-Kurs gelernt hatte. Allerdings wollte sich die beruhigende Wirkung nicht einstellen. In Mums Nähe versagten die besten Praktiken. Ebenso wie meine Geduld oder meine Zuversicht.

Dennoch warf ich Lin ein dankbares Lächeln zurück, während Mum mit ihrem Koffer schon auf und davon war.

»Deine Mum ist … speziell«, flüsterte mir Lin zu, als wir ihre Verfolgung aufnahmen.

»Speziell ist noch zu harmlos ausgedrückt«, erwiderte ich ebenso leise.

Wir beide kicherten wie zwei Schulmädchen, als Mum sich zu uns umdrehte.

»Wo ist denn nun dein Wagen, Amy? Ich habe nicht den ganzen Tag Zeit.«

Mum, wie sie leibte und lebte.

»Da vorne. Der schwarze Mini mit den weißen Streifen ist meiner«, hörte ich mich sagen.

Gleichzeitig fragte ich mich, ob eine Mutter das Auto ihres Kindes nicht erkennen müsste.

Wieder einmal stellte sich mir die Frage, was meine Mum überhaupt von mir wusste. Oder vielmehr: was sie bereit war, über mich in Erfahrung zu bringen. Es war nichts Außergewöhnliches, dass sie mich nicht mal begrüßte oder ein liebes Wort für mich übrig hatte. Aber in Lins Gegenwart, die bisher so viel mehr Wärme und Herzlichkeit für mich übrig gehabt hatte, ohne mich zu kennen, kam mir Mum noch eine Spur kälter und distanzierter vor als ohnehin schon.

Unterschwellig drängte sich mir zum gefühlt hundertsten Mal die Frage auf, warum sie mir gegenüber nur so abweisend war. Ohne es zu wollen, blitzten Flashbacks in meinem Kopf auf. Erinnerungen an meine Kindheit und Jugend. Ich überlegte, wie oft wir zusammen hatten lachen können oder uns nahe waren.

Doch je länger ich darüber nachdachte, desto enttäuschter wurde ich. Es schien fast so, als hätte Mum eine unsichtbare Mauer um sich gezogen, die ich mein Leben lang nie hatte überwinden können. Sosehr ich es auch versucht hatte, ich war immer wieder an dem glatten Mauerwerk abgerutscht und in die Tiefe gestürzt. Jedes Mal aufs Neue. Ich konnte schon nicht mal mehr zählen, wie oft ich gescheitert war.

Und dann kam ich nach Port Isaac und wurde von Lin und Val wie selbstverständlich in ihrer Mitte aufgenommen, als wäre ich schon immer ein Teil ihrer Gemeinschaft gewesen. Die Widersprüchlichkeit meiner Gedanken verstärkte nur das Gefühl, dass ich dringend ein klärendes Gespräch mit meiner Mum suchen sollte.

»Worauf wartest du denn noch?«, riss Mum mich unwirsch aus meinen Gedanken, während sie auffordernd zwischen dem Autoschlüssel in meiner Hand und meinem Mini hin und her blickte.

»Oh, ja, natürlich. Entschuldige bitte!«, hörte ich mich sagen.

Nicht ganz das, was ich eigentlich hatte sagen wollen, aber die Unterhaltung, die ich anstrebte, sollten wir beide wohl besser unter vier Augen führen.

Mum setzte sich wie selbstverständlich neben mich auf den Beifahrersitz. Kaum dass sie sich angeschnallt hatte, sah ich die Sorgenfalte auf Lins Stirn und verstand.

»Mum, würde es dir etwas ausmachen, dich nach hinten zu setzen? Lin wird auf der Rückbank schlecht«, versuchte ich ihr ganz sachlich zu erklären.

Mum sah mich dennoch an, als hätte ich den Verstand verloren. Wie hatte ich nur erwarten können, dass sie Verständnis für Lins Lage haben könnte?

»Ist schon gut.« Lin stand mit erhobenen Händen neben mir. Ich konnte ganz deutlich spüren, wie bemüht sie darum war, die Situation nicht eskalieren zu lassen. Sie war mir so ähnlich. Früher hatte ich auch immer versucht, meiner Mum nach dem Mund zu reden, und gehofft, sie würde dann einen Schritt auf mich zu machen. Irgendwann war ich erwachsen geworden und hatte erkannt, dass es nichts brachte.

»Es wird bestimmt irgendwie gehen.«

»Vorschlag zur Güte«, erhob Mum das Wort und sah mir dabei fest in die Augen. »Du setzt dich auf die Rückbank, und ich fahre das Auto. Das wäre mir ohnehin viel lieber. Du nimmst die Kurven immer viel zu schnell. Und über den Beinaheunfall beim Einparken in der Albany Street wollen wir lieber erst gar nicht sprechen.«

Wie selbstverständlich nahm Mum mir den Schlüssel aus der Hand. Ich war so perplex darüber, dass ich mich nicht einmal zur Wehr setzte. Plötzlich war das Gefühl, übergangen zu werden, das ich mein Leben lang wie eine zweite Haut mit mir herumtrug, so präsent wie früher. Ich nahm die Kurven nicht zu schnell und auch mein Einparkmanöver an besagter Albany Street in London war regelkonform verlaufen.

Das alles wollte ich Mum um die Ohren hauen, ihr sagen, wie falsch sie mit ihrer Einschätzung lag, und ihr ein für alle Mal klarmachen, dass ich nicht mehr das kleine Kind war, das sie herumkommandieren konnte, wie sie mochte.

»Was ist jetzt? Steigt ihr ein?«

Lin warf mir einen unschlüssigen Blick zu, doch ich gab ihr zu verstehen, dass sie ruhig vorn Platz nehmen sollte. Schließlich konnte sie am allerwenigsten für die verkorkste Situation. Ich hatte Glück, wenn sie nach Mums Aktion überhaupt noch ein Wort mit mir sprach.

Das alles war mir schrecklich unangenehm. Ich schämte mich so für meine Mum und ihre Unverfrorenheit. Rückblickend betrachtet, wäre es wohl vernünftiger gewesen, Lin nicht mit nach Bodmin zu nehmen. Aber die Entscheidung war mir bei Lins flehender Bitte irgendwie genommen worden. Dazu noch der Zeitdruck und der fehlende Kaffee. Meine Ausgangslage am heutigen Morgen war einfach nicht die beste gewesen, wie ich mir nun zähneknirschend eingestehen musste.

»Wir fahren direkt zu deiner Tante in den Laden«, vermeldete Mum wie ein General.

Niemand erhob Einwände. Bei Mum waren die ohnehin zwecklos.

Die dreißigminütige Fahrt verbrachten wir zumeist schweigend. Mum fuhr zudem nur, wenn das Autoradio abgeschaltet war. Also sah ich aus meiner ungewohnten Sitzposition in meinem eigenen Wagen nach draußen in die Landschaft.

Bäume, Wiesen und Felder wechselten sich mit Häuserfronten und kleineren Ortschaften ab. Ich verlor mich in Gedanken und Gefühlen, kämpfte jedoch gegen den Impuls an, einfach alles aus mir herauszulassen.

Schließlich wäre es Lin gegenüber nicht fair, wenn ich nun ein Fass öffnete, das ich jahrzehntelang unter Verschluss gehalten hatte. Aber ich war nicht mehr das Kind von einst. Auch wenn meine Mum das nicht einsehen wollte.

Ich war eine erwachsene Frau mit einer eigenen Meinung. Die stand zwar meist konträr zu ihrer eigenen. Aber damit würde sie nun leben müssen oder nicht. Das war dann nicht länger mein Problem. Sondern ihres.

Es hatte lange gedauert, bis ich mir diese Erkenntnis erlaubt hatte. Viele Jahre lang war ich um Harmonie und so etwas wie Liebe zwischen uns bemüht gewesen. Doch irgendwann kam ich in meinem Leben an einen Punkt, an dem ich mich fragen musste, ob sich dieser Zustand je einstellen würde. Ich musste verneinen.

»Wie Cybill hier nur wohnen kann«, sagte Mum schnippisch, kaum dass wir das Ortsschild von Port Isaac passiert hatten.

Vermutlich machte sie sich keine Gedanken darüber, dass Lin zu ihrer Linken ebenfalls in dem malerischen Fischerdorf lebte. Und das mit Sicherheit sehr gerne. Sie hatte mir erzählt, dass sie eigentlich aus Deutschland stammte und sich irgendwann dazu entschlossen hatte – die Sache mit Brady half ihr vermutlich bei ihrer Entscheidung –, ganz an den Ort zu ziehen, von dem ihre Mum stammte. Ihre einzige noch lebende Verwandte war ihre Granny, die oben auf dem Rose Hill ein Cottage führte, das Urlaubsgäste beherbergte.

Ich konnte zwar aus meiner Position nicht sehen, wie Lin auf Mums Worte reagierte. Ich an ihrer Stelle wäre jedoch außer mir gewesen.

»Wo ist denn noch gleich dieser winzige Buchladen? Rechts oder links?«, überlegte Mum laut und fuhr sogleich los, ohne eine Antwort von uns beiden abzuwarten. Ganz so, als säße sie allein im Wagen.

»Da vorne dann rechts«, sagte ich schließlich, als Mum bereits zweimal die falsche Abzweigung genommen hatte.

Ein Dankeschön oder dergleichen blieb aus. Aber damit hatte ich auch gar nicht gerechnet.

Mum stellte meinen Mini schon wenige Minuten später parallel zum Hafen und nur ein paar Gehschritte von *Cybill's little bookstore* ab. Ohne abzuwarten, ob wir ihr folgen würden, schnallte sie sich ab, öffnete die Tür und lief schnurstracks hinüber.

»Was war das denn?«, fragte Lin mit schockiertem Blick in meine Richtung.

»Es tut mir so leid, dass du meine Mum in Aktion erleben musstest. Ich hätte dich vorwarnen sollen.«

Umständlich löste ich meinen Gurt, um meiner Mum in Tante Cybills Laden zu folgen. Mit ihrer schlechten Laune war sie sogar in der Lage, meine stets lächelnde Tante traurig zu stimmen. Das wollte ich unter allen Umständen vermeiden.

»Du brauchst dich doch nicht für deine Mum zu rechtfertigen. Die Frau ist … anstrengend. Jetzt kann ich gut verstehen, warum du vorhin gezögert hast, mich mitzunehmen.«

Sie hatte es also bemerkt.

»Ich möchte ja behaupten, dass es schon mal anders zwischen uns war. Aber das wäre eine Lüge. Leider. Mum und ich … Wir haben einfach noch keinen Draht zueinander gefunden«, beschönigte ich unsere lieblose zwischenmenschliche Beziehung.

»Was ist mit deinem Dad?«, fragte Lin einfühlsam.

Ich schüttelte den Kopf.

»Den habe ich leider nie kennengelernt. Er hat sich schon vor meiner Geburt aus dem Staub gemacht. Mehr weiß ich nicht. Mum spricht nicht von ihm. Und wenn ich es mal gewagt habe, sie nach ihm zu fragen, ist sie schier ausgeflippt. Seither wird das Thema totgeschwiegen. Auch wenn ich wirklich nur zu gern wüsste, wie er ist. Vielleicht könnte er mich ja so lieben, wie ich bin.«

Den letzten Satz hatte ich eigentlich nur denken und nicht aussprechen wollen. Jetzt war er mir doch über die Lippen gekommen.

Lin legte ihre Hand auf meine Schulter und sah mir fest in die Augen.

»Jeder, der dich kennenlernt, sieht gleich auf den ersten Blick, was für ein lieber Mensch du bist. Du bist nicht das Problem. Hörst du?«

Bei Lins lieben Worten kullerten mir gleich einzelne Tränen über die Wangen. Es tat so gut, von jemandem zu hören, dass man liebenswert war, ohne dafür etwas tun zu müssen.

Ich schenkte Lin ein dankbares Lächeln.

»Wir sollten ihr trotzdem nachgehen. Wenn sie so schlecht gelaunt ist, kann ich für nichts garantieren.«

Lin nickte mir verstehend zu, löste den Gurt und öffnete ihre Tür.

Als ich ebenfalls ausgestiegen war, gingen wir gemeinsam auf die rot-weiße Markise zu, die trotz des fehlenden Sonnenscheins ausgefahren war. Wie ein Markenzeichen, ganz unabhängig vom Wetter.

Bevor wir die Glastür ansteuerten, sah ich noch mal auf das Poster. Tyler White lächelte mir freundlich entgegen. Je öfter ich das Bild sah, desto weniger konnte ich glauben, dass er wirklich für meine Zwangsbeurlaubung verantwortlich sein sollte. Es musste sich um ein dummes Missverständnis handeln. Anders konnte ich mir das Ganze einfach nicht erklären.

»Bist du okay?«, fragte Lin neben mir besorgt.

Sie musste spüren, wie aufgewühlt ich innerlich war.

Ich nickte ihr lächelnd zu. Lin öffnete daraufhin die Tür und bekräftigte mich mit einem Augenzwinkern, etwas mehr Vertrauen in mich zu haben. Das wollte ich ja. Aber in Mums Gegenwart fühlte ich mich jedes Mal wie ein dreijähriges Kind.

»Ich verstehe nicht …«, erwiderte Tante Cybill gerade kreidebleich in Mums Richtung, kaum dass wir den Laden betreten hatten.

Kunden hatte ich mit einem kurzen scannenden Blick durch den Raum zum Glück keine ausmachen können. Mum hätte, so in Rage, sicher keine Rücksicht auf sie genommen.

»Was gibt es da denn nicht zu verstehen?«, blaffte Mum in ihre Richtung.

Ihren Gesichtsausdruck konnte ich dabei nicht erkennen, da sie mit dem Rücken zu uns dastand.

»Ich kann doch Tyler White nicht absagen. Meine Kundinnen freuen sich schon so sehr auf ihn, und ich …«

»Bist du nun meine Schwester oder nicht?«

Mum war so gemein! Ihr war wirklich jede noch so miese Tour recht, wenn es darum ging, ihren Willen durchzusetzen.

Dabei verstand ich überhaupt nicht, warum sie so dagegen war, dass Tyler White in Tante Cybills Buchhandlung las. Was konnte der Mann meiner Mum nur so Schlimmes angetan haben, dass sie offenbar allein schon bei der Nennung seines Namens rotsah, den nächsten Zug nahm und alles daransetzte, dass Tante Cybill ihn aus ihrem Laden fernhielt?

Bis vor wenigen Minuten hätte ich noch gedacht, die beiden kannten sich überhaupt nicht. Nun bekam ich zunehmend Zweifel. Auch Lin schien verwundert über die Situation zu sein.

»Also, ich weiß nicht … Das ist …«, stotterte Tante Cybill mit Hilfe suchendem Blick in meine Richtung.

»Was hast du denn gegen ihn, Mum? Er ist doch ein bekannter und erfolgreicher Autor«, lenkte ich ihre Aufmerksamkeit aufopferungsvoll auf mich.

Dafür würde Tante Cybill mehr als einen Lolli bei March springen lassen müssen. Aber die würde sicher alles lieber in Kauf nehmen, als sich weiterhin allein ihrer Schwester gegenüberstehen zu sehen.

Die Unterschiede der beiden Schwestern waren so deutlich, dass ich nur schwerlich glauben konnte, dass Mum und Tante Cybill blutsverwandt waren. Während Tante Cybill eher zierlich war, lockiges, fast schon krauses Haar hatte und stets freundlich zu jedem war, überragte Mum sie beinahe um zwei Köpfe, hatte glattes silbernes Haar und fraß gerne mal Kinder zum Frühstück. Okay, letzter Punkt war eher metaphorisch gesprochen. Aber nichts verdeutlichte ihren Charakter besser, wie ich fand.

»Das ist ja wohl ganz allein meine Sache.«

Mum blickte über ihre Schulter in meine Richtung. Ihr rechtes Augenlid zuckte leicht, und auf ihrer Stirn hatte sich eine tiefe Furche gebildet. Ihre Gesichtsfarbe hatte sich seit ihrer Ankunft in Cornwall schlagartig verändert. Ihre Wangen leuchteten rot, und die Schlagader an ihrem Hals trat deutlich pulsierend hervor.

So aufgebracht hatte ich Mum schon lange nicht mehr erlebt. Zuletzt an dem Nachmittag, als sie meine Geschichten auf dem Küchentisch vorfand und mir verbot, je wieder meine Gedanken zu Papier zu bringen.

»Nein, das ist es nicht«, stellte ich mich ihr entgegen. »Das hier ist Tante Cybills Laden. Sie allein kann darüber entscheiden, wer in ihrer Buchhandlung liest und wer nicht.«

»Deshalb bitte ich sie ja inständig darum, die Veranstaltung abzublasen«, erwiderte Mum brüskiert, während ich nicht wusste, ob ich lachen oder besser weinen sollte.

Tante Cybill bemühte sich um ein Lächeln, doch ihre Augen sprachen eine andere Sprache. Sie war heillos überfordert mit Mums Wutanfall. Dabei hatte ich wirklich keinen blassen Schimmer, was sie derart aus der Fassung gebracht hatte.

Ja, ich war zu spät in Bodmin angekommen, und die Autofahrt war auch nicht ganz so verlaufen, wie ich es mir gewünscht hätte. Aber ansonsten hatte es keine größeren Probleme gegeben. Zumindest keine, die sich erst nach ihrer Ankunft abgezeichnet hätten.

Ich war immer mehr dazu verleitet, anzunehmen, Mum hätte ihre schlechte Laune bereits aus London mitgebracht.

Warum war ihr diese Lesung solch ein Dorn im Auge, dass sie diese Reise überhaupt auf sich genommen hatte? Was sie von Port Isaac hielt, hatte sie uns ja bereits unmissverständlich beim Passieren des Ortsschilds mitgeteilt.

Was hatte sie denn bloß gegen Tyler White? Und wieso hatte sie sich trotz ihres Argwohns ihm gegenüber hierher auf den Weg gemacht? Das alles ergab doch überhaupt keinen Sinn.

All diese Fragen hämmerten wie ein Presslufthammer auf mich ein.

»Du bittest nicht. Du forderst. So, wie du es immer tust«, sagte ich mutiger, als ich mich fühlte, und wartete sogleich unruhig auf Mums Antwort.

Ich wusste, dass ich mich in diesem Fall sehr weit aus dem Fenster gelehnt hatte. Aber ich wusste auch, dass es langsam an der Zeit war, Mum die Stirn zu bieten. Sie konnte nicht länger auf jeden einhacken, wie es ihr gefiel. Es gab zwischenmenschliche Regeln, an die man sich halten sollte. Auch wenn Mum augenscheinlich der Überzeugung war, ihr Wort gelte mehr als das ihrer Mitmenschen.

Ein Hauch von Unsicherheit huschte über das Gesicht meiner Mum. Nur kurz. Dann war es wieder verschwunden.

»Wie dem auch sei«, begann sie zu sprechen, wandte sich dabei von mir ab, ohne auf meine Feststellung einzugehen, und nahm Tante Cybill erneut in den Fokus.

»Cybill, du solltest dir gut überlegen, ob die Veranstaltung am Montag wirklich so wichtig für dich ist. Ich werde jetzt zu der Pension fahren, in der ich mir ein Zimmer gebucht habe. Wir sollten heute Abend zusammen essen gehen und dort alle weiteren Details besprechen. Gibt es diesen *Golden Lion* noch? Wenn ich mich recht erinnere, dann war das das einzige Restaurant hier in Port Isaac, in dem man etwas Vernünftiges zu essen bekommt.«

Tante Cybill sah aus, als wüsste sie gar nicht, wie ihr geschah. Die Situation überforderte sie völlig. Nicht nur sie. Auch Lin und ich tauschten irritierte Blicke. Mum benahm sich wie die Axt im Wald. Ich wagte sogar zu bezweifeln, dass sie meine Tante anständig begrüßt hatte. Viel naheliegender war, dass sie schon beim Betreten des Ladens ihre Forderungen gestellt hatte wie ein Bankräuber, der mit erhobener Waffe die Mitarbeiterin hinter dem Schalter bedroht und von ihr das Geld aus dem Tresor fordert.

Das hier war ein wahrer Krimi. Die von Tyler White waren zwar echt gut und wahre Kassenschlager. Aber mit Mums Auftritt konnten sie nicht mithalten.

Anstatt die Antwort ihrer Schwester abzuwarten, machte Mum auf dem Absatz kehrt, brauste wie ein Wirbelsturm an mir vorbei, riss die Tür auf und ging wie selbstverständlich hinüber zu meinem Wagen.

»Sie wird doch nicht …«, fragte Lin entgeistert neben mir.

»O doch. Sie wird«, bestätigte ich ihre Vermutung.

Tante Cybill stellte sich ebenfalls neben uns. Zu dritt beobachteten wir Mum dabei, wie sie in meinen Mini stieg, ausparkte und losfuhr, als wäre der Teufel hinter ihr her.

»Was ist passiert?«, fragte Tante Cybill, noch immer von Mums aufbrausendem Wesen eingeschüchtert.

»Ich habe keinen blassen Schimmer«, erwiderte ich schulterzuckend.

»Dieses Mal muss es eine gewaltige Laus gewesen sein, die ihr da über die Leber gelaufen ist«, bemerkte Tante Cybill.

»Größer als ein Elefant«, stimmte ich ihr zu.

»Ich mache uns auf den Schreck erst mal ein Kännchen Tee. Hoffentlich habe ich noch den guten Weißdorntee von Florence da. Der wirkt beruhigend auf die Nerven.«

Tante Cybill hatte ihre ganz eigenen Methoden, mit Mums cholerischen Anfällen umzugehen. Ich hätte in diesem Moment lieber ein Glas Sekt gehabt. Oder zwei. Oder drei.

Als Tante Cybill hinter dem roten Samtvorhang verschwunden war, stand Lin noch immer wie angewurzelt neben mir. Ihr Blick hing nach wie vor an der Stelle, an der vor wenigen Minuten der Mini gestanden hatte.

»Das ist also deine Mum«, stellte sie nach einigen weiteren Minuten fest, in denen wir schweigsam nebeneinandergestanden und darauf gewartet hatten, dass Tante Cybill mit dem Tee zurückkam.

»Sie ist nicht immer so«, versuchte ich Mum vor Lin in Schutz zu nehmen. Keine Ahnung, warum ich das tat. Schließlich hatte ich keinen Grund dazu. Sie war vielleicht meine Mum, aber sie behandelte mich nicht wie ihr Kind.

»Mir tut dieser Tyler White schon jetzt leid.«

Lin löste ihren Blick von der Straße und sah mich an.

»Kann es denn sein, dass deine Mum Wind von dem Zwischenfall in deinem Verlag bekommen hat? Vielleicht will sie dich ja nur schützen.«

Ich schüttelte vehement den Kopf.

»Mum weiß nicht mal, dass ich Tyler White betreue.«

»O doch. Das weiß sie.«

Tante Cybill stellte ein schweres Tablett mit drei Tassen nebst Untertassen, einer großen silbernen Teekanne und einem Schälchen voll mit Cornish Fairings auf die Sitzfläche im Schaufenster.

»Sie weiß es?«

»Ich habe ihr bei unserem letzten Telefonat von der Aktion der großen Verlagshäuser erzählt und dabei auch erwähnt, wie schön es doch wäre, wenn Tyler White bei mir lesen würde, wo du doch seine Manuskripte lektorierst.«

Es dauerte einen Moment, bis Tante Cybills Worte in mein Bewusstsein vorgedrungen waren.

»Und wann genau hat sie ihren Besuch in Port Isaac angekündigt?«, versuchte ich mir Klarheit hinsichtlich einer Vermutung zu schaffen.

»Gleich nachdem in den Medien von meinem Gewinn berichtet wurde«, erklärte Tante Cybill, während sie in die drei Tassen den dampfenden Tee goss.

»Merkwürdig.« Abermals versank ich in Grübeleien.

Was hatte Mum nur gegen Tyler White? Und warum war sie so erpicht darauf, dass er sich von Tante Cybills Buchhandlung fernhielt? Kannten sich die beiden womöglich? Aber woher? Sie hatte mir nie von ihm erzählt.

Die Sache war nicht nur merkwürdig. Sie war äußerst merkwürdig. So merkwürdig, dass ich das Bedürfnis verspürte, ihr auf den Grund zu gehen.

Kapitel 18

Colin

»Könntest du morgen Abend die Kanapees zu Cybill in die Buchhandlung bringen?«, fragte Mum mich, als gerade sehr viel in der Küche los war.

Das war ihre Masche, wenn sie wusste, dass ich nicht ganz bereitwillig auf eine ihrer Bitten eingehen würde, aber so viel im Kopf hatte, dass ich fast zu allem Ja und Amen gesagt hätte, um meine Ruhe zu haben. Doch in diesem speziellen Fall war es anders.

Normalerweise hatte ich kein Problem damit, das Catering zu übernehmen. Manchmal war es mir sogar eine willkommene Abwechslung. Aber beim Ausliefern der Häppchen für die Lesung von Tyler White musste ich zwangsläufig davon ausgehen, Amy über den Weg zu laufen. Und das wollte ich tunlichst vermeiden. Vor allem, da sie sich bereits jede Nacht in meine Träume schlich und mich um den Schlaf brachte. Meine Tage wollte ich ihr nicht auch noch kampflos überlassen.

»Konntest du die Sache mit dem zu viel bezahlten Geld denn schon klären?«, stellte ich eine Gegenfrage.

»Diese Amy ist im Moment schwer greifbar. Ihre Mutter ist wohl gekommen und hält alle auf Trab. Aber wie wäre es, wenn du es ihr morgen Abend einfach mitnehmen würdest? Dann könntest du gleich zwei Fliegen mit einer Klappe schlagen.«

»Oder du gehst«, erwiderte ich nüchtern, während ich auf die Klingel für den Service schlug und letzte Handgriffe am Suppenteller vornahm, sodass der Rand schön sauber war.

»Mir wäre es wirklich lieber, du könntest den Part übernehmen. Ich kümmere mich dafür um die Koordination der beiden Weihnachtsfeiern im Haus. Zur Not springe ich auch in der Küche ein«, erhöhte Mum ihren Einsatz.

Als die Suppenteller vom Service aufgenommen und ins Restaurant gebracht worden waren, wischte ich meine Hände am Küchentuch sauber, das an meiner Hose hing.

»Was ist los?«, fragte ich Mum unumwunden, ohne mich von der Hektik in der Küche anstecken zu lassen.

»Nichts«, erwiderte sie nicht sonderlich überzeugend, während sie es nicht wagte, mir in die Augen zu sehen.

»Ich sehe doch, dass du etwas auf dem Herzen hast.«

»Das siehst du nicht nur, das habe ich dir sogar gesagt.«

Ich grinste.

»1:0 für dich. Also?«, blieb ich beharrlich.

Mum seufzte eine Spur zu theatralisch.

»Cybill hatte keine Karte mehr für mich. Die Buchhandlung ist bis auf den letzten Platz ausverkauft. Nicht einmal im Stehen würde sie mich noch unterkriegen, hat sie gesagt. Und wie leid es ihr täte.«

Mum blickte hinunter zu ihren schwarzen Lederstiefeln, als stünde dort die Antwort auf ihr Problem geschrieben.

»Das ist doch nicht so schlimm. Tyler White wird sicher mal wieder irgendwo lesen. Du kannst dich im Internet informieren und dann machst du dir ein schönes Wochenende in London oder Dublin.«

Mum lächelte mir zu und strich mir dabei mit ihrer Handfläche über die Wange.

»Du hast ja recht, mein Sohn. Aber es ist dennoch traurig, dass alle anderen zu dieser Lesung hier im Ort gehen werden und ich nicht dabei sein kann. Wenn ich jetzt auch noch die Auslieferung des Caterings übernehmen müsste …«

»… würde dich das sehr traurig machen. Stimmt's?«, vollendete ich ihren Satz.

Mum nickte.

»Also, tust du mir den Gefallen?«

»Nicht ganz freiwillig, aber ich werde das Catering übernehmen.«

Mum schlang ihre Arme um meinen Hals und küsste mich dankbar auf die Wange.

»Du bist mein Lieblingssohn. Wusstest du das schon?«

»Was muss ich da hören?«

Mit gespielt erschütterter Miene stand Brady vor uns. Seine rechte Hand lag dabei auf seiner Brust, als erwartete er jeden Moment, dass sein Herz vor Kummer brechen und in tausend Einzelteile zerfallen könnte.

»Colin übernimmt morgen Abend das Catering bei Cybill für mich«, erklärte Mum, als wäre damit alles hinreichend gesagt.

Bradys Lippen verzogen sich zu einem wissenden Oh.

»Das ist zwar nicht ganz das Date, das ich mir für Amy und dich ausgemalt hatte, aber ein ziemlich guter Anfang, wie ich finde.«

Brady zwinkerte mir vielsagend zu, während Mum verblüfft zwischen Colin und mir hin und her sah.

»Wenn das so ist, solltest du morgen früh unbedingt bei Berta vorbeischauen. Sie schneidet dir die Haare zu einer anständigen Frisur, und der Bart muss ebenfalls dringend weg. Der kratzt fürchterlich.«

Wie zur Bestätigung fuhr Mum sich mit der Hand über ihre gerötete Wange. Dann zückte sie unvermittelt ihr Telefon aus der Hosentasche wie einen Colt aus dem Halfter und wählte sogleich Bertas Nummer, ohne meine Meinung zu ihrem Vorhaben abzuwarten.

»Sollte sie nicht erst mal fragen, was ich dazu sage?«

»Sorry, Colin, aber wenn es um das viele wirre Haar auf deinem Kopf und in deinem Gesicht geht, ist die Sitzung beim Friseur längst überfällig.« Entwaffnend ehrlich hob Brady seine Hände in die Höhe und grinste dabei übermütig.

Eigentlich sollte es mir gegen den Strich gehen, dass meine Familie mal wieder über meinen Kopf hinweg Entscheidungen für mich traf. Aber in diesem Fall musste ich ihnen sogar beipflichten. Ich trug meinen Man-Bun nicht voller Stolz, sondern aus der Notwendigkeit heraus. Und auch was meinen Bart anbelangte, war ich weniger überzeugt als nachlässig gewesen.

»Dann ist mein Schicksal wohl besiegelt«, jammerte ich melodramatisch und hielt mir dabei zur Abwechslung die Hand fest auf die Brust.

Brady schubste mich von der Seite.

»Krieg dich wieder ein, Bro. Du gehst zum Friseur und anschließend triffst du Amy. Das ist ein angenehmes Schicksal.«

»Ich muss dich leider berichtigen, Bruderherz. Ich werde zu Cybill in den Buchladen gehen. Nicht zu Amy. Wahrscheinlich wird sie gar nicht da sein, wenn ich die Häppchen abliefere und aufbaue«, erwiderte ich hochtrabend mit verschränkten Armen vor der Brust.

»Was wollen wir wetten?«, nahm Brady die Herausforderung an. »Ich habe da noch ein Ass im Ärmel«, gab er sich geheimnisvoll.

»Ein Ass namens Lin?«

»Schon möglich.«

Mit diesen Worten verabschiedete Brady sich von mir und überließ mich wieder dem Schlachtfeld in der Küche. Zwei Familienfeiern an einem Sonntagmittag waren nichts Außergewöhnliches im *Golden Lion*. Vor allem nicht in der Vorweihnachtszeit. Wenn man jedoch die ganze Zeit nur an eine Frau denken konnte, die einem permanent die Sinne vernebelte, dann konnte so ein Sonntagmittag einem alles abverlangen.

Kapitel 19

Amy

»Was zur Hölle treibt ihr denn da?« Mit diesen Worten machte Mum auf sich aufmerksam, kaum dass sie zu Tante Cybills Gartentor hereinspaziert war.

»Lin und Val helfen mir dabei, Tante Cybills Haus ein wenig weihnachtlich zu dekorieren«, bemühte ich mich, freundlich zu erwidern, was mir aufgrund der Vorkommnisse der letzten Tage und Mums stetig anwachsender schlechter Laune nicht besonders leichtfiel.

Lin und Val lächelten mir aufmunternd zu, während sie versuchten, den Adventskranz an Tante Cybills Haustür zu befestigen.

Val war mittlerweile hinreichend darüber ins Bild gesetzt worden, was meine Mum anbelangte. Sie hatte Lin und mir bei der Wiedergabe der einschlägigen Ereignisse nicht so recht glauben wollen. Vielleicht war es ja ganz gut, dass sie sich jetzt ihr eigenes Bild von ihr machen konnte.

»Du kannst dich schon mal auf das Sofa im Wohnzimmer setzen, wenn du magst. Der Kamin ist angeschürt. Tante Cybill sollte jeden Moment mit dem Gebäck für den Afternoon Tea zurück sein.«

Einladend schubste ich die Tür ein wenig auf, sodass Mum hineingehen konnte.

Nur zögerlich ging sie die wenigen Schritte aufs Cottage zu.

Als sie schon beinahe zu mir aufgeschlossen hatte, hielt sie abrupt in der Bewegung inne.

»Seit wann ordert deine Tante denn das Gebäck für den Nachmittagstee? Früher hat sie das immer selbst vorbereitet.«

Mum schien äußerst pikiert darüber, dass ihr ihre Schwester keine selbst gebackenen Scones und selbst gemachten Gurkensandwiches auftrug.

»Tante Cybill hatte wegen der Vorbereitung der Lesung leider keine Zeit«, erklärte ich ganz sachlich, ohne dabei auf die Gefühlsebene abzudriften.

Denn am liebsten hätte ich Tante Cybill vor Mum in Schutz genommen und ihr erklärt, wie viel die Ärmste die letzten Tage zu tun hatte. Aber einerseits war die Lesung nach wie vor ein rotes Tuch für Mum, und andererseits wollte ich das Fass nicht schon vor dem Tee zum Überlaufen bringen.

Es hatte Tante Cybill einiges an Überredungskunst gekostet, dass Mum heute Nachmittag bei ihr vorbeikam. Eigentlich hatte Mum nämlich geschworen, nie wieder ein Wort mit ihrer Schwester zu wechseln, falls sie Tyler White die Erlaubnis geben würde, ihre Buchhandlung auch nur zu betreten.

Doch Tante Cybill war eisern geblieben. Sie hatte Mum erklärt, dass eine Absage nicht nur unfreundlich gegenüber dem Autor wäre, sondern auch ein finanzielles Desaster, wenn es um die Abwicklung der Rückzahlung der Tickets ging. Ferner würden die Leute hier in Port Isaac sicher die

Straßenseite wechseln, wenn Tante Cybill ihnen so übel mitspielen würde.

Zähneknirschend hatte Mum irgendwann eingesehen, dass sie in dieser Angelegenheit bei Tante Cybill auf Granit beißen würde. Aber Mum wäre nicht Mum, wenn sie dennoch etwas im Schilde führen würde. Ich wusste zwar noch nicht was, aber ich war mir durchaus im Klaren darüber, dass ich wachsam sein musste, wenn ich ihr auf die Spur kommen wollte. Freiwillig würde sie mir von ihren Plänen nicht erzählen. So viel war sicher.

»Und das sind?«

Mums Blick war skeptisch auf Lin und Val geheftet, die gerade damit beschäftigt waren, kleine bunte Christbaumkugeln im Kranz festzumachen.

»Lin kennst du sicher noch. Wir haben dich zusammen an der Central Station in Bodmin abgeholt.«

»Unsäglich schrecklicher Tag«, quittierte Mum meine Aussage.

Doch ich zwang mich dazu, den spöttischen Unterton in ihrer Stimme einfach zu übergehen.

»Und das ist Val. Sie ist die Eigentümerin des *Candyheaven* unten am Hafen. Der wunderschöne Süßwarenladen ist dir sicher schon mal ins Auge gefallen.«

Val schenkte mir ein dankbares Lächeln.

»Bunt und übertrieben kitschig, trifft es wohl eher«, monierte Mum und zog dann, ohne Aufforderung, an uns dreien vorbei ins Haus, als wäre sie die Königin von England.

Prüfend blickte sie sich zu allen Seiten hin um, während ich weiterhin um Fassung rang. Es war schließlich niemandem damit geholfen, wenn ich jetzt einen Streit mit Mum vom Zaun brach.

Tante Cybill hatte seit Mums Ankunft und dem prompten Streit keine Nacht mehr richtig schlafen können. Sie nahm sich solche Auseinandersetzungen immer schrecklich zu Herzen. Dabei musste sie doch wissen, dass Mum es nur darauf angelegt hatte, ihr ein schlechtes Gewissen einzureden.

»Was ist das für Grünzeug über den Türen?«, stellte sie sich unwissend, während ich mir ganz sicher war, dass sie genau wusste, worum es sich handelte.

»Das sind Mistelzweige«, erklärte Val an meiner statt.

»Wozu denn das? Hierher verirrt sich doch eh kein Mann.«

Mum lachte über ihren eigenen Witz und lief dann weiter den Korridor entlang, bis sie wie selbstverständlich die Tür auf der linken Seite zu Tante Cybills Wohnzimmer öffnete und dahinter verschwand.

»Sehr charmant, deine Mum«, kommentierte Val ihren Auftritt. »Und ihr habt bei eurer Erzählung eindeutig untertrieben. Die Frau ist definitiv schlimmer als Meryl Streep in der Rolle der Miranda Priestly in *Der Teufel trägt Prada.*«

Lin und ich mussten bei Vals Vergleich kichern.

Es tat gut, Verbündete zu haben. Dankbar nahm ich Val und Lin in die Arme.

»Oh, das ist ein schönes Bild. Drei junge Frauen in einer freudigen Umarmung in meinem Vorgarten«, schwärmte Tante Cybill.

»Mum ist schon da«, versetzte ich ihrer Euphorie einen kleinen Dämpfer.

»Oje«, seufzte Tante Cybill. »Wie schlimm ist es?«, fragte sie an uns drei gewandt.

Für den Wimpernschlag eines Augenblicks überlegte ich, die Situation abzumildern und so zu tun, als wäre alles bestens. Aber ich wusste es besser. Am Ende würde ich damit alles nur viel komplizierter machen, als es ohnehin schon war.

»Sie hat richtig miese Laune«, erklärte ich und wurde dabei durch das Nicken von Val und Lin bestätigt.

Tante Cybill atmete einmal tief durch, ehe sie den Mut fasste, ihr eigenes Haus zu betreten.

»Wir kommen mit«, sagte ich schnell, um ihr den Rücken zu stärken.

»Das ist lieb von euch. Vielleicht könntest du das hier«, dabei drückte sie mir eine weiße Papiertüte in die Hand, »… auf der Etagere anrichten, die oben auf meiner Anrichte steht.« Dann wandte sie sich zu Lin und Val. »Wärt ihr so lieb und würdet den Tee kochen und das Geschirr aufdecken?«

»Das machen wir doch gerne«, beeilte ich mich, zu sagen.

Tante Cybill schenkte jeder von uns ein dankbares Lächeln.

»Was wäre ich nur ohne euch?«

Langsamen Schrittes ging Tante Cybill an uns vorbei ins Innere des Hauses. Lin räumte die übrigen Kugeln zurück in den Karton mit der Aufschrift Weihnachtsdeko. Mum hatte die vielen bunten Lichter in den Fenstern vermutlich noch nicht entdeckt. Unser Glück! Wenn sie eines nicht mochte, dann war es unnötiger Weihnachtskitsch, wie sie es nannte. Wobei dazu augenscheinlich schon ein einfacher Mistelzweig gehörte.

Und auch wenn ich ihr in den vergangenen Jahren, was das Weihnachtsfest und dessen Vorbereitung anbelangte, durchaus zugestimmt hätte, bemerkte ich, dass ich dieses Jahr anderer Meinung war.

Ein warmes Gefühl der Geborgenheit machte sich in meinem Inneren breit, wenn ich daran dachte, dieses Jahr nicht allein in meiner Wohnung sitzen zu müssen und darauf zu hoffen, dass Weihnachten endlich vorbei war.

Tante Cybill und ich würden es uns richtig gemütlich machen. Wir hatten uns schon überlegt, was wir kochen wollten, und geplant, im Anschluss daran den Abend bei Rommé und Kerzenschein ausklingen zu lassen.

Ein Weihnachtsabend, wie ich ihn mir immer als Kind gewünscht hatte. Damals vielleicht noch mit Memory oder Monopoly, aber im Grunde war meine Vorstellung vom perfekten Weihnachtsfest schon immer ziemlich konkret gewesen. Auch wenn ich bis heute nicht in den Genuss gekommen war, es auch so zu feiern.

»Wir sollten uns beeilen«, riss Lin mich aus meinen Gedanken. »Deine Mum macht schneller Fischfutter aus Cybill, als uns lieb ist.«

»Damit könntest du recht haben«, stimmte ich ihr zu und half mit, die übrige Deko in dem Wandschrank im Flur zu verstauen.

Keine zwei Minuten später standen wir zusammen in der Küche. Bevor ich den Inhalt der Tasche auf die einzelnen Etagerenteller legte, wusch ich sie noch einmal mit warmem Wasser und Spülmittel ab. Nicht, dass ich Tante Cybill im Verdacht hatte, diesbezüglich nachlässig zu sein. Aber ich kannte meine Mum. Wenn sie gewillt war, ein Haar in der Suppe zu finden, dann fand sie es auch.

»Welches Geschirr sollte ich wohl besser nehmen? Das mit den Weihnachtssocken am Kamin oder das schlichte weiße mit der silbernen Bordüre am Rand?«

Verunsichert hob Val je einen Teller der Sets in die Höhe, um uns in die Entscheidungsfindung miteinzubeziehen.

»Schlicht ist genau das, was meine Mum mag. Schlicht ist sozusagen ihr zweiter Vorname. Bloß keinen Kitsch! Das wäre der Untergang des Abendlandes.«

Val schien erleichtert darüber, nachgefragt zu haben. Man sollte meinen, der Kaiser von China säße zwei Zimmer weiter in Tante Cybills Wohnzimmer und nicht meine Mum.

»Der Tee ist fertig«, vermeldete Lin wenige Sekunden später.

»Das Geschirr ist blank poliert«, erwiderte Val.

»Und die Sandwiches, Scones und die Petits Fours sind angerichtet. Dann kann ja nichts mehr schiefgehen«, scherzte ich, ehe wir uns zu dritt in die Höhle der Löwin vorwagten.

An der Tür tauschten wir Blicke, sprachen uns stumm Mut zu, ehe Lin es schließlich wagte, die Klinke hinunterzudrücken.

Mein Blick flog, kaum dass ich freie Sicht in den Raum hatte, in Tante Cybills Richtung. Sie wirkte nicht beunruhigt oder verunsichert. Irritiert traf es vielleicht noch am ehesten. Mum hingegen saß ihr wie eine Gewinnerin in Tante Cybills altem Chesterfieldsessel gegenüber. Ich konnte spüren, wie zufrieden sie mit sich war, und bereute es bereits, dass ich der Unterhaltung der beiden nicht von Anfang an beigewohnt hatte.

Anstatt in die Küche zu gehen, hätte ich Tante Cybill Schützenhilfe leisten und mit ihr aufs Schlachtfeld ziehen müssen. Nun würde ich erst in Erfahrung bringen müssen, was vorgefallen war, um handeln zu können.

»Gurkensandwiches«, jauchzte Mum, als hätte sie noch nie etwas Köstlicheres gesehen, und schnappte sich gleich zwei davon.

Während Val und Lin noch überlegten, ob das nun ein gutes Zeichen war, goss ich den Tee in die fünf Tassen. Ein wohltuender Duft bahnte sich seinen Weg in meine Nase. Die beruhigende Wirkung, die ich mir erhoffte, blieb bei Mums folgenden Worten allerdings schlagartig aus.

»Ich bin schon ganz gespannt auf den morgigen Abend«, sagte sie voller Entzücken, ehe sie sich das dritte Gurkensandwich einverleibte.

Keine von uns wagte es, auch nur einen Blick auf die übrigen Gurkensandwiches zu werfen. Schließlich schien es ein probates Mittel zu sein, um Mum bei Laune zu halten.

Da opferten wir nur allzu bereitwillig unseren Anteil und begnügten uns mit dem Rest. Der übrigens auch ganz vorzüglich war.

Neben den süßen Scones mit Clotted Cream und Erdbeermarmelade und den Petits Fours gab es noch Thunfischsandwiches und welche mit einem süß-scharfen Relish.

»Dann wirst du also doch kommen?«, hakte ich nach, als niemand sonst wagte, die Frage offen auszusprechen.

»Aber natürlich«, antwortete Mum, als hätte daran nie ein Zweifel bestanden. »Wenn Tyler White sich in der Buchhandlung meiner Schwester die Ehre gibt, dann werde ich selbstredend anwesend sein. Oder spricht etwas dagegen?«, fragte sie überaus angriffslustig in meine Richtung.

»Ich wundere mich nur ein wenig über deinen plötzlichen Sinneswandel. Das ist alles«, erwiderte ich eine Spur zu forsch.

Lin neben mir sog hörbar die Luft ein, während Tante Cybill wie gebannt in Mums Richtung schielte und Val ein Petits Fours nach dem anderen in sich hineinstopfte.

Mum lachte eine Spur zu laut auf.

»Du hast schon immer dazu geneigt, maßlos zu übertreiben«, winkte sie ab und schnappte sich das letzte Gurkensandwich.

»Bisher dachte ich immer, ich wäre eine nüchterne Beobachterin«, warf ich den Ball zurück ins Feld, im Wissen darum, dass kein weiteres Gurkensandwich mehr da war, um mich vor Schlimmerem zu bewahren.

»Tja, so kann man sich irren«, erwiderte sie schnippisch. »Noch Tee?«

Tante Cybill hob die Teekanne in die Höhe und zog einen Kreis von Val über Lin und mich bis hin zu Mum.

»Ich könnte noch ein paar Gurkensandwiches machen«, erklärte Val schließlich, als das Schweigen im Raum kaum noch zu ertragen war.

»Das wäre sehr liebreizend«, säuselte Mum angetan.

Verschwunden war der angriffslustige Ausdruck in ihrem Gesicht, woraufhin wir vier uns ein wenig entspannten.

Bis Mum zu ihrem finalen Schlag ausholte.

»Wann wird der Autor denn in Port Isaac eintrudeln?«, fragte sie wie beiläufig, ehe sie bedächtig an ihrer Tasse nippte. »Um seine Ankunft und den anschließenden Verbleib wird ja ein wahres Staatsgeheimnis gemacht«, scherzte sie. Doch Mum war die Einzige, die über ihren vermeintlichen Witz lachte.

Tante Cybill wirkte unsicher darüber, wie sie angemessen darauf reagieren sollte.

»Das weiß ich leider nicht. Mrs Nightingale, die Frau, die sich um die Organisation der Lesung kümmert, hat auch seinen Hotelaufenthalt und alles Weitere koordiniert«, offenbarte sie Mum schließlich ehrlich.

»Dann werde ich mich wohl oder übel auf die Lauer legen und abwarten müssen.«

Tante Cybill riss die Augen bei ihren Worten weit auf.

Was zum Teufel führte diese Frau bloß im Schilde? Hatte sie denn nicht schon genug Unordnung und Chaos angerichtet? Nicht nur, dass sie seit ihrer Ankunft in Port

Isaac wie selbstverständlich meinen Mini für sich beanspruchte, nein, sie versetzte Tante Cybill in ständige Angst, was den Ablauf des morgigen Abends anbelangte.

Sosehr ich mich auch mit dem Thema auseinandergesetzt hatte, mir wollte einfach nicht aufgehen, warum Mum ein solch gesteigertes Interesse an Tyler White hatte. Je länger ich darüber nachdachte, desto wahrscheinlicher erschien es mir, dass es sich bei Mums Bestrebungen um reine Willkür handelte und sie Tante Cybill diesen Erfolg einfach nicht gönnen konnte.

Was wiederum ein wahres Armutszeugnis für meine Mum wäre. Noch war ich nicht gewillt, mich damit zufriedenzugeben. Denn ich wusste, dass Mum ihre Schwester im Grunde ihres Herzens sehr mochte. Auch wenn sie nicht imstande dazu war, es ihr auch hinreichend zu zeigen.

Als Val die Tür von außen öffnete und mit einem Berg Gurkensandwiches in den Raum trat, konnte ich mir ein Grinsen nicht verkneifen. So viele Sandwiches würde nicht mal Mum vertilgen können. Aber was tat man nicht alles, um die Bestie im Zaun zu halten?

»Sandwich?«, fragte Val schüchtern lächelnd in Mums Richtung.

Diese erwiderte ihr Lächeln. Jedoch um einiges selbstsicherer.

»Gerne, mein Kind. Das ist sehr aufmerksam von dir«, schmierte sie ihr Honig ums Maul und riss sich dabei den kompletten Teller unter den Nagel.

»Tee?«, fragte Tante Cybill, als die Unterhaltung abermals zum Erliegen gekommen war.

Wobei man von einem wie auch immer geordneten Gespräch nicht sprechen konnte. Mum schien augenscheinlich nur gekommen zu sein, um mehr Informationen über den Bestsellerautor in Erfahrung zu bringen. Und um eine riesige Menge Gurkensandwiches zu verspeisen, verstand sich.

Ich hob meine halbvolle Tasse in die Richtung, in der Tante Cybill die Kanne durch die Luft sausen ließ. Ihre Hand zitterte leicht, und ich wollte ihr ersparen, das schwere Gefäß noch länger als nötig in die Höhe halten zu müssen.

Als Mum sich dem letzten Gurkensandwich angenommen hatte, blieb ihr Blick ein wenig angewidert an dem Teller in ihrer Hand hängen, ehe sie ihn neben die Etagere auf Tante Cybills Couchtisch stellte.

Offenbar hatte Val in der Eile vergessen, was ich ihr vorhin in der Küche über den Weihnachtsteller gesagt hatte. Im Eifer des Gefechts hatte sie vermutlich nach dem nächstbesten Teller gegriffen, um Mum nicht länger warten lassen zu müssen als unbedingt nötig.

»Dann will ich mich mal wieder verabschieden«, verkündete Mum salbungsvoll und erhob sich sogleich auf die Füße.

Als wäre das unser Zeichen, sprangen wir vier ebenfalls von unseren Plätzen auf und warteten gehorsam auf weitere Anweisungen. Es grenzte an ein Wunder, dass niemand von uns vor Mum salutierte.

»Wir sehen uns ja sicher morgen alle wieder bei Cybill«, merkte Mum unnötigerweise an.

Doch es klang nicht bloß wie eine reine Feststellung. Vielmehr wie eine Ankündigung des Stromanbieters, dass der Tarif erhöht werden musste oder mit Lärmbelästigung zu rechnen war, da in unmittelbarer Nähe des Wohnhauses die vierspurige Straße einmal komplett aufgerissen und erneuert werden musste.

Tante Cybill, Val und Lin hatten augenscheinlich ganz ähnliche Gedanken wie ich.

Als Mum schließlich gegangen war, standen wir uns noch immer schweigend gegenüber. Jede von uns hing ihren Gedanken nach und schickte ein heimliches Stoßgebet gen Himmel, dass dort oben jemand ein Einsehen mit uns haben mochte.

Kapitel 20

Colin

An diesem Montagmorgen hing eine begierige Vorfreude in der Luft wie kurz vor einem Konzert der Fisherman's Friends. Vielleicht sogar noch eine Spur intensiver.

»So, Colin, schau mal, ob dir das Ergebnis so gefällt.«

Berta war ungefähr in Mums Alter. Doch im Gegensatz zu meiner Mum hatte Berta die Fähigkeit, genau einschätzen zu können, ob der Mensch, der dort in ihrem Frisierstuhl saß, sich mit ihr unterhalten wollte oder vielmehr seine Ruhe brauchte. Auch bei mir war ihr die Einschätzung tadellos gelungen, sodass wir in den knapp sechzig Minuten, die ich nun bei ihr im Laden war, kaum ein Wort miteinander gewechselt hatten. Im beidseitigen Einvernehmen, verstand sich natürlich.

Als sie mir nun den Spiegel in ihrer Hand so hinhielt, dass ich meinen Hinterkopf gut im Spiegel vor mir sehen konnte, war es, als würde ich aus einem Dämmerschlaf erwachen. Denn in diesen sechzig Minuten hatte ich über nichts weniger als meine Zukunft nachgedacht. So intensiv, dass ich nichts um mich herum mitbekommen hatte.

Erst jetzt sah ich mich prüfend am Boden um und erkannte das viele braune Haar, das zuvor nicht hier gelegen hatte. Berta hatte wirklich gute Arbeit geleistet. Mein Kopf fühlte sich ungewohnt leicht an. Auch mein Gesicht war nun glatt wie ein Babypopo. Das erste Mal seit sehr langer Zeit konnte ich mein Kinn sowie meine Oberlippe und die Wangen ohne Bart sehen.

Prüfend fuhr ich mir mit den Händen über die Kieferknochen bis hinunter zum Kinn. Die Frisur auf meinem Kopf konnte sich ebenfalls sehen lassen. Vor allem im Hinblick darauf, dass ich Berta freie Hand gelassen und keine näheren Angaben über das Ergebnis gemacht hatte.

»Wow! Berta, das ist dir rundum gut gelungen. Du hast einen ganz neuen Menschen aus mir gemacht«, lobte ich sie überschwänglich.

Aber genau so fühlte ich mich gerade: wie ein neuer Mensch.

Berta lachte und schüttelte dabei leicht den Kopf.

»Ich habe keinen neuen Menschen aus dir gemacht, Colin. Ich habe nur freigelegt, was wie bei Dornröschen hinter viel zu hohen Hecken versteckt war.«

Sie schmunzelte bei ihren Worten. Dann legte sie den runden Handspiegel beiseite und befreite mich von dem weißen Kittel, von dem abermals einzelne dunkle Haarsträhnen zu Boden fielen.

»Na ja, Dornröschen war sicher nicht ganz freiwillig fast hundert Jahre hinter den Dornenhecken versteckt gewesen. Wenn ich mich recht erinnere, dann ging das Märchen ein wenig anders.«

Berta stand noch immer hinter mir und sah mir über den Spiegel in die Augen.

»Schon möglich«, gab sie zu. »Wie gut, dass wir heute unser eigenes Märchen schreiben können. Wenn du mich fragst, dann sollte deine Geschichte nicht länger von einem Mann mit zotteligen Haaren und Bart handeln.«

»Hey«, setzte ich mich nur halbherzig zur Wehr. »So schlecht standen mir die langen Haare gar nicht. Und der Bart ist gerade total in. Ich bin sozusagen ein Trendsetter.«

Berta gab einen glucksenden Laut von sich und hob ungläubig die Augenbrauen an.

»Willst du meine ehrliche Meinung dazu hören?«

»Besser nicht«, entschied ich mich dagegen. »Was bin ich dir schuldig?«

»Ein Lächeln und das Versprechen, es nie wieder so weit kommen zu lassen.«

»Zwanzig Pfund wären mir lieber«, entgegnete ich mit einem Grinsen auf den Lippen.

Doch Berta ging nicht weiter darauf ein.

»Wirst du heute Abend auch bei der Lesung sein? Ganz Port Isaac spricht darüber. Das ist das Event des Jahres, wenn du mich fragst. Nichts gegen die Fisherman's Friends, aber Tyler White hat das gewisse Etwas, wenn du verstehst, was ich meine.«

Ich verstand nicht, wollte mich aber nicht länger über das leidige Thema unterhalten. Wenn der heutige Abend vorbei war, würde ich drei Kreuze machen. Hoffte ich doch noch immer, dass sich danach wieder so etwas wie Normalität in meinem Leben einstellen würde.

»Der *Golden Lion* kümmert sich heute Abend um das leibliche Wohl der Gäste«, wich ich Bertas Frage gekonnt aus.

»O ja. Deine Mum sprach davon. Das habe ich ganz vergessen. Man wird alt«, bemerkte sie seufzend.

»Aber du doch nicht.«

Da klingelte mein Smartphone. Eilig zog ich es aus der Hosentasche. Mum.

Mit den Worten »Das nächste Essen im *Golden Lion* geht auf mich« verabschiedete ich mich von Berta und ging nach draußen, um in Ruhe telefonieren zu können.

»Hey, Mum! Was gibt's?«

»Bei uns ist der Super-GAU passiert. Die Kühlung im Vorratsraum ist ausgefallen. Ich habe zwar schon Nathan aus Port Quin angerufen, aber der kann erst am Nachmittag kommen.«

Während Mum sprach, versuchte ich mir in Erinnerung zu rufen, was heute alles anstand und wie wir die Speisen auch ohne Kühlung entsprechend der Vorschriften lagern konnten. Mit den Lebensmitteln, die wir für die heutigen beiden großen Weihnachtsfeiern brauchten, und den Kanapees für die Lesung waren wir ohnehin schon am Limit gewesen.

»Was ist mit Marc aus St. Endellion? Hast du es bei ihm versucht?«

»Keine Chance«, erstickte meine Mum meine Hoffnung sogleich im Keim. »Die sind schon in den Weihnachtsferien. Bei denen geht vor Neujahr nichts mehr. Bis dahin können wir nur auf Schnee hoffen. Aber der scheint sich wohl auch dieses Jahr nicht einstellen zu wollen. Es ist zum Verrücktwerden.«

Zu Beginn unserer Unterhaltung schien Mum sich noch im Griff zu haben. Mit jedem weiteren Wort, das wir wechselten, kippte ihre Stimmung jedoch ins leicht Hysterische. Was ich ihr an dieser Stelle nicht verdenken konnte. Schließlich ging es mir keinen Deut besser.

Händeringend versuchte ich eine Lösung für unser Problem zu finden.

»Cybill hat angeboten, dass wir die Platten für die Lesung in ihrem Kühlschrank zwischenlagern. Das Beste wird sein, wenn du gleich mal zu ihr fährst und die Sachen dort ablieferst. Cybill ist zwar schon im Buchladen, weil sie noch einiges für heute Abend vorbereiten muss, sie hat mir aber den Schlüssel für ihr Cottage dagelassen.«

»Okay«, erwiderte ich völlig überfahren.

Das klang plausibel und würde uns weiterhelfen.

»Für den Rest finden wir auch eine Lösung. Zu dumm, dass die Kühlung offenbar bereits heute Nacht ausgefallen ist. Ich muss jetzt erst mal eine Bestandsaufnahme machen und womöglich fahre ich auch noch mal rüber zum Großmarkt. Kommst du klar?«

»Mach dir um mich keine Sorgen. Ich fahre Cybills Bestellung schnell zu ihr nach Hause und komme dann umgehend zurück in den *Golden Lion*, um euch zu helfen.«

Vorbei war es mit dem ruhigen Vormittag. Wenn ich bis eben noch geglaubt hatte, der heutige Abend würde mich vor Herausforderungen stellen, da hatte ich die Rechnung offenbar ohne die Kühlung im Restaurant gemacht.

Keine vierzig Minuten später stand ich vor Cybills Cottage. In der einen Hand balancierte ich die Häppchen ihrer

Bestellung, und mit der anderen kramte ich in meiner Hosentasche nach dem Schlüssel.

Als ich ihn endlich gefunden und im Türschloss versenkt hatte, hielt ich einen Moment inne, ehe ich ihn umdrehte. Was war mit Amy? War sie zu Hause? Hätte ich nicht besser klingeln sollen?

Ich zögerte einen Moment. Doch bei meiner Ankunft hatte ich nirgends Licht im Haus gesehen. Amy war bestimmt bei ihrer Tante, um ihr bei den Vorbereitungen zu helfen. Ansonsten hätte mir Cybill sicher nicht den Schlüssel für ihr Haus gegeben.

Als die Platte in meiner linken Hand allmählich schwer wurde, ließ ich meine Bedenken über Bord gehen und konzentrierte mich wieder auf das Wesentliche. Schließlich hatte ich nicht ewig Zeit. Mum war ganz außer sich gewesen, als ich im Restaurant angekommen war. Das Team hatte sich zwar schon ihrer angenommen, aber so einen Totalausfall kurz vor Weihnachten warf die stärksten Männer aus der Bahn.

Mit einem »Hallo?« ging ich ins Haus. Der Flur war dunkel. Ich suchte nach dem Lichtschalter und fand ihn nicht.

Was hatte Mum noch gleich gesagt? Die Küche befand sich hinter der zweiten Tür auf der linken Seite. Oder war es doch die erste auf der rechten Seite? Da ich mich allein im Haus wähnte, entschied ich mich dazu, die Türen nach und nach zu testen. Eins stand ja außer Frage: Hinter einer der Türen befand sich Cybills Küche nebst funktionierendem Kühlschrank. Und das war alles, was zählte.

Bei meinem ersten Versuch stand ich plötzlich einem Wischmopp gegenüber. Das war offenbar Cybills Hauswirtschaftsraum. Das Bügelbrett stand mitten im Raum und daneben befand sich eine Kleiderstange mit Blusen und Hosen daran. Hier würde ich wohl eher nicht finden, wonach ich auf der Suche war.

Doch schon bei meinem nächsten Versuch hatte ich Glück. Eilig durchschritt ich den Raum, um meine mitgebrachte Ware im Kühlschrank zu verstauen. Doch als ich vor dem Gerät stand, wurde ich mir der Tatsache bewusst, dass ich meine Platte nie und nimmer in einem Stück hineinbekommen würde.

»Mist!«, entfuhr es mir ärgerlich. Daran hatte ich nicht gedacht.

Anstatt der einen großen Silberplatte hätte ich besser zwei kleine nehmen sollen. Aber das hatte ich im Eifer des Gefechts schlichtweg nicht bedacht. Nun musste eine andere Lösung her. Ich würde sicher nicht zurück zum *Golden Lion* fahren und zwei andere Platten holen.

Nachdem es mich einiges an Überwindung gekostet hatte, ein fremdes Haus zu betreten, ging ich nun auf der Suche nach passenden Ablagemöglichkeiten für die Häppchen weniger zimperlich vor. Befeuert von dem Ärger über mich selbst, öffnete ich eilig Schranktüren und Schubladen und fand dabei eingeweckte Marmelade ebenso wie eine mit einer Handkurbel betriebene Brotschneidemaschine, die ihre besten Jahre längst hinter sich gelassen hatte.

Aber wo zum Henker waren bloß die Teller?

Hinter der nächsten Tür wurde ich schließlich fündig. Mit gleich acht Tellern machte ich mich hinüber auf den Weg zu der Anrichte, auf der ich meine Platte abgestellt hatte, um mich auf die Suche machen zu können.

Dort angekommen, legte ich Cybills Teller daneben und zog dann die Folie von den Kanapees herunter, um sie auf die Teller umschichten zu können. Dabei ging ich so beherzt an die Sache heran, dass sich die Platte ein Stück weit von ihrem Platz bewegte und mit einer ihrer Kanten an dem Tellerstapel hängen blieb. Diese gerieten ins Taumeln und ich musste mich zwischen den Häppchen und geblümten Emailletellern entscheiden. Als der erste Teller zu Boden fiel und scheppernd in gefühlt tausend Einzelteile zerbrach, war ich froh darum, allein im Haus zu sein.

In letzter Sekunde konnte ich jedoch die übrigen sieben Teller vor einem ähnlichen Schicksal bewahren. Schnell schichtete ich die Häppchen darauf, um sie in den Kühlschrank stellen zu können. Um die Scherben am Boden würde ich mich gleich danach kümmern. Schließlich wusste ich bereits, wo Cybills Hauswirtschaftsraum war.

Kapitel 21

Amy

Im Gegensatz zu den vorhergehenden Tagen wurde ich am heutigen Morgen von einem lauten Poltern geweckt. Es dauerte einen Moment, bis ich wusste, wo ich mich befand, und so weit wach war, um zu realisieren, dass Tante Cybill mindestens seit eineinhalb Stunden in ihrer Buchhandlung sein musste.

Wer zum Teufel war also für das Geräusch verantwortlich gewesen, das mich soeben aus dem Schlaf gerissen hatte? Mum vielleicht? Nein, das konnte ich mir nicht vorstellen. Sie würde nicht hierherkommen, wenn ihre Schwester nicht da war. Außerdem hatte sie gar keinen Schlüssel für Tante Cybills Haus.

Tante Cybill hatte nichts davon gesagt, dass ein Handwerker kommen würde, der Reparaturen im Haus vornehmen musste. Auch gab es weder eine Katze noch einen Hund, die für den Radau verantwortlich sein konnten.

Mit jeder weiteren Überlegung blieb schließlich nur noch eine Schlussfolgerung übrig: Jemand war in Tante Cybills Haus eingebrochen. Mein Herz schlug mir bei dem Gedanken bis zum Hals. Schon sah ich mich in einer der Geschichten von Tyler White wieder und kämpfte gegen die Bilder an, die sich in mein Gedächtnis vordrängten.

Das hier war weder New York noch London. Port Isaac war ein beschauliches Fischerdörfchen mit knapp siebenhundert Einwohnern.

Einbrecher gibt es auch auf dem Land, ermahnte mich meine innere Stimme.

Da musste ich ihr recht geben.

Aber wie sollte ich mich jetzt bloß verhalten? Darauf hatte sie leider keine passende Antwort. Typisch! Wenn es ernst wurde, war ich auf mich allein gestellt.

Während ich in meinem Kopf das Für und Wider abwog, blickte ich mich suchend im Raum nach einer Art Waffe um. Doch außer einer türkisfarbenen Blumenvase am Fensterbrett und einem Buch mit Hardcovereinband fand ich nichts Passendes. Schließlich entschied ich mich für das Buch. Bücher hatten mich in meinem ganzen Leben noch nie im Stich gelassen. Und sie würden mir auch jetzt gute Dienste leisten. So hoffte ich zumindest.

Dreimal atmete ich tief durch und konzentrierte mich auf die Worte meiner Yoga-Lehrerin. Aber auch in diesem Fall wollte sich die beruhigende Wirkung einfach nicht einstellen. Also schnappte ich mir den Fünfhundert-Seiten-Schmöker, ging barfuß zur Tür und legte mein Ohr an das Holz, um weitere Geräusche im Haus ausmachen zu können. Doch da war nichts. Vielleicht hatte ich mir das Ganze ja auch nur eingebildet oder geträumt, versuchte ich mich zu beruhigen.

Aber ich wusste es besser. Jemand war im Haus. Das konnte ich spüren. Also legte ich schließlich meine eiskalten Finger auf die Türklinke, sandte ein Stoßgebet gen Himmel, auch wenn ich in der Vergangenheit schon des Öfteren von da oben enttäuscht worden war, und setzte schließlich einen Fuß in den Korridor.

Zum Glück hatte die Tür nicht geknarzt. Der Einbrecher, wo auch immer er sich im Haus aufhielt, hatte somit hoffentlich noch nicht bemerkt, dass er nicht allein war.

Prüfend sah ich mich zu allen Seiten hin um, während mein Herz mir bis zum Hals schlug und das Rauschen in meinen Ohren so laut war, dass ich Sorge hatte, mir könnte ein Geräusch entgehen, das mir Aufschluss darüber geben konnte, wo im Haus sich der Einbrecher aufhielt.

Plötzlich war ein Klirren zu hören. Nicht ganz so laut wie das Scheppern von eben. Aber es kam ganz deutlich aus der Küche. Verwundert stand ich noch einen Moment an Ort und Stelle und fragte mich dabei, was einen Einbrecher dazu veranlasste, in der Küche auf Beutesuche zu gehen. Vielleicht war er ja ganz spontan hungrig geworden und hatte sich überlegt, erst mal ein Brot zu schmieren, bevor er sich ans eigentliche Werk machte.

Eins musste man dem Typen ja lassen: Er hatte definitiv die Ruhe weg. Ganz im Gegensatz zu mir. Mein Puls beschleunigte sich immer mehr, je weiter ich mich dem Raum näherte, in dem ich ihn vermutete. Mein Buch hielt ich dabei wie einen Schild schützend vor meinen Körper. Ob so ein Fünfhundertseiter wohl auch die Kugel aus einer Pistole aufhalten konnte?

Mit solchen und ganz ähnlich verrückten Gedanken traf ich schließlich vor der einen Spaltbreit geöffneten Küchentür ein. Als ich in dem Sichtfeld, das mir geboten wurde, nichts Ungewöhnliches feststellen konnte, schubste ich die Tür ein wenig weiter auf.

Und da sah ich ihn. Von mir abgewandt stand ein Mann an Tante Cybills Anrichte und machte sich an irgendeiner Platte zu schaffen. Es kostete mich all meine Beherrschung, nicht laut aufzuschreien, als ich ihn erblickte.

Tausend Fragen schossen mir augenblicklich durch den Kopf. Doch die vordergründigste erschien mir diese hier: Was zur Hölle sollte ich jetzt bloß tun? Warum hatte ich mich nur selbst auf die Suche nach dem Einbrecher gemacht, anstatt die Polizei zu verständigen? Das hier war doch der totale Irrsinn. Vermutlich war ich schon im nächsten Augenblick tot. Und wofür?

Während ich überlegte, ob ich umdrehen und in meinem Zimmer die Polizei rufen sollte, fiel mir Tante Cybills Messerblock ins Auge. Die Versuchung war groß, mich mit einer echten Waffe auszustatten. Danach konnte ich ja noch immer zurück zu meinem Smartphone und um Hilfe rufen. Oder am besten gleich Reißaus nehmen und so schnell wie möglich von hier verschwinden.

Je länger ich über letztere Option nachdachte, desto verführerischer klang sie in meinen Ohren. Brauchte ich dazu überhaupt ein Messer? Ich war so aufgeregt, dass ich nicht mehr klar denken konnte. Und als ich schließlich einen unbedachten Schritt zurück machte, trat ich auf die einzige Diele in Tante Cybills Küche, die knirschte.

Natürlich! Das hätte ich kommen sehen können. Schließlich war bald Weihnachten. Das Glück war mir zu dieser Jahreszeit ja nie besonders hold.

Anstatt meine Beine in die Hände zu nehmen und loszurennen, stand ich wie vom Donner gerührt an Ort und

Stelle und sah verbissen in die Richtung des Einbrechers. Dessen Reaktionen waren weit besser ausgeprägt als meine. Was sicher schon allein von Berufswegen sehr wichtig und äußerst nützlich für ihn war.

Als er sich schließlich zu mir umdrehte, erwartete ich bereits, dass er im nächsten Moment aus einer 38er eine Kugel auf mich abfeuerte. Warum es gerade eine 38er sein sollte, wusste ich nicht zu sagen. Vermutlich hatte ich auch das in einem Roman gelesen.

Doch anstatt auf mich zu schießen, lächelte mir der Einbrecher freundlich zu.

»Hey«, sagte er schließlich, während ich fieberhaft überlegte, wie ich die Situation deuten sollte.

Erst jetzt fiel mir auf, dass ich ziemlich spärlich bekleidet war. Zudem prangte auf meiner Brust Snoopy, schlafend auf seinem Haus, und meine Shorts gingen mir gerade mal so über den Hintern.

Schlagartig sprang ich auf den Messerblock zu, ließ das Buch auf halber Strecke zu Boden fallen und schnappte mir gleich links und rechts eines der Messer aus dem Block.

Der Einbrecher sah mich verstört an, rührte sich jedoch nicht vom Fleck. Offenbar war mir mein Überraschungsmanöver geglückt. Wie eine Amazonen-Kriegerin stand ich vor ihm mit den Messern in den ausgestreckten Armen. Wenn der Typ eben noch dachte, er hätte leichtes Spiel mit mir, dann musste ich ihn enttäuschen.

»Amy?«, fragte er schließlich verunsichert auf mich dreinblickend.

Woher kannte der Typ meinen Namen? Ich war mir ganz sicher, ihm noch nie begegnet zu sein. Hatte ihn etwa jemand auf mich angesetzt? Jemand, der in London noch eine offene Rechnung mit mir hatte?

Du liest eindeutig zu viele Krimis und Thriller, beschwerte sich meine innere Stimme, was mich in diesem Moment allerdings auch nicht wirklich weiterbrachte. Also drängte ich sie ins Off und versuchte mich zusammenzureißen und eine vernünftige Erklärung dafür zu finden, warum mich dieser wildfremde Mann kannte. Doch sie blieb aus.

»Erkennst du mich etwa nicht?«, fragte mein Gegenüber, während ich noch immer mit erhobenen Händen vor ihm stand und keine Anstalten machte, die Messer zurück in den Block zu stecken.

»Pardon, aber mit Einbrechern und Verbrechern verkehre ich für gewöhnlich nicht«, schmetterte ich ihm ungehalten entgegen.

Dabei musste ich mich sehr darauf konzentrieren, dass meine Stimme nicht brach und ich verunsichert klang. Man kannte doch diese Typen. Sie warteten nur darauf, dass man Schwäche zeigte. Aber Fehlanzeige! Mir würde das nicht passieren. Ich blieb beharrlich. Samt Messern in den Händen.

»Einbrechern und Verbrechern?«, erwiderte er ungläubig und mit weit aufgerissenen Augen.

Erst da fiel mir das Türkisblau seiner Augen auf. Irgendwoher kannte ich es. Ich war mir nur nicht sicher woher.

»Wie würden Sie es denn nennen, wenn sich jemand widerrechtlich Eintritt zu einem Haus verschafft?«, sagte ich neunmalklug.

»Widerrechtlich? Aber ich habe einen Schlüssel.«

Wie zum Beweis zog er einen Gegenstand aus der Tasche, der eindeutig ein Schlüssel war. Den Blumenanhänger daran erkannte ich als den von Tante Cybill.

»Was haben Sie mit meiner Tante gemacht?«, fragte ich einem Nervenzusammenbruch nahe.

»Cybill? Was soll ich mit ihr gemacht haben? Ich nehme an, sie steht in ihrer Buchhandlung.«

»Woher haben Sie dann ihren Schlüssel?«, setzte ich ihm weiterhin zu.

»Von meiner Mum.«

Komplizen also. Das war nicht gut. Ich hatte nicht bedacht, dass der Typ womöglich gar nicht allein am Werk war. Hinter mir stand die Tür offen. Wenn jetzt jemand hereinspazieren und mich von hinten angreifen würde, hätte ich wenig Chance, mich zu wehren.

»Amy, du musst dir keine Sorgen um deine Tante machen. Ihr geht es gut. Ich wollte nur eben die Häppchen hier abliefern. Die Kühlung im *Golden Lion* ist ausgefallen, darum hat Cybill uns angeboten, die Kanapees für die Lesung hier zwischenzulagern.«

Häppchen. Kühlung. *Golden Lion*. Lesung, flogen die Worte des Mannes durch meinen Kopf wie Schneeflocken bei einer Verwehung. Der aufgewirbelte Schneesturm vernebelte mir die Sinne. Es dauerte einen Moment, bis ich eins und eins zusammenzählen konnte.

»Colin?«, fragte ich schließlich ungläubig, als der Groschen gefallen war.

Dieser grinste.

»Ich hätte nicht gedacht, dass man mich nach meinem heutigen Friseurbesuch nicht mal mehr wiedererkennen würde. Aber das mit dem Einbrecher nehme ich dir echt übel.« Dabei deutete er auf sich. »Sehe ich denn wirklich wie ein Verbrecher aus?«

Zur Antwort wiegte ich meinen Kopf leicht nach links und rechts, woraufhin Colin seinen schüttelte.

Plötzlich kam ich mir mit den Messern in den Händen ziemlich lächerlich vor. Doch anstatt sie zum Messerblock zurückzubringen, legte ich sie auf die weniger entfernte Anrichte und schrie sogleich höllisch auf.

Ich war in irgendetwas hineingetreten. Der Schmerz fuhr mir wie ein Blitz durch den Körper und ließ mich augenblicklich schimmernde Sterne sehen.

»Mist, Amy! Das tut mir leid! Der Teller ist mir vorhin runtergefallen, als ich die Häppchen von der Platte umschichten wollte«, erklärte Colin mir gleich ohne Umschweife, wie es zu dem Zwischenfall hier in der Küche kommen konnte.

Aber das änderte jetzt auch nichts mehr an der Tatsache, dass mein Fuß höllisch wehtat. Humpelnd versuchte ich den nächsten Stuhl zu erreichen, als Colin mich wie selbstverständlich auf seine Arme nahm.

»Wo hat deine Tante ihr Notfallequipment?«

Auf Colins körperliche Nähe war ich nicht vorbereitet gewesen. Ebenso wenig wie auf seine türkisblauen Augen.

Der Kurzhaarschnitt stand ihm richtig gut. Und auch den Bart vermisste ich kein bisschen. Er sah etwas schlanker im Gesicht aus, und seine Züge wirkten viel weicher, wenn auch äußerst maskulin. Seine Wangenknochen traten nun viel deutlicher hervor. Und das markante Kinn übte eine ganz spezielle Anziehungskraft auf mich aus.

Keine Ahnung, warum mich gerade sein Kinn so ansprach. Aber ich würde diesen Gedanken ohnehin für mich behalten und nie auch nur ein Sterbenswörtchen darüber verlieren.

»Ist da etwas an meinem Kinn?«, fragte Colin in diesem Augenblick.

Schlagartig schoss mir die Hitze ins Gesicht. Ich konnte förmlich spüren, wie meine Wangen sich röteten.

»Ähm, nein. Da ist nichts. Und Tante Cybills Notfallschrank ist im Badezimmer«, wechselte ich unvermittelt das Thema.

»Das befindet sich wo?«, hakte Colin mit hochgezogener Augenbraue nach. Offenbar kannte er sich im Haus meiner Tante nicht wirklich aus. Warum auch?

»Es ist die gegenüberliegende Tür«, sagte ich schnell, als ich mir abermals seiner Anziehungskraft bewusst wurde.

Mittlerweile war es nicht mehr nur das Kinn, das mich dermaßen aus dem Konzept brachte. Der ganze Mann war ein anderer. Und doch waren da diese vertrauten türkisblauen Augen, von denen ich nur mehr schwerlich meinen Blick abwenden konnte.

Colin überquerte mit mir auf dem Arm den Flur und hielt an der Tür zum Badezimmer inne. Er bemerkte gar nicht, wie sehr ich ihn anschmachtete. Ein Duft aus salziger

Meeresbrise und einem Hauch Moschus lag in der Luft und vernebelte mir die Sinne.

Frischluft, schrie meine innere Stimme. Wir brauchen dringend Frischluft! Aber ich schenkte ihr kein Gehör. Diesmal nicht. Stattdessen sog ich weiter den überaus männlichen Duft in meine Lungen und schloss dabei die Augen. Nur für den Moment. Denn kaum dass sich meine Lider abgesenkt hatten, tönte Colin:

»Könntest du versuchen, die Klinke herunterzudrücken? Mir will es einfach nicht gelingen.«

Verlegen öffnete ich die Augen und sah direkt in die von Colin. Eine Mischung aus Verwunderung und Neugier lag in seinem Blick. So standen wir da. Ich auf seinem Arm dicht vor der Badezimmertür. Man hätte eine Stecknadel auf dem Boden aufkommen hören können. So still war es im Haus.

Mein Herz schlug noch immer viel zu schnell. Diesmal war jedoch nicht mehr das Ungewisse dafür verantwortlich. Ganz im Gegenteil.

»Amy, die Tür!«, erinnerte mich Colin, dem ich mittlerweile sicher viel zu schwer geworden war.

Ein Anflug von schlechtem Gewissen machte sich in mir breit. Inzwischen tat mir der Fuß auch schon fast gar nicht mehr weh. Oder aber mein Körper war so sehr mit dem Kribbeln in meinem Bauch beschäftigt, dass der Schmerz in den Hintergrund gerückt war.

Als ich mich schließlich ein wenig vornüberbeugte, um die Türklinke nach unten zu drücken, kam Colin aus dem Gleichgewicht. Es fehlte nicht viel, und ich wäre heruntergefallen. Mein Blick sauste nach oben und blieb an dem grünen Mistelzweig hängen, den Lin und Val an jedem Türrahmen des Hauses angebracht hatten.

Colin zog mich zurück in seine Arme. Erst dann folgte sein Blick dem meinen. Doch noch ehe er etwas sagen oder tun konnte, schlang ich meine Arme wie eine Ertrinkende um seinen Hals und küsste ihn ohne Vorwarnung.

Zu meiner grenzenlosen Erleichterung erwiderte er meinen Kuss. Und so standen wir schier endlos eng umschlungen vor Tante Cybills geöffneter Badezimmertür.

Der Himmel hatte mich offenbar doch nicht vergessen. Zumindest fühlte ich mich ihm in diesem Moment ganz nahe.

Kapitel 22

Colin

Völlig neben mir stehend verließ ich Cybills Cottage, nachdem ich Amys Wunde am Fuß versorgt hatte. Unsere Lippen hatten sich nach dem Kuss unter dem Mistelzweig nicht wieder gefunden.

Während der kurzen Strecke hinunter zum Hafen überlegte ich nun fieberhaft, ob der Kuss nur dem Mistelzweig geschuldet war oder ob ihm womöglich noch mehr folgen würden. In meinem Inneren rangen Hoffnung und Verzweiflung um die Vormachtstellung, während ich ständig an das Gefühl denken musste, das ich verspürt hatte, als Amys Lippen auf meinen lagen.

Ohne Vorwarnung hatte sich ein Feuerwerk in meinem Inneren entzündet. Noch immer kribbelte jede Faser meines Körpers dermaßen, dass ich mich so lebendig fühlte wie schon lange nicht mehr.

Gleichzeitig musste ich daran denken, dass es Amy nun doch gelungen war, sich auch tagsüber in meine Gedanken zu schleichen. Was aber, wenn es ihr wirklich nur um den Brauch gegangen war und sie dem Ganzen keine größere Bedeutung beimaß?

Kaum dass ich den Lieferwagen auf dem Parkplatz des *Golden Lion* geparkt hatte, schlug ich mit aller Kraft gegen das Lenkrad und entlud so die Ungewissheit, die mich quälte, seit ich Cybills Haustür hinter mir ins Schloss gezogen hatte.

»Gut, dass du zurück bist«, begrüßte mich Mum mit Erleichterung in der Stimme, kaum dass ich die Küche betreten hatte.

»Ich musste die Häppchen erst noch umschichten. Sonst hätten sie nicht in den Kühlschrank gepasst«, rechtfertigte ich mich für das späte Kommen. Wie zum Beweis hielt ich die Servierplatte in die Höhe.

»Der Schaden scheint gar nicht so schlimm zu sein wie zunächst gedacht. Allerdings wurde beim Fleisch die Kühlkette durchbrochen. Was bedeutet, dass noch mal jemand zum Großhändler fahren müsste.« Dabei sah sie mich mit klimpernden Augenlidern an.

»Das kann ich gerne übernehmen«, erwiderte ich, dankbar für die Aufgabe abseits der Restaurantküche.

In meinem Zustand war ich in der Lage, Salz mit Zucker zu verwechseln und statt Curry ein Pfund Chili in die Suppe zu geben. Mein ganzer Körper befand sich im Ausnahmezustand.

»Das ist sehr lieb von dir. Ich werde mich hier um alles kümmern und dir den Rücken freihalten. Elliott kommt so weit auch klar.« Dann seufzte sie. »Wenn's kommt, dann aber so richtig. Oder?«

»O ja. Wie ein Schneesturm«, bestätigte ich ihr, meinte damit aber nicht im Geringsten die ausgefallene Kühlanlage im *Golden Lion*.

»Aber auch das werden wir irgendwie meistern, wie wir alles bisher geschafft haben«, sprach Mum uns beiden Mut zu.

Eilig schnappte ich mir die Schlüssel, die ich beim Betreten des Restaurants am dafür vorgesehenen Haken aufgehängt hatte. »Ich bin bald zurück.«

»Alles wird gut«, rief Mum mir hinterher.

Wieder hinterm Lenkrad versuchte ich meine wirren Gedanken zu fassen zu bekommen und ihnen zu befehlen, sich auf das Wesentliche zu konzentrieren. Egal, welche Bedeutung der Kuss für Amy gehabt haben mochte, sie würde schon bald wieder nach London zurückkehren und mich vergessen.

Sosehr ich mir auch wünschte, ihr noch einmal so nahe zu kommen, wie ich es vor knapp einer halben Stunde gewesen war, musste ich mir doch eingestehen, dass das zwischen uns keine Zukunft hatte.

Wie auch? Ich konnte schließlich schlecht aus Port Isaac weg. Außerdem wusste ich nicht einmal, ob ich das wollte. Ich war hier geboren und aufgewachsen. Meine Wurzeln schlugen sich tief in den Erdboden. Ich war ein Teil von dieser Region. Und ich war es gern.

Und Amy? Sie lebte ein aufregendes Großstadtleben in London, ging ständig schick aus und traf sich mit Freunden auf einen Cosmopolitan. Ich bezweifelte, dass den Cocktail in Port Isaac überhaupt jemand kannte.

Mit einem tiefen Seufzer startete ich schließlich den Motor und schüttelte dabei mit dem Kopf, wie um die unliebsamen Gedanken darin zu verscheuchen. Amy und ich, das funktionierte nur unterm Mistelzweig. Dessen war ich mir bewusst, auch wenn sich mein Herz das einfach nicht eingestehen wollte.

So rollte ich schließlich vom Parkplatz Richtung Straße, setzte meinen Blinker und fuhr in Richtung des Großhändlers nach Port Quin, als mir, kaum dass ich Port Isaac hinter mir gelassen hatte, ein schwarzer Rolls die Vorfahrt nahm.

Wie aus dem Nichts war der Wagen plötzlich angebraust gekommen. So schnell, dass ich ihm mit dem behäbigen Lieferwagen nicht mehr ausweichen konnte. Es dauerte einige Sekunden, bis ich realisierte, was da eben passiert war. Erst dann löste ich meine Finger, die sich um das Lenkrad verkrampft hatten, öffnete den Gurt und schließlich die Fahrertür, um mir ein Bild der Lage zu machen.

Der Unfallverursacher tat es mir gleich. Ich wartete schon darauf, dass er sich aufregen und mir die Schuld zuweisen würde. Doch die lauten Worte blieben aus. Einträchtiges Schweigen herrschte zwischen uns vor. Ganz so, als hätten wir uns stumm darauf geeinigt, gaben wir uns die nötige Zeit, um eine Bestandsaufnahme zu machen.

Diese fiel in meinem Fall nicht sonderlich gut aus. Meine komplette linke vordere Seite inklusive des Blinklichtes war betroffen. Auf dem Boden lagen Scherben. Den weißen Lack zierten schwarze Striemen. Der Rolls war dagegen mit ein paar Schrammen davongekommen.

»Sind Sie verletzt?«, war das Erste, was mein Kontrahent mich fragte.

Darüber hatte ich mir gar keine Gedanken gemacht. Viel zu sehr hatte ich mich um den Lieferwagen gesorgt.

»Ich glaube nicht«, erwiderte ich schließlich nach bestem Gewissen.

»Sind Sie auch okay?«, fragte ich höflicherweise.

»Bei mir ist alles bestens«, sagte er und besah sich sodann meinen Wagen.

»Das hier sieht allerdings nicht so gut aus«, merkte er vollkommen richtig an, als er sich die Stelle genauestens ansah, an der mein Lieferwagen mit seinem Rolls Royce kollidiert war.

»Ich werde natürlich für den Schaden aufkommen. Keine Ahnung, wie das überhaupt passieren konnte. Seit über vierzig Jahren hab ich nun schon meinen Führerschein, und bisher bin ich immer unfallfrei gefahren.«

»Tja, irgendwann ist wohl immer das erste Mal«, erwiderte ich schulterzuckend.

Aber ich hatte gerade nicht den Nerv, die Unterhaltung in die Richtung weiterzuführen, die mir mein Gegenüber vorgab. Zehn Meilen gegen den Wind konnte ich bereits riechen, wie er mir von seiner Kindheit in Nordschottland, der schweren Jugend in Wales und seiner Zeit in Südengland erzählen würde. Dafür fehlte mir neben der Geduld auch die Zeit. Mum und die anderen warteten auf mich.

Zwei Weihnachtsfeiern waren vorzubereiten und das Catering für heute Abend zu koordinieren. Was insoweit nicht ganz einfach war, weil sich die Häppchen jetzt in Cybills Haus befanden und mein Lieferwagen einen Unfall hatte. Ferner befand sich Amy in besagtem Haus und sorgte für Probleme ganz anderer Natur.

Ein Wagen fuhr in Schrittgeschwindigkeit an uns vorbei, und der Fahrer fragte wild gestikulierend, ob wir Hilfe brauchten. Der mir unbekannte Unfallverursacher und ich winkten jedoch beide ab, was der Fahrer als Zeichen sah, erneut zu beschleunigen und von hier zu verschwinden.

Ansonsten schien sich niemand sonderlich für uns zu interessieren. Lag wahrscheinlich daran, dass wir auf dem Seitenstreifen standen und somit den übrigen Verkehr nicht behinderten.

»Hier, meine Karte«, machte der Mittsechziger mit dem großen Krempenhut und der E-Zigarette im Mundwinkel neuerlich auf sich aufmerksam und steckte mir sodann seine Visitenkarte zu.

»Ich befinde mich gerade auf der Durchreise. In wenigen Tagen sollte ich zurück in London sein. Dann können wir alles Weitere klären«, bot er mir ganz sachlich an, ohne sich seiner Verantwortung auch nur mit einem Wort entziehen zu wollen.

Ich zog ebenfalls eine meiner Karten aus der Brieftasche und überreichte sie ihm. Doch im Gegensatz zu mir steckte er sie nicht nur ein, sondern las sogleich, was darauf geschrieben stand.

»Sie kommen aus Port Isaac?«, fragte er erstaunt, als hätte er mir diese Tatsache direkt an der Nasenspitze ansehen können müssen.

»Das ist richtig«, bestätigte ich ihm die Angabe auf meiner Visitenkarte, während ich schon gedanklich auf halber Strecke zum Großhändler war.

»Das soll ein malerischer Ort sein, habe ich gehört«, schwärmte er.

Doch dafür hatte ich im Moment überhaupt keine Zeit. Ich musste weiter und später zusehen, dass ich den Lieferwagen in die Werkstatt brachte. Mum würde beim Anblick des Wagens sicher einen Nervenzusammenbruch erleiden. Erst das Kühlhaus und dann auch noch der Lieferwagen.

»Sie sollten ihn sich ansehen. Ich muss jetzt allerdings leider weiter.«

»Oh, natürlich! Jetzt hätte ich doch tatsächlich beinahe den wahren Grund vergessen, warum wir hier am Seitenstreifen zusammenstehen.«

Der alte Mann zog abermals an seiner E-Zigarette und ein süßlich riechender Duft waberte durch die Luft. Honig-Minze, vielleicht. Ich kannte mich weder mit Zigaretten noch mit den verschiedenen Duftmischungen der E-Zigaretten aus. Und so sollte es nach meinem Geschmack auch bleiben.

»Alles Gute, und nehmen Sie mir das mit Ihrem Wagen bitte nicht übel«, waren seine letzten Worte, bevor ich zurück in meinen ramponierten Lieferwagen stieg.

Erst als ich beim Großhändler angekommen war und meinen Autoschlüssel in der Hosentasche versenkte, bemerkte ich die rechteckige Karte darin. Bevor ich den Laden betrat, zog ich sie heraus und las die wenigen Worte darauf:

Tyler White

Autor

Mehr brauchte ich erst gar nicht zu lesen. Ich wusste auch so schon mehr, als mir lieb war.

Kapitel 23

Amy

Seit Colin vor knapp zwei Stunden gegangen war, konnte ich mich auf nichts so recht konzentrieren. Ich hätte ihn nicht küssen sollen. Aber da war plötzlich dieses übermächtige Gefühl, es tun zu müssen. Und das nicht nur wegen des Mistelzweigs.

»Bist du schon aufgeregt wegen heute Abend?«, fragte Lin im Chat.

Erst jetzt realisierte ich, dass heute Montag war. Spätestens die Unmengen an Häppchen in Tante Cybills Kühlschrank hätten mir ein Licht aufgehen lassen müssen. Aber ich war so sehr mit meiner Gefühlswelt beschäftigt gewesen, dass ich nichts anderes um mich herum wahrnahm.

»Ich werde Tyler White weitestgehend aus dem Weg gehen und versuchen, Mum in die Schranken zu weisen. Keine Ahnung, ob mir das gelingen kann. Aber einen Versuch ist es allemal wert«, tippte ich eifrig, während ich mein Porridge mit einem Hauch Zimt verfeinerte und meine Apfelscheiben darüberlegte.

Heute war eindeutig ein Lieblingsporridge-Tag. Hoffentlich würde ich daraus die Kraft schöpfen, mich den Herausforderungen des Tages zu stellen. Wenn ich dabei an die vielen Baustellen dachte, die heute auf mich warteten, hätte ich mir gleich einen Familienvorrat anlegen sollen.

»Hier noch mal kurz den Plan für heute Abend zusammengefasst. Bei mir ist momentan schlimmste

Schwangerschaftsdemenz angesagt. Deshalb mal alle Fakten auf einen Blick. Berichtigt mich bitte, wenn ich falschliege. 1. Amy gibt kurz vor Beginn der Veranstaltung ihrer Tante Bescheid, dass es ihr nicht gut geht und dass deshalb Val die Moderation übernimmt. 2. Amy hält sich den kompletten Abend weitestgehend bedeckt, damit sie Tyler White nicht unverhofft gegenübersteht und damit nicht Gefahr läuft, sich mit ihm über den Grund ihres Zwangsurlaubs unterhalten zu müssen. 3. Die Bestie in Schach halten, damit sie den Abend nicht in eine Katastrophe verwandeln kann. Und natürlich 4. einen schönen Abend mit den Mädels verbringen.«

Val schickte zur Antwort einen lachenden Emoji, dem Tränen aus den Augen quollen, gefolgt von der Nachricht.

»Was war noch mal 2.?«, und dem Emoji, bei dem sich ein Affe die Hände vors Gesicht legt. »Schwangerschaftsdemenz und so«, setzte sie zur Erklärung hinterher.

Während die beiden guter Dinge waren und dem Tag mehr oder minder gelassen entgegenblickten, war ich um einiges unruhiger. Aber wer konnte es mir verdenken? Wenn es mir nicht gelingen sollte, Tyler White aus dem Weg zu gehen, dann konnte es durchaus sein, dass ich ab Januar gar keinen Grund mehr hatte, nach London zurückzukehren. Denn wenn er auf mich zukommen sollte, konnte ich nicht dafür garantieren, dass ich mit meiner Meinung über ihn hinterm Berg halten konnte.

Ein weiterer kritischer Faktor an diesem Abend würde Mum sein. Nach wie vor konnte ich nicht so recht einschätzen, was sie im Schilde führte. Ein falsches Wort von mir oder irgendwem sonst, und sie konnte in die Luft gehen und alles zerstören, was Tante Cybill sich dort in ihrer kleinen Buchhandlung aufgebaut hatte.

Das musste ich unter allen Umständen verhindern. Auch wenn ich noch keinen blassen Schimmer hatte, wie das gehen sollte. Aber das heute sollte ein schöner Tag für Tante Cybill werden. Sie freute sich so sehr auf die Lesung mit Tyler White. Und auch ihre Kunden waren nach wie vor ganz aus dem Häuschen, dass sich solch ein literarischer Weltstar in ihr beschauliches Küstenörtchen verirrte.

Aber neben all der Unruhe in mir und der Ungewissheit darüber, was mich im Verlauf des Tages alles für Hiobsbotschaften ereilen würden, war da noch ein anderes Gefühl in meinem Bauch zu spüren. Es erinnerte mich an das zarte Schlagen von Schmetterlingsflügeln.

Sosehr ich mich auch auf die Aufgaben des Tages zu konzentrieren versuchte, es wollte mir einfach nicht so recht glücken. Ständig musste ich an Colin und den Kuss denken. An den Moment, in dem wir uns so nahe gewesen waren. An seinen betörenden Duft und die Geborgenheit, die ich in seinen Armen verspürte.

Es war lange her, dass ich so für einen Mann empfunden hatte. Nach meiner letzten enttäuschenden Beziehung hatte ich mich viel zu bereitwillig in die Arbeit geflüchtet und mich hinter einem Berg aus Manuskripten versteckt, um dem Leben da draußen vor meinem Bürofenster Einhalt zu gebieten.

Mittlerweile musste ich mir eingestehen, dass ich mich vielleicht ein wenig zu lange aus allem herausgehalten hatte. Wann war ich beispielsweise das letzte Mal mit meinen

Kollegen nach der Arbeit etwas trinken gegangen? Wann hatte ich das letzte Mal Freunde getroffen? Wann hatte ich das letzte Mal Urlaub gemacht?

Am Ende musste ich meinem Chef auch noch dankbar dafür sein, dass er mich zwangsweise beurlaubt hatte. Sonst hätte ich Colin vielleicht nie kennengelernt und es hätte den Kuss unterm Mistelzweig nie gegeben.

Ich seufzte beim Gedanken daran, was für Schlangenlinien mein Weg in den letzten Wochen genommen hatte. Bisher war ich immer sehr stolz darauf gewesen, wie geordnet mein Leben war und wie organisiert ich alles handhabte. Heute war ich mir nicht mehr so sicher, ob ein Leben organisiert und geordnet verlaufen sollte. Vielleicht brauchte es ja diese Schlangenlinien, Ausbuchtungen und Ruheinseln, um zu sich selbst zu finden und sich für andere wieder öffnen zu können.

Auch wenn ich in Colins Fall keine Ahnung hatte, wie ich das bewerkstelligen sollte. Es konnte durchaus sein, dass er den Kuss in Tante Cybills Türrahmen lediglich als Erfüllung eines Brauchs sah und dem Ganzen keine weitere Bedeutung beimaß.

Im Anschluss hatte er sich beim Verarzten meines Fußes zwar sehr einfühlsam und vorsichtig gegeben, aber wir waren uns in der Folge nicht mehr so nahe gekommen wie dort unterm Mistelzweig. Was ich im Nachhinein sehr bedauerte.

Und jetzt befand ich mich in der vertrackten Situation, die ich mir bei der Abzweigung in irgendwelche Umwege sicher nicht gewünscht hatte. Wie sollte ich Colin begegnen, wenn wir uns das nächste Mal über den Weg liefen? Sollte ich ihn mit dem Kuss konfrontieren, ihn fragen, was er davon hielt? Oder wäre es besser, Stillschweigen über die Sache zu bewahren und abzuwarten, bis er den ersten Schritt auf mich zu machte?

Dieses Hin und Her in meinem Kopf machte mich ganz schwindelig. Das hatte mir zu dem restlichen Chaos in meinem Leben gerade noch gefehlt. Wer verdammt noch mal hatte meinem Herzen erlaubt, sich so mir nichts, dir nichts in Colin zu verlieben? Man hätte mich wenigstens fragen können. Aber wenn das Herz eine Entscheidung getroffen hatte, dann hatte der Verstand ohnehin Sendepause. Auch wenn ich es in meinem speziellen Fall nicht ganz einsehen wollte, wusste ich doch um die Kraft der Gefühle. Vielleicht hatte ich mich ja deshalb so lange hinter meiner Arbeit versteckt.

»Amy, bist du noch da?«

Zwanzig ungelesene Nachrichten im Chat und ein eiskaltes Porridge auf dem Tisch. Das war die vernichtende Bilanz, wenn ich mich verliebte. Irgendwie geriet mein Leben dann immer gleich aus den Fugen. Nichts war mehr geordnet oder organisiert. Es fühlte sich so an, als würde ich auf Wattebauschen durchs Leben gehen und mit jedem Schritt ein wenig übermütiger hüpfen.

»Ich bin noch hier. Musste nur schnell telefonieren«, log ich.

Keine Ahnung, warum ich das tat. Vermutlich war es einfacher, als mich und alle Welt darüber in Kenntnis zu setzen, dass ich mich verliebt hatte und nun nicht weiterwusste.

Die Vorstellung, schon in wenigen Tagen zurück nach London zu fahren, war grausam. Dann würde ich Colin vermutlich so schnell nicht wiedersehen. Gleichzeitig wusste ich nicht, wie ich die Zeit, die mir in Port Isaac noch blieb, nutzen konnte, um das, was sich zwischen uns anbahnte, zu verfestigen. Zusätzlich wusste ich nicht einmal, ob sich das, was sich bei mir anbahnte, auch bei ihm anbahnte. Vielleicht hatte er ja sogar eine Freundin und hatte sich unterm Mistelzweig nur bemüßigt gefühlt, mich zu küssen. Ganz ohne Kribbeln im Bauch.

»Ist Colin eigentlich in einer festen Beziehung?«, tippte mein Finger wenige Sekunden später schon in den Chat.

Und noch ehe ich meine Kurzschlussreaktion wieder rückgängig machen konnte, hatten sowohl Lin als auch Val meine Nachricht bereits gelesen. Das Glück war offenbar nicht länger auf meiner Seite.

»Colin ist schon seit geraumer Zeit Single«, antwortete mir Val zuerst.

»Warum fragst du?«, leuchtete sogleich darunter Lins neugierige Frage auf.

»Er war heute beim Friseur. Wir beide hatten einen unerwarteten Zwischenfall in Tante Cybills Küche, und ich habe ihn nicht mal erkannt. So verändert hat er sich. Und nun habe ich mich gefragt, ob da wohl eine Frau dahintersteckt. Sonst nichts«, holte ich weit aus, um den Fokus so schnell wie nur möglich wieder von mir zu nehmen.

Reichte ja schon, dass ich nicht wusste, was das zwischen uns war. So gern ich Val und Lin auch hatte, ich wollte jetzt nicht damit beginnen, mich ihnen anzuvertrauen. Noch nicht. Dafür war das Gefühl dort in meinem Bauch zu frisch und so zerbrechlich.

»Colin war beim Friseur?«, ließ Lin sich gleich auf die neue Fährte ein. »Ist der Bart ab? Wie sehen seine Haare aus?«

»Bart ab und Haare kurz«, tippte ich kurz angebunden, bemüht darum, keine Wertung in meine Aussage einfließen zu lassen. Denn das konnte im Ernstfall gegen mich verwendet werden und mich überführen.

»Ich glaube, ich werde meinem Schwager mal einen Besuch abstatten«, vermeldete Lin.

»Warum war er überhaupt im Haus deiner Tante, und was genau ist dort in der Küche zwischen euch vorgefallen?«, nahm Val die Witterung auf, während mir das Herz fast stockte.

»Nichts weiter. Die Kühlung im *Golden Lion* war ausgefallen, und er wollte die Häppchen für die Lesung bei Tante Cybill zwischenlagern. Allerdings stand er plötzlich in Tante Cybills Küche, ohne dass mir jemand Bescheid gegeben hätte, und ich hielt ihn zuerst für einen Einbrecher, da ich ihn nicht gleich erkannt habe«, erklärte ich, um alle Missverständnisse zwischen uns auszuräumen.

Über den Kuss vor Tante Cybills Badezimmertür sprach ich jedoch nicht. Das war mein Geheimnis. Zumindest so lange, bis Colin es Lin gegenüber erwähnen würde. Dann war ich geliefert. Sie würde es sicher als Vertrauensbruch einordnen, wenn sie das mit dem Kuss von Colin und nicht von mir erfahren würde. Die Frage war allerdings, ob Colin überhaupt darüber sprechen würde. Vielleicht war ihm das Ganze mittlerweile sogar unangenehm.

»Na, da hast du heute ja schon ordentlich was erlebt«, brachte es Val auf den Punkt. »Mein bisheriges Highlight des Tages war das Pinkeln in einen Becher bei meinem Frauenarzt und die anschließende Blutabnahme. Und, ach ja, der Zuckertest war negativ. Keine Schwangerschaftsdiabetes!«, vermeldete sie mit einem glückselig lächelnden Emoji am Ende ihrer Nachricht.

»Glückwunsch! Das ist toll«, tippte Lin sogleich, und ich schloss mich ihr an.

»Treffen wir uns heute Abend vielleicht schon um neunzehn Uhr?«, fragte ich sodann, um das Thema wieder auf die Lesung zu verlegen.

»Gerne«, schrieben mir beide zur Antwort, und so verblieben wir dann auch.

Dummerweise war es erst elf Uhr am Vormittag. Wie sollte ich bloß all die Stunden bis zu unserem Treffen sinnvoll füllen, ohne dass meine Gedanken ständig zu Colin sausten? Anstatt mich von ihm und seinem durchaus männlichen Duft und dem Spiel seiner Muskeln ablenken zu lassen, sollte ich mich besser auf den heutigen Abend konzentrieren.

Denn neben meiner beruflichen Zukunft stand auch Tante Cybills Selbstständigkeit auf wackligen Beinen, wenn Mum ihr Unwesen trieb. Sie war imstande dazu, aus einer Laune heraus Dinge zu sagen oder zu machen, die alles verändern konnten. Irgendwann würde es mir leidtun, wenn ich es nicht schaffen sollte, sie rechtzeitig zu stoppen.

Hoffentlich würde mir das an einem Tag wie heute auch gelingen. Ich seufzte, als ich das erkaltete Porridge kurz in die Mikrowelle stellte und wenige Sekunden später der herrliche Duft von warmem Zimt in der Luft lag.

Kapitel 24

Colin

Den ganzen Tag hatte ich an nichts denken können als an Amy und den Kuss. Manchmal bildete ich mir sogar ein, ihre Lippen noch immer auf meinen zu spüren. Was natürlich kompletter Unsinn war. Aber die Macht der Fantasie war groß. Vor allem dann, wenn man sich etwas so sehnlich wünschte, wie ich es tat.

»Und das mit dem Lieferwagen war wirklich Tyler White?«, fragte Mum mich nun bereits zum zweiten Mal.

Wir waren uns nach meiner Rückkehr aus dem Großhandel nicht mehr über den Weg gelaufen. Mittlerweile war der Tag schon weit vorangeschritten. In knapp einer Stunde musste ich mich auf den Weg machen und die Häppchen zurück auf die Platte legen, um sie in Cybills Laden vorbeizubringen.

Natürlich hätte ich auch einfach Amy fragen können, ob sie sie mitnehmen konnte. Dummerweise hatte ich heute Morgen allerdings die große Servierplatte wieder in den Golden Lion zurückgebracht, anstatt sie in Cybills Cottage zu lassen. Ich musste beinahe darüber schmunzeln, als mir wieder einfiel, wie ich die Platte wie einen Schild vor mich gehalten hatte. So verunsichert war ich über die neue Situation zwischen Amy und mir gewesen – war ich es noch.

Doch das mit der Platte war nicht der einzige Grund und, wenn ich einmal ehrlich zu mir selbst war, auch ziemlich vorgeschoben. Aber ich wusste einfach nicht, wie ich mich

Amy gegenüber verhalten sollte. Wollte sie etwas von mir oder war der Kuss nur dem Moment geschuldet? War ich überhaupt schon wieder bereit, mich auf etwas Neues einzulassen? Und dann mit Amy, die schon bald wieder ihre Sachen packen und von hier verschwinden würde?

Meine Gedanken kreisten seit Stunden um nichts anderes. Amy hier und Amy da. Ich konnte und wollte mich nicht länger mit dem Thema auseinandersetzen. Doch jedes Mal, wenn es mir irgendwie gelang, an etwas anderes zu denken, schlich sie sich heimlich, still und leise zurück in meine Gedanken und wollte dort einfach nicht mehr verschwinden.

»Hier ist seine Karte, wenn du mir nicht glaubst.«

Ich übergab Mum die Visitenkarte, die mir Tyler White heute Vormittag zugesteckt hatte, und schob dann den Shepards Pie für die Fischer in den Ofen.

Die ausgefallene Kühlung hatte mir heute einen gewaltigen Strich durch die Tagesplanung gemacht. Zum Glück war das Problem mittlerweile wieder behoben, und mein Team tat alles dafür, dass wir pünktlich um zwanzig Uhr mit dem ersten Gang in die beiden Weihnachtsfeiern starten konnten.

Weihnachten. Bis zum heutigen Morgen hatte sich die wohlige Stimmung für das Fest nicht so recht bei mir einstellen wollen. Weihnachten war schließlich das Fest der Liebe. Man feierte im Kreise seiner Liebsten und fühlte sich dazugehörig. Das alles hatte ich in diesem Jahr nicht gespürt. Ich hatte sogar gehofft, dass der Tag schnellstmöglich an mir vorüberziehen möge, damit ich endlich wieder in den Alltag zurückkehren konnte. Und dann kam Amy.

Seit heute wünschte ich mir Schnee, den Duft von Zimt und Ingwer in der Luft und Weihnachtslieder im Radio. Meine plötzliche Gemütswandlung war sogar Elliott schon aufgefallen. Denn im Gegensatz zu den letzten dreiundfünfzigmal hatte ich WHAMS *Last Christmas* heute in voller Lautstärke durch die Küche dröhnen lassen. Das war meinem Stellvertreter sicher nicht entgangen. Noch hatte er mich nicht darauf angesprochen. Aber das war nur eine Frage der Zeit.

Mum hing mit ihrem Blick fest auf dem kleinen rechteckigen Stück Papier. Offenbar konnte sie es noch immer nicht fassen, dass der berühmte Krimiautor ausgerechnet ihr Auto geschrottet hatte. Während sie dem Vorfall etwas verträumt Romantisches beimaß, war ich mittlerweile nicht mehr ganz so gut auf den Mann zu sprechen. Archie aus der Werkstatt hatte mich vorhin angerufen und mir offenbart, dass es sich bei unserem in die Jahre gekommenen Lieferwagen mittlerweile um einen Totalschaden handelte. So viel dazu.

Das hatte ich Mum natürlich auch erklärt. Doch sie hatte von den nüchternen Fakten nichts hören wollen. Schließlich wollte der Mann ja für den Schaden aufkommen. Dass wir zusehen mussten, wie wir während der Reparatur ohne Lieferwagen auskamen, schien sie nicht im Mindesten zu bekümmern. Dieser Tyler White genoss augenscheinlich Narrenfreiheit. Ich sollte mich auch mal als Autor versuchen. Vielleicht konnte ich mir ja dann auch alles erlauben.

»Wie war er so?«, fragte sie schmachtend, als wünschte sie sich, sie wäre heute zum Großhändler gefahren und hätte dabei die Bekanntschaft mit dem Bestsellerautor gemacht.

»Ziemlich normal«, brachte ich meinen ersten Eindruck von ihm auf den Punkt.

Das war Mum offenbar zu nüchtern. Sie verdrehte die Augen, als wüsste ich nicht, wie man einem solchen Star gerecht wird. Aber das wollte ich ja auch gar nicht. Schließlich verband ich mit dem Mann nur einen Haufen Mehrarbeit und unnötiges Umorganisieren.

»Hatte er diesen Hut auf, für den er so berühmt ist?«, stellte Mum Fragen nach den Details und wirkte dabei wie ein verliebter Teenager.

Das verstörte mich so sehr, dass ich schon vor der angepeilten Zeit nach der Platte griff, mich geschäftig von ihr verabschiedete und vorgab, auf der Stelle zu Cybills Cottage fahren zu müssen. Elliott übernahm mit einem Grinsen auf den Lippen die Führung der Küche und wünschte mir Glück. Ich schaute ihn irritiert an, weil ich nicht so recht verstand, was er mir damit sagen wollte.

»Wer WHAM eine Chance gibt und selbst anfängt, Weihnachtslieder vor sich hinzuträllern, während er sich bis heute noch wie der fleischgewordene Grinch verhalten hat, dem schadet eine Extraportion Glück sicher nicht. Viel Erfolg, bei was auch immer.«

Er zwinkerte mir vielsagend zu, was ich nicht weiter kommentierte. Stattdessen schnappte ich mir Mums Wagenschlüssel und suchte das Weite. Erleichtert atmete ich auf, als ich in Mums Wagen stieg. Allerdings nur für den

Augenblick. Denn was ich nicht bedacht hatte: Zu dieser frühen Stunde war Amy bestimmt noch zu Hause.

Eine Mischung aus Panik und unbändiger Vorfreude überkam mich. Einerseits wollte ich dringend losfahren, und andererseits wäre ich am liebsten mit Vollgas in die entgegengesetzte Richtung zu Cybills Cottage aufgebrochen. Nur weit weg. Egal, wohin.

Plötzlich klopfte jemand gegen die Scheibe der Beifahrerseite. Erschrocken zuckte ich zusammen. Brady grinste derweil übers ganze Gesicht. Schon seit frühester Kindheit bereitete es ihm eine diebische Freude, andere Menschen zu erschrecken. Auch wenn ich der Ältere von uns beiden war, hatte es eine Zeit gegeben, in der ich meinen kleinen Bruder regelrecht gefürchtet hatte.

Brady öffnete wie selbstverständlich die Tür und stieg zu mir auf den Beifahrersitz.

»Mum meinte, du könntest ein bisschen Hilfe brauchen.«

Ungläubig zog ich meine Augenbrauen bis zum Scheitelansatz hoch.

»Ich wüsste nicht wobei.«

Doch Brady blieb beharrlich.

»Schick siehst du übrigens aus.«

Mit prüfendem Scannerblick fuhr Brady über mein Gesicht und meine Haare.

»Du hast sicher mitbekommen, wie Mum den Termin vereinbart hat«, erwiderte ich kurz angebunden, um Brady zu signalisieren, dass er auf dieser Fahrt nicht erwünscht war. Aber mein Bruder wäre nicht mein Bruder gewesen, wenn er sich damit so einfach abgefunden hätte.

»Ich hab gehört, dass dein neues Aussehen schon für mächtig Furore gesorgt hat.«

Brady grinste bei seinen eigenen Worten dermaßen, dass zwei nahtlos weiße Zahnreihen zum Vorschein kamen.

»Keine Ahnung, von wem du was gehört hast. Ich würde jetzt gerne meine Arbeit erledigen«, gab ich mich kühl und distanziert, während in meinem Inneren Panik aufloderte.

Er wusste es. Natürlich wusste er es. Nur woher? Hatte Amy Lin und Val von dem Zwischenfall am heutigen Morgen erzählt? Und wenn ja, was genau hatte sie ihnen gesagt?

Die Versuchung war groß, Brady nach Einzelheiten zu fragen. Gleichzeitig wusste ich aber auch, dass ich damit die Büchse der Pandora öffnen würde, ohne je wieder die Chance zu haben, sie zu schließen. Hin- und hergerissen zwischen dem Wunsch, mir Klarheit zu verschaffen, und der Vorsicht, zu der mir mein vernünftiger Menschenverstand riet, wartete ich nahezu andächtig auf die nächsten Worte meines Bruders.

Abwehrend hob Brady seine Hände in die Höhe.

»Kein Problem!« Dann zögerte er kurz. »Und du bist dir ganz sicher, dass du meine Hilfe dabei nicht brauchst?«

Ich verstand sogleich, dass es bei seinem Angebot mitnichten um die Organisation der Auslieferung der Häppchen ging.

»Ganz sicher«, hörte ich mich daraufhin ziemlich forsch sagen.

»Falls du doch Hilfe brauchst …«

»Ganz sicher nicht«, blieb ich beharrlich.

Brady öffnete die Beifahrertür und stieg wieder aus dem Wagen. Erleichterung machte sich in mir breit. Offenbar hatte mein kleiner Bruder endlich ein Einsehen mit mir. Das war neu. Aber ich würde es nicht hinterfragen, sondern dem Schicksal dafür danken, dass er mich in Ruhe ließ.

Doch das Grinsen auf seinen Lippen verriet mir, dass er sich nach wie vor auf der Gewinnerseite wähnte. Von was auch immer.

»An deiner Stelle würde ich dieses Mal die Klingel benutzen. Man weiß ja nie, wer gerade unter der Dusche steht und dein Kommen nicht hört. Wäre doch kitschig, wenn Amy bei deinem Anblick vor Schreck das Badetuch aus den Händen gleiten würde.«

»Tür zu!«, schnauzte ich ihn an und erntete dafür einen schallenden Lacher seinerseits.

Eilig beugte ich mich hinüber zur Beifahrertür und zog sie zu, drehte sogleich den Schlüssel im Zündschloss herum und gab so viel Gas, dass mir die Reifen zunächst durchdrehten. Dann fuhr ich mit einem Affenzahn vom Parkplatz und kam viel zu schnell an dem Ort an, von dem ich nach wie vor nicht wusste, ob ich dort überhaupt ankommen wollte.

Kapitel 25

Amy

Gerade als ich mich für die Lesung fertig gemacht hatte, klingelte es an der Tür. Da ich die Zeit nicht im Blick behalten hatte, sah ich prüfend auf meine Armbanduhr, als könnte die mir verraten, wer dort draußen vor der Tür stand.

Es war gerade einmal halb sieben. Mit Lin und Val hatte ich mich doch direkt vor Tante Cybills Buchhandlung verabredet. Daran hatte sich auch im Verlauf des Tages nichts verändert. Wer konnte das also sein?

Jemand, der den Stromzähler ablesen kam, oder die Zeugen Jehovas, die mich bekehren wollten? Oder schlimmer: Mum, die mich abholen und an den Rand des Wahnsinns treiben wollte?

Nur zögerlich bewegte ich mich in Richtung Haustür, als es abermals klingelte. Eifrig strich ich mir mein dunkelblaues Kleid mit den großen cremefarbenen Schmetterlingen darauf glatt und befreite es von möglichen Flusen. Mum mochte es nicht sonderlich, wenn ich mich unordentlich kleidete. Die Phase während meiner Pubertät, in der ich mit zerrissenen Jeans und bauchfreien Tops herumgelaufen war, war mir nachhaltig im Gedächtnis hängen geblieben. Wehe, Mum hatte mich in einem solchen Aufzug erwischt. Der Tag war gelaufen, noch ehe er beginnen konnte.

»Ja?«, fragte ich dicht an der Tür.

Einen Spion gab es leider nicht, und aus den angrenzenden Fenstern in den Zimmern konnte man nicht zwangsläufig erkennen, wer dort draußen stand. Es kam immer ein bisschen darauf an, wo sich derjenige positioniert hatte.

»Hier ist Colin«, vermeldete die Stimme vor der Tür.

Colin! Mein Herz schlug schlagartig so heftig gegen meinen Brustkorb wie ein Pferd mit seinen Hinterbeinen gegen die Stalltür, wenn es versuchte, auszubrechen.

Mir wurde heiß und kalt. Alles auf einmal.

»Amy?«, machte Colin neuerlich auf sich aufmerksam, als ich mich auch nach einer gefühlten Ewigkeit noch immer außer Stande sah, die Tür zu öffnen.

Was sollte ich sagen? Was sollte ich machen, wenn er auf den Kuss zu sprechen kam? Wie sollte ich reagieren, wenn er mich abermals küssen wollte? Was, wenn er einfach so tat, als wäre nichts geschehen? War das dann gut oder eher schlecht? Himmel, ich wusste nicht, was ich sagen, geschweige denn tun sollte.

Meine Hände begannen zu zittern. Mein Atem ging schneller. Flucht war keine Option, da Colin mir den einzigen Fluchtweg abschnitt. Und so tun, als wäre ich gar nicht da, ging auch nicht mehr, da ich bereits auf mich aufmerksam gemacht hatte.

Mit einem »Ich komme gleich« versuchte ich mir noch etwas Zeit zu verschaffen. Nur ein paar Minuten, bis ich mich wieder einigermaßen gefangen hatte.

»Aber du stehst doch direkt hinter der Tür. Ich kann dich hören.«

Verlegen kniff ich die Augen zusammen, als könnte ich damit ausblenden, was um mich herum passierte. Es half jedoch nur mäßig, um nicht zu sagen gar nicht.

»Amy? Bist du verletzt? Brauchst du Hilfe?«

Colins Stimme klang besorgt. Plötzlich konnte ich ein Rascheln hören, das sich verdächtig nach einem Schlüsselbund anhörte.

Verdammt! Das hatte ich ja ganz vergessen. Colin hatte von Tante Cybill einen Schlüssel für ihr Haus bekommen. Er konnte sich also jederzeit selbst Zutritt zu dem Cottage verschaffen. Ich war gar nicht in der Situation, die weiteren Schritte selbst zu bestimmen. Colin konnte jeden Moment den Schlüssel im Schloss versenken und ihn umdrehen.

»Alles gut! Ich muss mir gerade nur noch … die Schuhe anziehen«, log ich.

Und dazu noch nicht mal besonders erfindungsreich.

Ich muss mir gerade nur noch die Schuhe anziehen? Echt jetzt? Das ist doch nicht dein Ernst!, ermahnte mich meine innere Stimme.

Mein Ernst vielleicht nicht. Aber alles, was mir auf die Schnelle eingefallen war. Vielleicht kaufte Colin mir die Story ja sogar ab. Schließlich hätte ich mich heute Morgen nicht an der Scherbe auf dem Boden schneiden können, wenn ich nicht barfuß gelaufen wäre. Mittlerweile konnte sich ja durchaus so etwas wie ein Trauma bei mir entwickelt haben.

Ein Dachschaden trifft es wohl viel eher, scherzte meine innere Stimme und johlte amüsiert auf.

»Ich kann mir auch schnell selbst aufmachen. Dann brauchst du dich nicht beeilen«, bot Colin an und versenkte auch schon den Schlüssel im Schloss.

Doch noch bevor er ihn umdrehen und die Tür öffnen konnte, drückte ich die Klinke herunter, und er fiel ins Haus. Geradewegs in meine Arme.

Für einen schrecklich langen wunderschönen und zugleich beängstigenden Augenblick standen wir ganz nah beieinander. Unsere Arme hatten sich ineinander verschränkt und unsere Blicke hafteten aneinander wie gegensätzliche Magnetpole, die sich anzogen.

Mein Herz schlug mir bis zum Hals. Das Rauschen in meinen Ohren war übermächtig und erinnerte mich an das Meer. Ebenso wie Colins türkisblaue Augen. Sie waren so einzigartig, dass ich inzwischen gar nicht mehr nachvollziehen konnte, wie ich sie heute Morgen nicht gleich wiedererkannt hatte.

»Amy, ist wirklich alles in Ordnung mit dir?«, fragte Colin nach einer Weile, in der ich ihn einfach nur angestarrt hatte.

Verlegen strich ich mir eine Haarsträhne hinters Ohr und löste dabei die Verbindung unserer Augen, indem ich stockstarr auf den Dielenboden in Tante Cybills Flur schaute.

»Mir geht's gut. Wirklich!«, versuchte ich Colin zu versichern.

Doch mir entging der leicht zittrige Unterton in meiner Stimme nicht. Meine Knie waren derweil so wackelig, dass ich befürchten musste, sie würden mir jeden Augenblick den Dienst versagen.

Noch immer hielt Colin meine Arme mit seinen Händen umschlossen. Die Wärme, die von dieser Stelle ausging, war allumfassend und gelangte bis in den entlegendsten Winkel meines Körpers.

Sehnsüchtig blickte ich zum Türrahmen, in dem Val und Lin leider keinen Mistelzweig gehängt hatten. Colins Blick folgte dem meinen. Er verstand und sah mich unschlüssig an. Nur allzu gerne hätte ich jetzt meine Lippen auf seine gelegt. Der Kuss von heute Vormittag war schon viel zu lange her. Ich brauchte mehr davon. Viel mehr.

Ganz langsam senkte sich Colins Gesicht hinunter zu meinem. Ich wagte es nicht, zu atmen. Zu groß war die Angst davor, er könnte innehalten und es sich doch noch mal anders überlegen.

Als seine Lippen die meinen fast schon berührten, schloss ich die Augen. Doch nichts geschah. Schließlich öffnete ich sie erneut und sah das glückselige Strahlen, das sich von Colins Mundwinkel über sein ganzes Gesicht bis zu seinen Augen hin ausgebreitet hatte.

So stand er da und sah mich einfach nur an.

»Was?«, fragte ich nach einer Weile, als mir die Situation fast schon ein wenig unangenehm wurde.

»Ich kann nicht fassen, dass ich gerade beginne, mich in die Frau zu verlieben, die meinen geliebten Aston Martin hinterrücks gerammt hat.«

Colins Lippen kräuselten sich bei seinen Worten.

»Also das war ja alles ganz anders«, begehrte ich auf, bis der Rest von Colins Worten in mein Bewusstsein vorgedrungen war.

»D-du hast d-dich in mich ver-liebt?«, stotterte ich unbeholfen herum.

Colin legte wie zum Beweis seine Hände auf meine Wangen, sah mir fest in die Augen, ehe er seine Lippen auf meine zubewegte. Ich versuchte gegen den Drang, meine Augen zu schließen, anzukämpfen, doch es wollte mir einfach nicht gelingen. Im Gegensatz zu der ganz ähnlichen Situation von vor wenigen Minuten spürte ich aber sogleich Colins warme volle Lippen auf meinen.

Ich seufzte auf, als wir uns zu küssen begannen. Aus einer zarten Berührung entwickelte sich nach und nach ein unbändiges Verlangen. Unsere Zungen befanden sich sogleich in einem wilden Reigen und unser beider Atem ging immer schneller. Meine Vernunft ermahnte mich und forderte mich auf, von Colin abzulassen. Schließlich war ich schon in wenigen Minuten mit Val und Lin vor Tante Cybills Buchhandlung verabredet. Aber mein Herz wollte nicht vernünftig sein.

Am liebsten hätte ich Colin noch stundenlang weitergeküsst. Seine Berührungen auf meiner Haut, das warme Gefühl der Geborgenheit, das ich augenblicklich in meinem Inneren verspürte, der heftige Schlag der Schmetterlinge in meinem Bauch – das alles wollte ich nicht kampflos aufgeben.

Doch irgendwann löste sich Colin schwer atmend von mir.

»Wir sollten jetzt besser aufhören. Sonst kann ich für nichts mehr garantieren.«

Er bedachte mich mit einem schiefen Grinsen, während er sich verlegen durchs Haar fuhr. In seinen Augen loderte eine Begierde auf, die mir offenbarte, dass er eigentlich etwas ganz anderes hatte sagen wollen.

»Tante Cybill wird furchtbar enttäuscht sein, wenn sie die Lieferung nicht rechtzeitig bekommen sollte«, sagte ich schnell und zupfte dabei mein Kleid zurecht, um meine Hände irgendwie zu beschäftigen, die viel lieber weiterhin in Colins Nacken gelegen hätten.

Colin sah mir tief in die Augen. Dann umschloss er meine Hände mit seinen und küsste mich abermals. Zärtlich. Bedingungslos. Mit einem Versprechen, dass das hier nicht das Ende, sondern erst der Anfang war.

Als er meine Wange auf seiner Brust bettete, fühlte ich mich angekommen, behütet, geborgen. Alles auf einmal. Wenn es nach mir gegangen wäre, dann hätte ich noch ewig dort liegen können, aber letztlich siegte meine Vernunft. Zumindest zeitweise.

Also löste ich mich von Colin und sah dabei wie beiläufig nach draußen zu seinem Wagen. Doch das war es nicht, was meine Aufmerksamkeit auf sich zog. Vielmehr waren es die kleinen weißen Schneeflocken, die heimlich still und leise vom Himmel segelten und Tante Cybills Vorgarten bereits mit einer hauchdünnen weißen Zuckerschicht bedeckt hatten.

»Heißt es nicht, in Port Isaac fällt nur alle zehn Jahre mal Schnee?«, fragte ich Colin, der abgewandt von der weißen Pracht stand und somit nicht sehen konnte, was in seinem Rücken passierte.

»Ja, das stimmt. Wenn du weiße Weihnachten möchtest, solltest du dringend von hier weg. Die Aussichten sind schlechter, als im Lotto zu gewinnen«, scherzte er.

»Dann haben wir heute offenbar den Jackpot gezogen«, erwiderte ich und deutete dabei nach draußen, woraufhin sich Colin umdrehte.

»Das ist ja …« Dann stockte er. »In den Nachrichten hieß es heute, wir bekämen rund acht Grad. Von Schnee war definitiv nicht die Rede gewesen.« Dann streckte er die Finger aus, um einige der Flocken auf seiner Hand zu spüren. Ich tat es ihm gleich.

»Ein richtig schönes Weihnachtsgeschenk. Aber den Jackpot habe ich eindeutig gezogen, als du in mein Auto gefahren bist.«

Bei diesen Worten grinste er mich vielsagend an und zog mich in seine Umarmung.

Ich wehrte mich nicht dagegen, sondern fügte mich ergeben in mein Schicksal.

Kapitel 26

Colin

Als Amy und ich die Häppchen für die Lesung gerade in Mums Wagen verstaut hatten und losfahren wollten, klingelte mein Handy. Brady.

»Hey, Bro, was gibt's?«, meldete ich mich gut gelaunt am Telefon.

»Lin geht es nicht gut. Sie hat Blut verloren. Wir fahren jetzt ins Krankenhaus nach Bodmin.«

Brady klang aufgeregt und besorgt. Nie zuvor hatte ich meinen kleinen Bruder so erlebt. Für gewöhnlich war er derjenige von uns beiden, der immer Herr der Lage war und sich von nichts und niemandem aus der Ruhe bringen ließ.

»Kann ich irgendwas tun? Soll ich mitkommen? Braucht ihr anderweitig Hilfe?«

Amy stand dicht neben mir und sah mich voller Sorge im Blick an.

»Nein, nein. Ich wollte dir nur kurz Bescheid geben. Mach dir keine Sorgen! Alles wird gut«, behauptete er, doch ich konnte den Zweifel in seiner Stimme hören.

»Sag Bescheid, wenn ich irgendetwas tun kann«, bot ich abermals meine Hilfe an.

»Das kannst du tatsächlich. Kannst du Amy Bescheid geben, dass Val und Lin heute Abend leider nicht kommen können? Wir haben sie nicht auf dem Handy erreicht.«

Ich blickte zu Amy und nickte.

»Kein Problem. Das lässt sich einrichten.«

»Danke dir.«

»Immer gerne. Und … melde dich! Egal wann. Hörst du?«

Ein kurzes Schweigen in der Leitung. Ich befürchtete bereits, dass Brady aufgelegt haben könnte, als er unvermittelt zu sprechen begann.

»Ich weiß, Bro. Ich weiß. Danke, dass ich mich immer auf dich verlassen kann. Ich sag es dir wahrscheinlich viel zu selten, aber ich bin dankbar, dich zum Bruder zu haben. Ich hoffe, du weißt das.«

»War das Brady?«, fragte Amy kleinlaut nach, kaum dass ich das Gespräch beendet hatte.

Ich nickte.

»Lin muss ins Krankenhaus. Sie hat Blutungen.«

Amy schlug sich vor Entsetzen die Hand vor den Mund.

»Wird sie …? Ich meine … Sie wird doch nicht …?«

Aus einem inneren Bedürfnis heraus zog ich Amy statt einer Antwort fest in meine Arme. Einfühlsam legte sie ihre Hände auf meinen Rücken und strich mir zärtlich darüber, während sie mir immer wieder sagte, dass alles gut werden würde. Wie ein Mantra, das man nicht oft genug wiederholen konnte, bis man es selbst irgendwann glaubte.

»Wir sollten jetzt losfahren, wenn wir nicht zu spät kommen wollen«, erklärte ich nach einer gefühlten Ewigkeit. Die ich allerdings gebraucht hatte, um den Schock ein wenig zu verdauen.

»Im *Golden Lion* werden sie sich auch schon wundern, wo ich so lange geblieben bin.«

»So ein einsetzender Schneefall kann einiges durcheinanderwirbeln.«

»Vor allem, wenn er so unverhofft kommt«, erwiderte ich mit festem Blick auf die Frau, die sich ähnlich wie der Schnee heimlich, still und leise in mein Leben geschlichen hatte und mein Herz mit einer dünnen weißen Zuckerschicht beträufelt hatte.

»Hast du alles? Können wir los?«

Amy nickte und zog die Haustür ins Schloss.

Merkwürdig. In all den Jahren war ich nicht ein einziges Mal in Cybills Haus gewesen. Heute gleich zweimal. Und beide Male waren so verheißungsvoll gewesen, dass ich schon jetzt voller Vorfreude dem nächsten Mal entgegenblickte.

Als Amy zu mir in den Wagen stieg, wirkte sie ein wenig bedrückt.

»Lin und dem Baby geht es sicher gut. Du musst dir keine Sorgen machen«, sagte ich mit gespielt heiterer Miene, während ich selbst voller Sorge um meine Schwägerin war.

»Ich hoffe, du hast recht. Nicht auszudenken, wenn …«

Dann schüttelte sie den Kopf und schluckte die restlichen Worte hinunter. Doch da war noch etwas anderes. Ich konnte es ganz deutlich spüren. Als sie jedoch nicht davon zu sprechen begann, wollte ich sie auch nicht bedrängen, ihr den nötigen Raum geben.

Die Fahrt verlief schweigend. Jeder von uns hing seinen eigenen Gedanken nach. Doch die Vorstellung, das, was mich bedrückte, von nun an jederzeit mit Amy teilen zu können, war tröstlich und hoffnungsvoll zugleich.

Kapitel 27

Amy

Da stand ich nun also mit der silbernen Servierplatte mit den abgerundeten Ecken und dem Schnörkelrand in der Hand auf dem Gehsteig vor *Cybill's little bookstore* und wusste nicht, wohin mit mir.

Das hieß, eigentlich wusste ich es schon. Ich musste nur die Tür öffnen und hineingehen. Aber das war das Letzte, was ich im Augenblick wollte. Lin war mit Val und Brady auf dem Weg ins Krankenhaus. Ich machte mir schreckliche Sorgen um sie und sandte ein Stoßgebet nach dem anderen gen Himmel. In diesem speziellen Fall musste man mich dort oben einfach erhören. Schließlich ging es nicht um mich.

Unter meine Sorge um meine Freundin mischte sich die Sorge um den heutigen Abend. Unser schöner Plan, die Rede betreffend, war dahin. Wenn ich Tante Cybill nicht im Stich lassen wollte, dann musste ich mein gegebenes Versprechen einhalten und ihren Gast begrüßen.

Worauf hatte ich mich da bloß eingelassen? Und warum hatte ich Tante Cybill nicht einfach gesagt, warum ich kein gesteigertes Interesse daran verspürte, Tyler White über den Weg zu laufen? Sie hätte es sicher verstanden, wenn ich mit offenen Karten gespielt und ihr alles erklärt hätte. Aber so.

Nun gab es keinen Weg zurück. Ich hatte mich selbst in eine Sackgasse manövriert, aus der es kein Entkommen gab. Mit gleichmäßigen Atemzügen versuchte ich meinen davongaloppierenden Puls wieder unter Kontrolle zu bringen.

Es schneite noch immer. Das Kopfsteinpflaster zu meinen Füßen war schon komplett von der weißen Pracht bedeckt. Port Isaac war gespenstisch ruhig, was ich allerdings als sehr angenehm empfand. Wie in Watte gepackt stand ich da und ließ meinen Blick über die rot-weiß gestreifte Markise schweifen. Auch auf ihr hatten sich unzählige Schneeflocken niedergelassen, als hätten sie sich für die Lesung des Bestsellerautors schon mal ein schönes Plätzchen gesucht.

In der Buchhandlung selbst herrschte reges Treiben. Doch es war noch überschaubar. Durch die große Fensterfront sah ich Tante Cybill aufgeregt hin und her laufen. Ein paar weitere Menschen kannte ich vom Sehen. March war auch schon da. Mum fehlte. Noch. Denn sie würde uns sicher nicht den Gefallen tun und fernbleiben. Nein, ganz sicher nicht. Sie wartete nur auf den passenden Augenblick für ihren Auftritt.

Die Tür wurde von innen geöffnet. Ich erschrak leicht, als March mich rief.

»Was machst du denn da draußen in dieser Bärenkälte? Komm schon rein! Hier gibt es eine köstliche Winterbowle, die dich wieder aufwärmen wird.«

Mir war zwar überhaupt nicht kalt, aber March widersprechen wollte ich dann auch wieder nicht. Sie hatte etwas Gebieterisches an sich, dem ich mich nicht widersetzen wollte. Gleichzeitig mochte ich sie sehr gerne und wollte sie nur ungern vor den Kopf stoßen.

Also tat ich, wie mir geheißen. Dann ging alles ganz schnell. March nahm mir die Platte ab und verstaute sie auf einem Tisch, der offenbar eigens dafür aufgestellt worden war. Dann nahm sie mir den Mantel ab, und noch ehe ich begriff, wie mir geschah, hatte ich auch schon ein randvoll gefülltes Glas Bowle in der Hand.

»Ach, da bist du ja, mein Kind.«

Tante Cybill schien regelrecht erleichtert darüber, mich zu sehen. Sie lächelte zwar, aber ich konnte ihr deutlich ansehen, wie aufgeregt sie war.

»Kann ich dir irgendwie helfen?«

Prüfend sah ich mich im Raum um. Die Bestuhlung war komplett, das Mikrofon stand schon bereit. Auch die Bowle nebst Gläsern und den Häppchen warteten auf Abnehmer. Alles war fertig. Inklusive mir und meiner Nerven. Fix und fertig, um genau zu sein.

»Alles bestens. Hauptsache, du bist da. Der Rest wird dann auch sicher klappen.«

Tante Cybills Mundwinkel zuckten auf und ab wie ein Springball.

»Ganz bestimmt«, machte ich ihr Mut und strich ihr dabei mit der Hand einfühlsam über den Unterarm. »Du hast alles so gut vorbereitet. Alle werden es zu schätzen wissen, dass du dich so sehr für sie ins Zeug gelegt hast«, munterte ich sie weiter auf.

»Nett, dass du das sagst, Liebes. Das bedeutet mir wirklich sehr viel.«

Zum Dank küsste sie mich auf die Stirn, wie sie es früher immer getan hatte.

»Es hat übrigens zu schneien angefangen«, schwärmte ich.

»Es schneit?«, fragte sie mit einer Mischung aus Verwunderung und Panik in der Stimme. »Aber davon war doch nie die Rede. Woher kommt denn jetzt bloß der Schnee?«

Augenblicklich bereute ich es schon wieder, dass ich Tante Cybill von dem plötzlichen Wintereinbruch erzählt hatte.

Aber wie hätte ich auch erahnen können, dass sie darüber so verzweifelt sein würde? Schnee in Cornwall war doch ein Wunder. Oder? Warum war sie denn jetzt so außer sich über die Tatsache, dass weiße Flocken leise vom Himmel rieselten?

Noch ehe ich sie danach fragen konnte, war sie schon hinter dem Samtvorhang verschwunden. Ich wollte ihr nachgehen, aber March hielt mich davon ab.

»Wie schmeckt dir die Bowle?«, wollte sie wissen.

Ich nahm einen großen Schluck von dem rötlichen Getränk. Eine Mischung aus Zitrone, Orange, Apfel, Rotwein und Wodka – viel Wodka – begrüßte meine Geschmacksknospen, ehe sie sich in meine Blutbahnen verabschiedete. Halleluja! Das Zeug war hochprozentig. Und brannte mir die Kehle hinunter.

Dennoch unterdrückte ich das aufbegehrende Husten, bis mir die Tränen kamen.

»Richtig gut«, bestätigte ich March krächzend und erntete dafür gleich einen weiteren Schopflöffel des Teufelsgebräus in meinem Glas.

Das hatte ich nun davon, dass ich nett sein wollte. Wenn das so weiterging, dann würde mich am Ende des Abends jemand nach Hause führen müssen, da ich kaum noch einen Fuß vor den anderen setzen konnte, ohne dabei auf die Nase zu fallen. Ich hatte auch schon eine ganz genaue Vorstellung davon, wer mich heimbringen sollte.

Aber Colin war zurück in den *Golden Lion* gefahren. Neben der Lesung standen heute noch zwei große Weihnachtsfeiern bei ihm im Restaurant an. Da konnte er sich nicht einfach so freinehmen und mir Händchen halten. Vielleicht hätte er es sogar getan, wenn ich ihn darum gebeten hätte.

Aber dann hätte ich ihm erklären müssen, was passiert war und warum ich unter gar keinen Umständen hier in Tante Cybills Buchhandlung sein wollte. Nicht heute Abend. Es hätte Fragen aufgeworfen, und vielleicht hätte mir Colin nicht einmal geglaubt, wenn ich ihm gesagt hätte, dass ich keinen blassen Schimmer hatte, womit ich Tyler White so verärgert haben könnte.

»Kindchen, du siehst aus, als hättest du einen Geist gesehen. Nimm lieber noch einen Schluck«, forderte mich March auf. »Meine Bowle ist gut darin, böse Geister zu vertreiben.«

Und klare Gedanken, mutmaßte meine innere Stimme.

Vielleicht war das ja gar nicht mal so schlecht. Ohne über die weiteren Konsequenzen nachzudenken, schüttete ich in einem Zug den kompletten Inhalt des Glases die Kehle hinunter. Zuerst brannte es wie die Hölle. Ich befürchtete schon, dass ich es etwas übertrieben hätte und gleich furchtbar zu husten beginnen würde. Doch dann stellte sich ein wohlig angenehmes Gefühl in meinem Bauch ein. Zugleich fühlte ich mich plötzlich schwerelos, als wären all meine Probleme, die wie Kletten an mir gehangen hatten, einfach von mir abgefallen und zu Boden gekullert.

March grinste zufrieden vor sich hin, ehe sie mir, ohne mich zu fragen, nachschenkte.

Noch war ich mir im Klaren darüber, dass das gar keine gute Idee war. Aber ich wehrte mich schon nicht mehr dagegen. Viel zu wohltuend war die Wirkung, die von dem Teufelszeug ausging. Hicks!

»Wäre gut, wenn demnächst ein paar Leute kämen.«

Ohne mein Glas abzustellen, blickte ich auf meine Armbanduhr. Und tatsächlich! Die Zeiger zeigten bereits drei viertel acht an. Wo war der Autor? Und wo waren die vielen freudigen Leser, die es kaum hatten abwarten können, Tickets für dieses Event zu kaufen? Sie hatten Tante Cybill sogar zu Hause angerufen. Was war bloß passiert?

»Schnee in Cornwall versetzt hier so manchen in Schockstarre«, erklärte March, der mein entsetzter Blick offenbar nicht entgangen war. »Sie werden schon noch kommen. Aber die wenigsten werden ihr Auto bemühen. Weshalb wir vermutlich ein bisschen später starten werden als veranschlagt. Ob deine Tante das allerdings nervlich durchsteht, wage ich zu bezweifeln.«

Das sah ich ganz ähnlich. Aber was sollte ich bloß tun?

»Hatte Tante Cybill auch schon was von der Bowle?«, fragte ich hoffnungsvoll.

Doch March schüttelte unermüdlich den Kopf.

»Cybill trinkt nicht. Ich kann mich zumindest nicht daran erinnern, dass sie in meiner Gegenwart je Alkohol zu sich genommen hätte.«

March zuckte mit den Schultern, während ich abermals einen großen Schluck von meinem Glas nahm. Ein zartes Stimmlein in meinem Inneren ermahnte mich, damit aufzuhören und dem Vorbild meiner Tante zu folgen. Aber das Stimmlein war kaum mehr zu hören und wurde stetig leiser, bis es beinahe verklungen war.

»Was machen wir denn jetzt?«

Besorgt blickte ich nach draußen. Die Lichter über der Markise beleuchteten den Vorplatz vor dem Laden und auch die Straße sehr gut. Ich konnte alles deutlich erkennen. Nur dummerweise sah ich dort draußen keine Menschen stehen oder gehen.

»Bowle trinken und abwarten«, resümierte March. »Was sonst?«, und stieß mit ihrem Glas gegen meines, sodass ein lautes Klirren zu hören war.

Ein Weckruf. Ich musste etwas unternehmen. Nur was?

Da ich nicht weiterwusste, zog ich mein Handy aus der Hosentasche. Colin hatte mir eine Nachricht geschickt. Woher er wohl meine Nummer hatte? Vielleicht ja von Lin. Das tat jetzt auch nichts zur Sache.

»Lin und dem Baby geht es gut. Sie soll aber für die Nacht zur Beobachtung im Krankenhaus bleiben. Morgen früh darf sie nach Hause.«

Ich atmete erleichtert auf, als ich die freudige Nachricht gelesen hatte. Wie wundervoll! Das war der Hoffnungsschimmer, den ich jetzt brauchte. Wer war schon Tyler White? Und mit Mum wurde ich nach dem zweiten Glas Bowle bestimmt auch spielend leicht fertig. Nach einem gewissen Pegel vergaß man ein wenig Anstand und Etikette.

Vielleicht gab man einfach auch nur weniger darauf als im nüchternen Zustand.

Wie dem auch sei. Als ich das Glas geleert hatte, verspürte ich plötzlich eine Kraft in mir, die mich Bäume ausreißen ließ. Nicht diese winzigen Bäumchen mit den fünf Ästen und den zählbaren Blättern daran. Nein, die ganz großen. Mammutbäume oder wie die hießen. Mit nur einer Hand. Alles kein Problem für mich. Das schaffte ich doch spielend leicht mit links.

»Amy, mein Kind, wo ist denn deine Tante?«

Mum sah aus wie eine Diva. Bei ihrem Anblick verschlug es mir für einen Moment den Atem, sodass ich nur starren und nicht sprechen konnte. Sie trug ein dunkelblaues Etuikleid, das mit Goldfäden durchwoben war. Über den Schultern hing nicht weniger grazil in ebendiesem Goldton eine Stola. Auch ihre Augen hatte sie mit goldenem Lidschatten geschminkt. Ohnehin wirkte ihr Make-up heute Abend äußerst professionell. Ganz so, als hätte sie es nicht selbst gemacht. Das lange Haar hatte sie hochgesteckt. Oder vielmehr hochstecken lassen?

»Wow!«, bemerkte ich anerkennend. »Du siehst toll aus!«

Mum strich sich wie beiläufig übers Haar.

»Ach, das bisschen. Das Kleid ist uralt«, winkte sie ab.

»Dann hat es sich definitiv verdammt gut gehalten.«

Täuschte ich mich, oder war Mum ein wenig verlegen? Meine Mum? Das war unmöglich. Aber wenn ich mich nicht irrte, dann war da noch etwas anderes. War sie etwa … unsicher?

Zum gefühlt fünfzigsten Mal fuhr sie sich mit den Handflächen über das Kleid, wie um es damit einige Zentimeter länger zu machen. Was überhaupt nicht nötig war. Es stand ihr wirklich ausgesprochen gut. Und wenn jemand die Beine für das Kleid hatte, dann sie.

»Bist du irgendwie nervös?«, äußerte ich meine Gedanken, ohne sie vorher in meinem Kopf zu filtern.

Aber der Alkohol hatte meine Zunge gelockert. Nicht nur das. Die Worte purzelten plötzlich ganz ohne mein Zutun aus meinem Mund. Auch wenn ich es gewollt hätte, ich konnte sie einfach nicht davon abhalten. Doch Mum ging gar nicht darauf ein, und ich bohrte nicht weiter nach.

Kurz vor acht. Eine größere Schar Menschen strömte in den Laden. Und mit jedem weiteren, der das Glöckchen über Tante Cybills Tür zum Läuten brachte, machte sich so etwas wie Erleichterung in mir breit.

Ausgerechnet bei mir. Dabei hätte ich doch am liebsten überhaupt nicht an der Lesung teilgenommen. Wenn es nach mir gegangen wäre, dann läge ich jetzt in Tante Cybills Badewanne mit einem guten Buch. Oder Colin und ich würden dort weitermachen, wo wir beide vorhin gezwungen waren, aufzuhören. Doch wenn ich eins nicht gewollt hatte, dann, dass dieser Abend für Tante Cybill in einem Fiasko endete. Das hatte sie definitiv nicht verdient. Sie, die sich immer um alle kümmerte und der das Wohl ihrer Mitmenschen wichtiger war als ihr eigenes.

Tante Cybill hatte diesen Erfolg verdient! Darauf erhob ich kurzum das Glas, nur um feststellen zu müssen, dass es leer war. Doch March und ihre Suppenkelle waren sofort zur

Stelle. Und zack, war das Glas in meiner Hand wie durch Zauberei wieder gefüllt.

»Auch eine Bowle?«, fragte ich Mum mit leicht lallender Stimme. Der Alkohol begann allmählich, meine Zunge zu beschweren.

»Was ist das?«, fragte Mum mit leicht angewidertem Ausdruck im Gesicht.

»Lecker«, brachte ich es auf den Punkt.

»Vielleicht ein Schlückchen«, orderte Mum bei March und erhielt nicht weniger als ein randvolles Glas in die Hand. March machte definitiv keine halben Sachen. Sagte ich bereits, wie sehr ich diese Frau mochte?

Die Stühle hatten sich wie durch Zauberhand nach und nach gefüllt. Tante Cybill hatte der steigende Lärmpegel sogar hinter dem roten Samtvorhang hervorgelockt. Ein verhaltenes Lächeln zeichnete sich auf ihren Lippen ab, das nach und nach jeden Millimeter ihres Körpers einnahm. Die Erleichterung über die eintreffenden Gäste stand ihr offen ins Gesicht geschrieben.

Auch ich wagte es nun, mich für den Moment zu entspannen und ein weiteres Schlückchen, wie Mum es so nett formulierte, von meiner Bowle zu trinken.

»Das ist aber ziemlich hochprozentig«, moserte Mum so leise, dass March es nicht hören konnte.

»Findest du?«, fragte ich und blickte dabei ganz tief ins Glas, als könnte ich dort in den Untiefen des roten Meeres erkennen, wie viele Umdrehungen das Getränk hatte.

»Was machst du denn da?«, fragte Mum brüskiert.

Doch noch ehe ich ihr antworten konnte, erhoben sich alle von ihren Plätzen und klatschten so ohrenbetäubend in die Hände, dass mir beinahe das Glas aus der Hand gefallen wäre. Stattdessen landete ein Schlückchen des Inhalts auf Mums Kleid. Gar nicht gut. Überhaupt nicht gut.

Mums Miene wurde finster. Aus ihren Augen schossen wutentbrannte Pfeile auf mich nieder. Ich wollte schon in Deckung gehen, als der Stargast des Abends durch die Tür schritt.

Tyler White war gekleidet wie einer dieser ganz großen Hollywoodstars aus den Vierziger- und Fünfzigerjahren des vergangenen Jahrhunderts. Seine bloße Anwesenheit sorgte schon für ein Flirren in der Luft. Die überwiegend weiblichen Gäste schnatterten wie aufgescheuchte Hühner durcheinander. Dabei waren die meisten im Alter meiner Mum.

Auch Mum neben mir begann sich an ihrem hochgesteckten Haar zu zupfen. Jetzt verstand ich gar nichts mehr. Noch bis vor wenigen Sekunden war ich der Überzeugung, Mum würde heute Abend alles daransetzen, um die Lesung des Bestsellerautors zu verhindern. Und jetzt stand sie da neben mir wie ein verliebter Teenager und brachte sich gar nicht mehr ein. Was war hier bloß los? Oder lag es letztlich nur an mir und dem bösen Alkohol?

Ich wollte schon wieder einen tiefen Blick ins Glas werfen, als mir mächtig schwindelig wurde. Irgendjemand hatte in meinem Kopf sein Karussell aufgebaut, ohne mich zu fragen. Und es fuhr und fuhr. Und mir wurde schlechter und schlechter.

»Du siehst gar nicht gut aus«, bestätigte Mum mir mein Befinden.

»Ich muss nur eben …« Weiter kam ich nicht.

Wie ein Flitzebogen schoss ich an ihr vorbei, rempelte dabei ein paar der Groupies von Tyler White an und sauste dann in Windeseile an ihm vorbei nach draußen. Gerade noch rechtzeitig. Einige Meter weiter rebellierte mein Magen und setzte sich schließlich gegen die Schwerkraft durch. Danach war es besser. Zumindest für meinen Magen. In meinem Kopf drehte es sich nach wie vor so heftig, dass ich es schon bereute, je von Marchs Bowle gekostet zu haben.

Doch noch mehr bereute ich es, als ich die Tür zu Tante Cybills Buchhandlung öffnete und alle Blicke wie auf ein geheimes Kommando hin auf mir ruhten. Was zur Hölle war bloß los? Warum starrten mich denn alle so an?

»Da ist sie ja auch schon«, vermeldete Tante Cybill mit leicht hysterischem Unterton in der Stimme.

Verdammt! Die Rede. Ich war geliefert. Wie sollte ich denn in meinem Zustand eine Lobeshymne auf den Mann singen, der mir aus welchem Grund auch immer mein Leben gerade mächtig zur Hölle machte. Abgesehen von der Bowle verstand sich, die im Moment auch für mächtig Furore bei mir sorgte. Aber das nur am Rande.

Am liebsten hätte ich mir wie ein Kleinkind die Hände vors Gesicht geschlagen, damit mich niemand sehen konnte. Aber ich wusste es besser. Leider. Was gäbe ich gerade nur dafür, noch mal Kind sein zu dürfen?!

Als ich die Ungeduld der Menschen im Raum schon mit Händen greifen konnte, wusste ich, dass ich nicht länger zögern durfte. Auch der Fluchtweg nach draußen war keine Option mehr. Ich durfte Tante Cybill einfach nicht im Stich lassen. Und da war ja auch noch die Rede, die ich für Tyler White vorbereitet hatte. Ich musste also nicht frei sprechen, auch wenn ich mir gewünscht hätte, dass jemand anderes sie an meiner statt vorlas. Aber dem war leider nicht so. Also musste ich das Beste aus der Situation machen und mich schwankend mit einem breiten Lächeln auf den Lippen zu Tante Cybill auf den Weg machen.

Tyler White sah mich verunsichert an, als er bemerkte, wer dort neben ihm Stellung bezog. Es gefiel ihm offenbar nicht besonders, dass ausgerechnet ich ihn begrüßen und ein paar Worte zu ihm und seiner Person machen würde. Tja, da waren wir schon zu zweit. Aber das würde jetzt auch nichts mehr ändern. Augen zu und durch!

»Ob fesselnde Spannung, Geschichten mit dem gewissen Etwas oder Plots, die uns stundenlang in die Irre führen, bis wir schließlich auf den wahren Mörder treffen – Tyler White schreibt Krimis mit Suchtfaktor, meine sehr verehrten Damen und Herren. Also passen Sie besser auf sich auf und senken Sie Ihre tägliche Koffeindosis, falls Sie Angst haben, Ihr Herz könnte das nicht mitmachen.«

Ein Lachen ging durch die Reihen. Erst verhalten. Dann immer lauter. Ich konnte deutlich spüren, wie die angespannte Stimmung von eben verblasste und nichts mehr als eine bloße Erinnerung war.

Beruhigt atmete ich durch, ehe ich fortfuhr und dabei keinen Blick neben mich warf. Weder in Tante Cybills noch in Tyler Whites Richtung. Das hier verlangte mir alles ab.

Und das nicht nur wegen des Alkohols. Sobald ich geendet hatte, musste ich dringend von hier verschwinden. In meinem Zustand war ich nicht zurechnungsfähig.

Ein falsches Wort gegenüber meinem Autor reichte und mein Chef machte aus meinem Zwangsurlaub ganz schnell eine fristlose Kündigung. So weit durfte ich es unter gar keinen Umständen kommen lassen. Bowle hin oder her. Hier ging es um meine Zukunft und nicht nur um den Augenblick.

Doch anstatt mich mit den quälenden Fragen über meine weitere berufliche Laufbahn zu beschäftigen, fuhr ich weiter im Text. Ich brauchte den Zettel nicht mal aus meiner Tasche zu holen, so sicher beherrschte ich meine Rede.

Hier ein Lob. Dort eine kleine Anekdote, die ein Schmunzeln auf die Gesichter im Publikum zauberte und sie neugierig machte, woher ich das alles wohl wusste. Ich ließ sie im Dunkeln darüber und fuhr eifrig fort.

Wieder ein Lacher. Allmählich sollte ich dennoch zum Ende kommen. Die Leute waren ja nicht wegen mir, Marchs Bowle oder den Häppchen vom *Golden Lion* gekommen. Nein, sie wollten Tyler White erleben, ihn lesen hören und dahinschmelzen, während er aus jedem Wort ein wahres Gedicht zauberte.

»Und hier ist er: the one and only Mr Crime – Miiiiister Tyleeer Whiiiiiiite«, kündigte ich ihn wie einen Boxer im Ring an.

Die Menge tobte. Mein Werk war vollbracht. Das dachte ich zumindest.

»Wir sprechen uns noch«, hörte ich den Krimiautor ganz dicht an meinem Ohr sagen, während ich die provisorische Bühne vor dem Kassentresen verließ. Händeringend bemühte ich mich dabei, dass mir das Lächeln bei seinen Worten nicht entgleiste. Ob es mir gelang, konnte ich nicht wirklich sagen. Aber die Menge hatte ohnehin nur Augen für den Bestsellerautor.

Auf der Fensterbank im Schaufenster waren noch zwei Plätze frei. Die beiden waren eigentlich für Val und Lin vorgesehen gewesen. Ich setzte mich darauf, nahm eines der Kissen auf den Schoß und hielt mich daran fest, als könnte es mir etwas Halt geben.

Müdigkeit übermannte mich. Mehrere Male hatte ich das dringende Bedürfnis, mich auf die Bank zu legen und endlich zu schlafen. Doch ich kämpfte dagegen an. Mit allem, was mir zur Verfügung stand.

Dann kam Mum. Und plötzlich war ich wieder hellwach.

Sie saß nur da, sah mich nicht mal an. Und dennoch konnte ich das drohende Unheil spüren. Irgendetwas braute sich da gerade zusammen, von dem ich keinen blassen Schimmer hatte. Was führte Mum im Schilde? Und warum konnte sie die Augen nicht von Tyler White lassen? Sie konnte ihn doch nicht leiden, dachte ich. Mittlerweile war ich mir über diese These jedoch nicht mehr ganz so sicher.

»Vielen Dank«, hörte ich den Autor soeben sagen, ehe die Menschen abermals von ihren Stühlen aufsprangen und ein tosender Applaus durch den Raum ging.

Tyler White lächelte, bedankte sich artig bei seinem Publikum, ehe er verkündete, dass er nach einer kleinen

Pause von rund dreißig Minuten seine Bücher signieren würde. Dann sah er sich suchend in der Menge um, und ich sank wie auf Kommando immer tiefer auf meinem Platz. Umsonst. Er hatte mich sogleich erspäht. Was nicht weiter schwer war, da der Raum kaum größer als mein Wohnzimmer in London war.

»Ms Devenport, hätten Sie kurz eine Minute für mich?« Er lächelte.

Doch irgendetwas sagte mir, dass er in der angeforderten Minute nicht lächeln würde. Ganz im Gegenteil.

»Aber sicher doch, Mr White«, trällerte ich, wobei mir eher zum Heulen zumute war.

»Was zur Hölle machen Sie hier?«, sagte er schließlich, kaum dass wir aus der Hörweite der übrigen Gäste waren.

»Tante Cybill, ich meine, die Eigentümerin des Buchladens hier ist meine Tante«, erklärte ich konfus. Aber im Gegensatz zu meiner Rede war ich auf dieses Gespräch nicht vorbereitet gewesen. Wenn es nach mir gegangen wäre, dann würde es überhaupt nicht stattfinden.

»Was wollen Sie von meiner Tochter?«, vermeldete Mum in Tyler Whites Rücken wie eine Löwenmutter, die sich besorgt um ihren Nachwuchs zeigte.

Ein Umstand, der so neu für mich war, dass ich fast noch irritierter darüber war als über Tyler Whites Vier-Augen-Gespräch.

»Ich wollte mich …«, begann Tyler White zu sprechen. Doch dann stockte er mitten im Satz und sah meine Mum so eindringlich an, als käme sie ihm bekannt vor.

»Gwen?«, fragte er schließlich mit einem Lächeln auf den Lippen, das verheißungsvoll wirkte. »Nein, ist das denn die Möglichkeit?« Er lachte und machte einen Schritt auf Mum zu, wie um ihr links und rechts ein Küsschen auf die Wange zu geben.

Doch Mum wich vor ihm zurück.

»Das hier ist meine Tochter, Tyler. Du lässt ab sofort deine Finger von ihr. Hast du gehört?«

Mum, die für gewöhnlich sehr viel Wert auf Etikette und Anstand legte, fiel heute komplett aus ihrer angestammten Rolle. Noch nie zuvor hatte ich erlebt, dass sie so für mich einstand. Ich verstand das alles hier zwar nicht ganz – vielleicht ein untrüglicher Beweis dafür, dass ich ein wenig zu tief ins Bowlenglas geblickt hatte –, aber ich war fest entschlossen, alles daranzusetzen, für Durchblick zu sorgen.

»Ms Devenport ist … deine Tochter?«, fragte er ungläubig.

»Und deine«, ließ Mum unvermittelt die Bombe platzen.

»Bitte was?«, fragten Tyler White und ich wie aus einem Munde.

»Du hast schon richtig verstanden, Tyler. Die Affäre damals im Verlag ist nicht ohne Folgen geblieben. Auch wenn dir das vermutlich lieber gewesen wäre. Hast du deiner Frau eigentlich jemals von uns erzählt?«

Mum schoss mit allem, was ihr bereitstand, wie eine Wahnsinnige um sich. Ich wusste gar nicht, wo ich zuerst hinsehen sollte. Zu Mum, die sich wie eine Rachegöttin vor meinem Autor aufgebaut hatte, oder zu Tyler White, der mit sich rang und nicht wusste, ob er lachen oder weinen sollte. Ja, diese Wirkung hatte Mum auf andere. Bei einem erwachsenen Mann hatte ich die Auswirkungen allerdings noch nie gesehen.

»Aber, Gwen … Ich wusste doch nicht … Du hättest mit mir reden können, mir von meiner Tochter erzählen müssen. Das wärst du mir schuldig gewesen«, stellte sich Tyler White Mum entgegen. Ob das jedoch die richtige Taktik war, wagte ich zu bezweifeln.

»So, hätte ich das, ja? Wann denn genau? Als du kalte Füße bekommen und mir gesagt hast, dass du deine Frau doch nicht wegen mir verlassen würdest? Oder an dem Tag, als du dafür gesorgt hast, dass ich fristlos entlassen wurde? Wann genau hätte ich dir von Amy erzählen sollen? Hm?«

Die Geschichte wiederholte sich. Tyler White hatte also schon mal dafür gesorgt, dass jemand seinetwegen den Job verlor. Aber warum gerade ich? Er hatte sich mir nie in irgendeiner Form unsittlich genähert oder gar Interesse bekundet. Warum also ich?

»Warum wollten Sie dafür sorgen, dass ich meinen Job verliere?«, setzte ich schließlich alles auf eine Karte und stellte die Frage, die sich bereits tief in meine Seele eingebrannt hatte.

Tyler White sah zwischen Mum und mir unschlüssig hin und her. Sein Blick war fahrig und unsicher.

»Ich hatte da so ein Gefühl.«

»Ein Gefühl?«, hakte ich nach, da ich einfach nicht glauben konnte, dass mein Chef meine Karriere aufgrund eines Gefühls aufs Spiel setzen würde. Das würde nicht mal Tyler White bewerkstelligen können. Oder?

Schwer ließ sich mein Gegenüber auf dem Barhocker hinterm Verkaufstresen nieder. Mum und ich standen noch immer erwartungsvoll vor ihm.

»Mit jedem Manuskript, das Sie mir lektoriert zurückschickten, hatte ich so ein Gefühl. Ein Gefühl davon, dass da jemand saß, der nicht nur besonders gut mit meinen Texten umgehen konnte, sondern auch selbst eigene Ideen hatte. Ich sprach mit Ihrem Chef darüber. Aber offenbar hat er meinen gut gemeinten Ratschlag in den vollkommen falschen Hals bekommen. Ich wollte Ihnen eine Chance geben, sich als Schriftstellerin zu versuchen. Ihr Arbeitgeber war augenscheinlich der Ansicht, ich könnte mich in meinem Revier bedroht fühlen. Was kompletter Unsinn ist. Ich werde das richtigstellen, sobald ich wieder in London bin. Aber was das Schreiben anbelangt …« Er zögerte, sprach nicht weiter.

»Ja?«, forderte ich ihn auf, weiterzusprechen.

»Haben Sie es schon mal versucht?«, fragte er mich unvermittelt und sah mir dabei so fest in die Augen, dass ich das Gefühl hatte, er könnte mir bis auf die Seele blicken und all meine intimsten Geheimnisse offenlegen.

»Ich habe ihre Versuche im Keim erstickt«, gestand Mum neben mir wie eine Angeklagte auf der Anklagebank.

Tyler White hob verwundert die Augenbrauen an, während ich mich wieder an den unsäglichen Tag zurückerinnerte, an dem ich meine Unterlagen auf dem Küchentisch liegen gelassen hatte. Ein Meilenstein in meiner Entwicklung. Nicht unbedingt zum Positiven hin. Seither hatte ich nie wieder etwas geschrieben.

Das erste Mal bekam ich ein Gefühl dafür, warum Mum meine Schreibe so vernichtend beurteilt hatte. Es war dabei nie um mich gegangen. Eine Erkenntnis, die mich beruhigte und gleichermaßen so unsäglich traurig stimmte.

Mein Blick scannte Tyler Whites Gesicht. Ich suchte nach Ähnlichkeiten, nach einer Spur, die mir verraten hätte müssen, dass das hier mein Dad war. Wie viele Jahre arbeiteten wir jetzt schon zusammen? Nicht ein einziges Mal hatte ich den Verdacht gehabt, wir könnten mehr sein als Autor und Lektorin.

Dann schweifte mein Blick hinüber zu Mum. Ihr Gesicht war voller Emotionen. Wut, Trauer, Enttäuschung, Genugtuung und Sorge spiegelten sich darin. Das war der Moment, auf den sie seit Tagen hingefiebert hatte.

Mittlerweile konnte ich sogar nachvollziehen, warum sie die Lesung zunächst unter allen Umständen hatte verhindern wollen. Doch irgendwann musste ihr aufgegangen sein, dass sie das Unausweichliche nicht länger aufschieben konnte.

Ich hatte einen Dad. Wie all meine Freundinnen in der Schule und jeder Mensch auf Erden. Jetzt kannte ich sogar seinen Namen. Und seinen Schreibstil. Das konnte sicher nicht jede Tochter von ihrem Dad behaupten.

Dennoch verunsicherte mich die Situation auch. Bis vor fünf Minuten kannte ich meinen Dad nicht. Zumindest glaubte ich das. Nun sollte ich tatsächlich schon vor vielen Jahren seine Bekanntschaft gemacht haben. Hätte ich es nicht ahnen müssen?

Meine Gedanken schwirrten, und der Kreisel in meinem Kopf drehte sich wie ein Perpetuum Mobile immer weiter und weiter. Mir wurde heiß und kalt zugleich. Alles auf einmal. Die Luft in der kleinen Buchhandlung war abgestanden. Ich hatte das Gefühl, nicht mehr atmen zu können. Eine unbeschreibliche Last hatte sich auf meine Brust gelegt und erschwerte mir so das Atmen.

Da legte sich plötzlich von hinten eine Hand auf meine Schulter. Ich drehte mich zu der Person um, und eine nie da gewesene Erleichterung machte sich in mir breit.

Colin grinste mich schief an. Als er meinen Blick auffing, bildete sich eine Furche auf seiner Stirn.

»Ist alles okay bei dir?«, fragte er besorgt.

»Können wir rausgehen?«, bat ich ihn.

Er stellte keine Fragen nach dem Warum oder Wieso. Stattdessen schnappte er sich meinen Mantel, nahm mich bei der Hand und bahnte uns einen Weg aus dem Gedränge. Mir war mittlerweile so schwindelig und schlecht, dass ich an der frischen Luft erst einmal ein paar Minuten brauchte, um mich an den vielen Sauerstoff zu gewöhnen.

»Die Weihnachtsfeiern bei uns im Haus sind jetzt beim Dessert angelangt. Ein guter Augenblick, wie ich fand, um mal rüber zum Bestsellerautor zu schauen.«

Colin und ich liefen ein paar Schritte und fanden uns wenig später unten am Hafen wieder. Noch immer tänzelten kleine weiße Flocken durch die Luft. Das Meer rauschte, während der Sternenhimmel sich heute hinter den Schneemassen versteckte. Er würde wiederkommen. Ebenso wie Weihnachten in wenigen Tagen.

Weihnachten. Das Fest der Familie. Eine Träne löste sich aus meinem Auge und kullerte mir leise über die Wange. Erst glaubte ich, Colin hätte es nicht bemerkt. Doch dann nahm er mich fest in seine Arme. Ohne Fragen. Er war einfach nur für mich da und schenkte mir ohne Wenn und Aber das wohlige Gefühl von Geborgenheit, das ich immer in seiner Nähe verspürte.

»Die nächsten Tage wird es noch ein bisschen trubelig bei mir sein. Aber spätestens ab dem vierundzwanzigsten Dezember sollte auch bei mir ein wenig Ruhe einkehren. Wir könnten im *Golden Lion* feiern. Alle zusammen. Wer kommen möchte, ist herzlich willkommen. Unsere Tanne ist jedes Jahr eine der größten in Port Isaac. Vielleicht hättest du ja Lust, sie dir mal anzusehen.«

Colins Stimme war leise und voller Liebe. Er wusste genau, was ich brauchte, ohne dass ich es je ausgesprochen hätte. So viel Wärme und Zugehörigkeit hatte ich noch nie bei einem anderen Menschen verspürt. So fühlte es sich also an, wenn man seinen Seelenverwandten fand.

»Und du willst wirklich mit der Frau Weihnachten feiern, die deinen Aston Martin gerammt hat?«, scherzte ich und erntete dafür einen Knuff in die Seite.

»Vergiss doch mal das doofe Auto! Es ging mir dabei nie um den Blechschaden. Es ist nur … Der Wagen gehörte meinem Dad. Er hat ihn sehr gemocht.«

Erst jetzt verstand ich, was ich da getan hatte.

Bestürzt schlug ich mir die Hand vor den Mund.

»O Colin, das tut mir so leid. Wenn ich das gewusst hätte, dann hätte ich sicher keine Scherze darüber gemacht und mich augenblicklich bei dir entschuldigt.«

»Das hast du ja irgendwie bereits, als du Mum das Geld für die Reparatur untergemogelt hast.«

Colin lächelte mich milde an, während ich einsehen musste, dass mein ausgeklügelter Plan offenbar nicht ganz so raffiniert gewesen war, wie ich es mir erhofft hatte.

»Ich wollte nur wiedergutmachen, was ich kaputt gemacht hatte. Aber Lin meinte, du hättest dich bereits selbst um alles gekümmert. Das war mir irgendwie … unangenehm. Es war ja schließlich meine Schuld«, versuchte ich mich zu rechtfertigen.

Colin blickte zum schneeverhangenen Himmel hinauf. Der Mond hatte sich zwischen den Wolken hindurchgeschoben. Er strahlte so hell, dass ich Colins Gesicht gut erkennen konnte. Er dachte über etwas nach. Seine Hände hatte er dabei in seinen Parka geschoben. Einzelne Schneeflocken ließen sich auf seinem Haar nieder.

»Ich wollte die Reparatur selbst tragen, weil ich dir nicht noch mal über den Weg laufen wollte«, gestand er mir schonungslos ehrlich ein.

»Das kann ich mittlerweile sogar gut verstehen.«

Colin sah mich mit zusammengekniffenen Augen.

»Oh, du meinst wegen Dads Wagen?«

Ich nickte.

»Nein, das war nicht der Grund.«

Er räusperte sich verlegen und sah wieder hinaus aufs Meer, als würde er daraus die Kraft schöpfen, mir zu sagen, was ihm auf dem Herzen lag.

»Als ich dich dort oben auf den Klippen zum ersten Mal sah, da …« Er zögerte, doch ich gab ihm die Zeit, wartete geduldig, bis er sich ein Herz gefasst hatte. »... hatte ich bereits das Gefühl, dass ich dich mögen könnte.«

Nun war es ausgesprochen. Er wollte mir also aus dem Weg gehen, weil er mich mochte. Noch verstand ich nicht genau, was er mir damit sagen wollte. Aber ich übte mich weiterhin in Geduld, beobachtete die tänzelnden Schneeflocken, lauschte dem Meer und schließlich Colins leiser Stimme.

»Meine letzte Beziehung endete sehr schmerzvoll. Ich habe mich immer mehr hinter meiner Arbeit versteckt und den *Golden Lion* bald schon nur noch verlassen, wenn es darum ging, Besorgungen zu machen. Was hier im Ort passierte, interessierte mich nicht mehr. Ich hielt mich von allem und jedem fern, wollte meine Ruhe.«

»Du warst also wirklich ein Einsiedler«, platzte es aus mir heraus.

Colin lachte.

»Ja, so etwas in der Art. Der Bart wuchs, und die Haare auf meinem Kopf wurden immer länger. Ich habe mich hinter einer Verkleidung versteckt, um meine Ruhe zu haben. Und dann kamst du.«

Er lächelte noch immer. In seinen türkisblauen Augen leuchtete etwas auf, was mich an die Sterne erinnerte. Mein Herz machte einen Satz und fühlte sich plötzlich so unbeschreiblich frei und glücklich. Das war es also. So fühlte es sich an, wenn man angekommen war.

»Egal, was nach Weihnachten kommen wird. Ich bin mir sicher, dass wir es meistern können. Natürlich nur, wenn du das auch möchtest. Also das Meistern mit mir. Du weißt schon.«

Colin wirkte plötzlich total verlegen, als wüsste er nicht so recht, wie er auf den Punkt bringen sollte, was ihm auf dem Herzen lag.

»Fragst du mich gerade, ob ich gerne eine Beziehung mit dir möchte?«, fragte ich mit einem Schmunzeln auf den Lippen.

Plötzlich sah ich vollkommen klar. Die frische Meeresbrise hatte meinen Kopf ordentlich durchgepustet. Die Wirkung der Bowle war verflogen. Doch ich fühlte mich noch immer so leicht an, als würde ich über den Boden schweben. Diesmal war ich jedoch der Überzeugung, dass nicht der Alkohol dafür verantwortlich war.

»Schon möglich«, erwiderte Colin mit schief gelegtem Kopf. »Was würdest du mir denn antworten, wenn dem so wäre?«

»Ich würde sagen, dass ich mir das alles erst mal überlegen muss.«

Von Colins Gesicht war plötzlich blankes Entsetzen abzulesen.

»Was?«

Ich musste daraufhin so lachen, dass mir der Bauch wehtat.

»Du!«

Noch ehe ich etwas sagen oder machen konnte, packte Colin mich auf seine Schulter und kitzelte mich dermaßen durch, dass ich kaum noch atmen konnte.

»Aufhören! Bitte, aufhören! Ich kann nicht mehr«, japste ich und Colin ließ mich zurück auf den Boden gleiten.

Schwer atmend standen wir uns gegenüber. Ich legte meine Hände auf seine Wange und sah ihm fest in die Augen.

»Ich würde natürlich sagen, dass ich mir nichts Schöneres vorstellen kann.«

Kaum dass ich geendet hatte, küsste mich Colin so leidenschaftlich, dass mir die Sinne abermals schwanden. Dieser Kuss war voller Hoffnung und Liebe. Bedingungslos. Und gleichzeitig so zart wie die schmelzenden Schneeflocken auf meiner Haut.

Epilog

Colin

25. Dezember – Weihnachten

Etwas Schweres lag an diesem Morgen auf meiner Schulter. Es dauerte einen Moment, bis ich mir im Klaren darüber war, wo ich mich befand und vor allem: mit wem.

Amy schlief wie ein Engel. Ihr langes Haar lag wie ein Fächer über ihrem Rücken und bedeckte zu meinem Leidwesen auch einen Teil ihres Gesichts. Ganz vorsichtig strich ich es beiseite. Ihre Lider zuckten unter meiner Berührung, doch sie öffnete sie nicht.

Ich mochte es, wenn ich vor Amy aufwachte und ihr beim Schlafen zusehen konnte. Es hatte etwas Beruhigendes an sich, ihren gleichmäßigen ruhigen Atemzügen zu lauschen. Nur unter Aufbietung all meiner Willenskraft gelang es mir, dem Bedürfnis, ihr über die Wange zu streichen, standzuhalten.

»Du tust es schon wieder«, sagte Amy plötzlich mit geschlossenen Augen und brachte mich damit zum Lachen.

»Was denn?«

»Mich anstarren, während ich schlafe.«

»Ich kann nicht anders.«

Nun öffnete Amy ihre Lider und sah mich aus verschlafenen Augen an. Sie war noch müde. Die Nacht war lang gewesen. Wir hatten den Abend gemeinsam mit Lin und

Brady, Amys Mum, ihrem Dad, meiner Mum und Cybill einen Spieleabend in Cybills Haus veranstaltet.

Ich hatte so viel Spaß gehabt wie schon lange nicht mehr. Es war schön, unter Menschen zu sein. Das Lachen, die alten Geschichten, Brady, wie er mogelte, und Amys Mum, wie sie sich darüber aufregte. Mittlerweile konnte ich schon gar nicht mehr nachvollziehen, wie ich nur so lange in meiner selbst gewählten Isolation leben konnte.

»Du starrst mich noch immer an«, beschwerte sich Amy, und ich musste abermals lachen.

Es hatte sich schnell herausgestellt, dass Amy am Morgen ihre Ruhe brauchte und vor dem ersten Kaffee ungenießbar sein konnte. Aber ich wusste sie zu nehmen. Und ich genoss es sogar.

Denn das war das wahre Leben. Menschen mit ihren Eigenarten. Liebenswerte und verrückte. Ich konnte nicht genug davon kriegen – wie ein Junkie, der einen Rückfall erlitt. Nur dass es in meinem Fall ein gutes Zeichen war. Ich war wieder ein Teil der Gesellschaft. Und das alles hatte ich vor allem dem beharrlichen Drängen meines Bruders zu verdanken, den kleinen Heinzelmännchen im Hintergrund, die eifrig daran gearbeitet hatten, dass Amy und ich zueinanderfanden, und natürlich dem Schicksal.

»Ich gehe mal in die Küche und mache dir einen Kaffee.« Mit diesen Worten glättete ich die aufkommenden Wogen und verkrümelte mich aus dem warmen Bett hinaus auf Cybills Flur. Die letzten Nächte hatten wir bei mir übernachtet. Doch nach dem langen Abend hatte Cybill darauf bestanden, dass wir über Nacht blieben.

Es war ein wenig ungewohnt, durch ein Haus zu streifen, in dem ich nur zu Besuch war. Aber im Gegensatz zu meinem ersten Mal in diesem Haus kannte ich mich jetzt ganz gut aus und ging schnurstracks in die Küche.

Nur um dort auf Amys Dad zu treffen. Offenbar hatte auch er hier im Haus übernachtet. Als ich ihn dort an der Kücheninsel so sitzen sah, musste ich innerlich auflachen. Das Schicksal hatte sich einen Riesenspaß daraus gemacht, dass mir erst die Tochter in den Aston Martin und dann auch noch der Vater in den Lieferwagen reingefahren war. Ich hätte sofort wissen müssen, dass die beiden dem gleichen Genpool entstammten.

»Guten Morgen, Colin«, begrüßte er mich mit einem Lächeln auf den Lippen.

Tyler White war ganz anders als das Bild, das ich mir von ihm gemacht hatte. Er war freundlich und warmherzig. Und er war reumütig. Er sprach es nicht offen aus, aber ich konnte ihm ansehen, wie sehr es ihn mitnahm, dass er von der Existenz seiner Tochter erst jetzt erfahren hatte. Dabei konnte er ja wahrlich beileibe nichts dafür. Gwen hätte es ihm sagen müssen, anstatt sich ein Leben lang zu grämen.

Aber so war das nun mal. Wir Menschen waren nicht perfekt. Wir machten Fehler. Doch irgendwann im Leben mussten wir uns diesen stellen und es besser machen. Egal, was zuvor passiert war. Jeder hatte eine zweite Chance verdient.

Lin hatte mir von dem schwierigen Verhältnis zwischen Amy und ihrer Mum erzählt. Umso schöner fand ich es, dass die beiden Frauen nun offenbar einen Schritt aufeinander zu gingen. Es war noch ein langer Weg. Aber der Anfang war gemacht. Und das war ja bekanntlich das Wichtigste.

»Auch Kaffee?«, fragte er mich mit stoischer Gelassenheit.

»Gerne. Ich wollte ein kleines Frühstück für Amy zaubern und es mit ins Bett nehmen.«

Tyler zog die Augenbrauen in die Höhe.

»Als Mann sage ich dir: gut so. Als Dad muss ich dir sagen: Brich meiner Tochter ja nicht das Herz!«

Ich musste lachen.

»Womit? Mit Kaffee und Porridge?«

Tyler lächelte ebenfalls.

»Du weißt, was ich meine.«

»Das werde ich nicht. Ganz sicher.«

»Gut so«, erwiderte Tyler und glitt von dem Barhocker, auf dem er bis eben gesessen hatte, und schwebte in einem lila-blassrosa Seidenbademantel an mir vorbei.

»Ach, übrigens. Wir sind uns hier heute Morgen nie begegnet. Gwen und ich … haben uns ausgesprochen. Das hat die ganze Nacht gedauert. Aber das muss ja nicht gleich jeder wissen.«

Tyler zwinkerte mir verschwörerisch zu.

»Als Mann muss ich dir sagen: gut so. Aber als Freund deiner Tochter sage ich dir: Brich ihrer Mum ja nicht das Herz.«

»Touché!«

Mit einem Grinsen auf den Lippen verließ er die Küche, während ich mich ans Werk machte. Schwer bepackt kämpfte ich mich auf leisen Samtpfoten zurück zu Amys Zimmer. Der Rest des Hauses schien noch zu schlafen, und ich wollte sie nicht vor der Zeit wecken. Schließlich war heute Weihnachten. Der Tag würde lang werden. Doch bei Amy machte ich eine Ausnahme.

»Aufwachen, du Schlafmütze«, ärgerte ich sie und zog dabei die Vorhänge zur Seite.

Der Schnee der vergangenen Tage war tatsächlich liegen geblieben. Das letzte Mal war das so lange der Fall gewesen, als ich ein kleiner Junge war. Verrückt! Und so herrlich weihnachtlich.

Einige Kinder fuhren mit ihren Schlitten den Rose Hill hinunter. Als ich noch klein war, hatte ich mich mit Brady auch bis hier oben durchgeschlagen, um in Windeseile über den leicht vereisten Schnee hinunter ins Dorf zu sausen. Was für ein Spaß. Bei Gelegenheit sollte ich dringend nachsehen, ob unsere alten Schlitten noch in der Garage standen.

»Mach das wieder zu«, grummelte Amy, während sie sich theatralisch die Hand vor die Augen legte.

»Ich habe Kaffee und Porridge«, lockte ich sie.

Amy zögerte einen Moment, dann setzte sie sich aufrecht hin. Die Augen noch immer geschlossen, schob ich ihr das Tablett auf den Schoß.

»Rieche ich da etwa Zimt?«, fragte sie mit einem geöffneten Auge.

»Porridge mit Zimt und Apfelscheiben. So mag ich es am liebsten. Falls du allerdings etwas anderes möchtest, dann …«

Weiter kam ich nicht.

Amy riss beide Augen auf, legte das Tablett zur Seite und stürzte sich auf mich, um mich zu küssen.

»Habe ich dir eigentlich schon gesagt, dass ich dich liebe?«, fragte sie sodann mit einem breiten Lächeln auf den Lippen.

»Heute noch nicht«, scherzte ich und küsste sie.

Amy

Der *Golden Lion* war so wunderschön geschmückt, dass ich einen Moment brauchte, um alles in Ruhe auf mich wirken zu lassen. Am Baum hingen blaue und goldene Kugeln, unter deren Gewicht sich die Zweige nach unten durchbogen. Die Tanne war so riesig, dass ich meinen Kopf weit in den Nacken legen musste, um bis zu der Spitze sehen zu können.

»Gefällt er dir?«, fragte Colin, der mich von hinten umarmte und seinen Kopf auf meiner Schulter bettete.

»Er ist wunderschön!«

»Genau wie du«, schmeichelte er mir und küsste mich auf halber Strecke zwischen Ohr und Schlüsselbein.

Ein Kribbeln ging durch meinen Körper. Ebenso wie eine erregte Vorfreude. Aber bevor wir uns in Colins Zimmer zurückziehen konnten, stand noch ein wundervolles Weihnachtsfest mit der ganzen Familie an. Mein erstes in dieser Form. Und hoffentlich nicht mein letztes.

Aber ich war zuversichtlich. Das Gespräch, das ich am Tag nach der Lesung mit Mom und meinem Dad geführt hatte, war sehr aufschlussreich gewesen. Gleichzeitig konnte ich inzwischen ein wenig besser nachvollziehen, wie Mom sich in all den Jahren gefühlt haben musste. Es war nicht immer leicht für sie gewesen. Das entschuldigte aber auch nicht alles. Das hatte Mom mittlerweile eingesehen. Und ich war froh darüber. Nun hatten wir eine echte Chance, so etwas wie eine Familie zu werden.

»Übrigens, ich habe ganz vergessen, dir zu sagen, dass der Aston Martin gestern fertig wurde. Er ist wieder einsatzbereit und erstrahlt wie eh und je in vollem Glanz.«

Ich lächelte bei Colins Worten.

»Irgendwie schade, dass man jetzt nicht mehr sehen kann, mit wie viel Karacho ich in dein Leben gebraust bin«, scherzte ich.

»O doch! Das kann man. Mit jedem Lächeln, das du auf meine Lippen zauberst.«

Dann drehte er mich zu sich um und hob mich hoch.

»Was hast du vor?«

Als wir den halben Raum durchkreuzt hatten, schweifte Colins Blick nach oben. Ein Mistelzweig. Er war so romantisch. Was ich ihm bei unserem ersten Treffen sicher nie zugetraut hätte.

Damals wirkte er so distanziert und auf eine gewisse Weise auch abweisend auf mich. Nur seine Augen hatten ihn Lügen gestraft. Sie hatten mir schon bei unserer ersten Begegnung vom wahren Colin erzählt. Lange hatte ich nicht so recht auf sie hören wollen. Ein Glück, dass ich es letztlich doch tat.

»Könnt ihr zwei mal für fünf Minuten die Finger voneinander lassen?«

Mum in ihrer Paraderolle als meine Mum.

Wie zwei Teenager, die bei ihrem ersten Kuss hinter der Scheune erwischt worden waren, stoben wir auseinander.

Tyler stand neben ihr und grinste, während er die Hände in seinem Rücken verschränkt hielt.

»Dein Dad hat dir etwas zu sagen«, sagte Mum und überließ ihm sodann das Wort. Was ausgesprochen ungewöhnlich für sie war.

»Ich habe heute Morgen kurz mit Mr Lewis sprechen können. Er hat mir und meiner Familie frohe Weihnachten gewünscht. Und da habe ich es mir nicht nehmen lassen, ihm mitzuteilen, dass sich meine Familie in den vergangenen Tagen um ein paar weitere Familienmitglieder erweitert hat.«

Er blickte zunächst zu mir und Mum. Dann auch zu Colin, was mich sehr rührte.

»Was hat mein Chef gesagt?«

Mein Herz schlug mir bis zum Hals. Ich konnte kaum erwarten, was mein Dad mir über den Inhalt des Gesprächs verraten würde.

»Er möchte weiterhin, dass du dir eine kleine Auszeit nimmst.«

Bei den Worten meines Dads wurde mir ganz schlecht.

»Aber warum denn das? Konntest du ihm denn nicht erklären, dass das alles nur ein Missverständnis war?«

»Doch, doch. Das habe ich.« Dann seufzte er. »Aber an seiner Entscheidung ist nicht zu rütteln.«

Ich war den Tränen nahe. Colin nahm mich in seine Arme und zog mich ganz fest an sich.

Was sollte ich denn jetzt nur machen? Am besten, ich rief Mr Lewis selbst noch mal an und erklärte ihm alles ganz sachlich und in Ruhe. Er musste doch verstehen, dass ich meinen Job brauchte. Und liebte. Er durfte mich nicht nach all den Jahren einfach so vor die Tür setzen.

»Hast du seine Privatnummer? Ich muss mit ihm sprechen«, hörte ich mich wie durch einen Schneesturm hindurch sagen.

»Das wird nicht nötig sein.«

Dad hatte ein Lächeln auf den Lippen. Er hatte gut reden. Mit seinen Büchern war er mehrfacher Millionär geworden. Bei ihm war es egal, wann und wie er seine nächste Geschichte lieferte. Seine Rechnungen bezahlten sich aus den Tantiemen seiner Bücher, die sich nach wie vor alle wie geschnitten Brot verkauften.

»Dad, ich …«, versuchte ich an seine Vernunft zu appellieren.

»Es wird nicht nötig sein, weil er dir die Pause einräumt, damit du deine erste eigene Geschichte schreiben kannst.«

»Meine erste eigene was?«, fragte ich ungläubig.

»Der Vorschuss ist schon auf dem Weg zu deinem Bankkonto und unser nächstes gemeinsames Projekt wartet auch noch. Aber das könnten wir ganz bequem hier in Port Isaac verwirklichen. Was meinst du?«

Hilfe suchend blickte ich zu Colin. Das alles konnte doch nicht wahr sein. Ich würde hierbleiben können, mein erstes eigenes Buch schreiben dürfen und müsste dabei nicht einmal Hunger leiden? Das war … ein Traum. Genau, nichts weiter.

»Colin, würdest du mich mal bitte in die Hand zwicken?«, bat ich ihn, als ich fast schon verführt dazu war, den Worten meines Dads Glauben zu schenken.

Colin lachte. Ebenso wie mein Dad. Nur Mum stand da und sah ein wenig säuerlich drein. Sie würde schon dafür sorgen, dass ich ganz schnell von meinem Höhenflug zurück auf dem Boden der Tatsachen landete.

»Amy, ich … wollte mich bei dir noch für etwas entschuldigen«, hörte ich Mum plötzlich sagen und war nun selbst dazu geneigt, mir in die Hand zu zwicken. Mehrmals.

Meine Mum hatte sich in meinem ganzen Leben noch nie bei mir entschuldigt. Das war ein Novum.

Mit gespitzten Ohren lauschte ich dem, was sie mir zu sagen hatte.

Ehe sie begann, seufzte sie schwer.

»Ich hätte dich nicht darin bremsen sollen, eine Autorin zu werden«, gestand sie mir und sich ein. »Du hattest schon als kleines Kind so herrlich viel Fantasie, dass ich genau wusste, wohin dein Weg einmal führen würde.« Einzelne Tränen kullerten ihr bei ihren Worten über die Wangen. »Aber dieser Weg hätte irgendwann zu deinem Dad geführt, und ich … konnte und wollte dich nicht verlieren. Was ich wohl auch so irgendwie geschafft habe.« Sie lächelte resigniert und wischte sich die Tränen aus dem Gesicht. »Es tut mir so leid, dass ich meinen Schmerz und den Groll in all den Jahren an dir ausgelassen habe, mein Kind. Ich weiß selbst nicht, wie ich so werden konnte. Es ist …«

»Ist schon gut«, beruhigte ich sie, ging zu ihr hinüber und nahm sie fest in meine Arme.

»Ich hätte da auch bereits den passenden Stoff für deine Geschichte. Sie handelt von einem jungen Mann, der sein Glück über Tinder suchte, aber seine Traumfrau letztlich bei einem Verkehrsunfall fand«, meinte Brady in diesem Moment mit einem fetten Grinsen auf den Lippen.

Colin sah ihn an, als würde er ihn hier und auf der Stelle dem Erdboden gleichmachen, wenn er auch nur ein weiteres Wort sagte. Doch der Rest von uns lachte. Das Geräusch war so wunderschön, dass mir ein paar Tränen über die Wangen kullerten. Freudentränen.

Der Raum füllte sich nach und nach mit Familie, engen Freunden und dem Duft des Truthahns, der seit Stunden im Backofen darauf wartete, gemeinsam mit Rosenkohl, Kartoffeln und Möhren, von uns verspeist zu werden. Zur Vorspeise wurden die Platten mit Räucherlachs und einer Honig-Dill-Soße hereingetragen. Zur Nachspeise würde es traditionellen Christmas-Pudding geben. Ein Gedicht. Oder ein wahr gewordener Traum? Ach, nein. Es war ja Weihnachten: ein Wunder. In all seinen Facetten. Der Fluch war gebrochen. Und ein Blick in Colins türkisblaue Augen verriet mir, dass die vorweihnachtlichen Pleiten, Pech und Pannen der Vergangenheit von nun an Geschichte waren.

ENDE

Danksagung

Liebe Leserinnen und Leser,

vielen lieben DANK für das Interesse an meinen Büchern. Es hat mir außerordentlich viel Spaß gemacht, die Geschichte über Amy & Colin zu Papier zu bringen und erneut nach Cornwall zu reisen. Zumindest gedanklich ;-) Wenn ich es ebenso geschafft habe, euch mit meiner Geschichte ein paar schöne Lesestunden zu bereiten, dann bin ich sehr glücklich darüber.

Bedanken möchte ich mich an dieser Stelle ganz herzlich bei meinen engagierten und wunderbaren Testleserinnen. DANKE für eure ehrlichen Worte, eure Begeisterung und euer Mitfiebern. Ohne euch wäre das Ganze nur halb so schön. Vielen lieben DANK, dass ihr den Weg mit mir gegangen seid! Ich freue mich bereits heute über euer Feedback zum nächsten Buch.

Liebe Doro, ein ganz besonderer Motivationsschub in diesem Buch war die Freude, die dir die Geschichte bereitet hat. DANKE hierfür.

Vielen DANK, liebe Sybille, dass du mein Manuskript mit so viel Sorgfalt korrigiert hast.

Vielen DANK an meine Leser und Leserinnen, dass ihr mit mir in die Geschichte von Amy & Colin abgetaucht seid.

Eure Mila

Außerdem freue ich mich sehr auf regen Austausch mit euch:

Newsletter https://mila-summers.de/

E-Mail: **mila.summers@outlook.de**

Facebook: **Mila Summers**
Instagram: **books_by_mila_summers**
Twitter: **BooksbyMila**

PS: Wenn euch meine Geschichte gefallen hat, würdet ihr mir unglaublich helfen, indem ihr eine Rezension auf dem Buchportal eurer Wahl schreibt. Dann bekommen vielleicht noch weitere Leser und Leserinnen die Möglichkeit, meine Geschichten kennenzulernen. Vielen DANK hierfür!

Rezepte

Cornish Fairings

Zutaten

100 g Mehl
1/2 TL Backpulver
1 Messerspitze Soda
1 Prise Salz
1 TL Ingwerpulver, gem.
1 TL Gewürzmischung (Kardamom, Zimt, Nelken)
50 g Margarine
50 g Zucker
2 EL Sirup o. Rübenkraut

Zubereitung

Mehl, Backpulver, Soda, Salz, Ingwer und Gewürzmischung in eine Schüssel geben und alles vermischen. Margarine in kleinen Stücken dazugeben. Zum Schluss noch den Zucker und den Sirup hinzufügen.
Alles zu einem glatten Teig verkneten. Anschließend wird die Masse mit einem Teelöffel auf das mit Backpapier belegte Backblech gehäuft und mit einem Messer leicht flachgedrückt.

Backofen auf 160°C (Heißluft) / 180°C (Ober- und Unterhitze) vorheizen.
Backzeit: ungefähr 15 – 20 Minuten, bis die Cornish Fairings golbgelb gebacken sind.

March's Mince Pies

Zutaten für 12 Pies (Muffinform)

Für den Boden:
300-320 g Mehl
180 g Butter
80 g Puderzucker
1 EL Vanillezucker
Prise Zimt
2-3 EL Milch

Mince Meat Füllung:
150 g getr. Datteln
150 g getr. Cranberries
1 großer Apfel
1EL Zitronensaft
1 kleines Stück Ingwer
100 g Mandelblätter oder gehackte Mandeln
2 EL Butter
3 EL Brandy oder Rum bzw. Kirschsaft (für alkoholfreie Version)
120 g brauner Zucker
1 EL Vanillezucker
1/2 TL Zimt
1/2 TL Piment
Prise Muskat
Prise Salz
Prise Nelken
Prise Kardamom
Puderzucker zum Bestreuen

Zubereitung

Für den Boden Mehl, Puderzucker, Vanillezucker, Zimt und Butter in eine Schüssel geben und gut verrühren, nach und nach etwas Milch hinzugeben, bis ein gut ausrollbarer Teig entsteht. Teig im Anschluss daran für 30 Minuten ruhen lassen.

Derweil die Füllung vorbereiten. Datteln und Cranberries fein hacken. Butter in einen Topf geben und Zucker und Mandeln hinzufügen, leicht karamellisieren lassen. Die restlichen Zutaten hinzufügen, gut verrühren und ziehen lassen.

Etwas mehr als die Hälfte des Teiges ausrollen, Kreise ausstechen und diese in ca. 12 bemehlte Muffinförmchen geben, leicht andrücken. 1 EL Mince Meat Füllung auf den Boden geben. Die andere Hälfte Teig ausrollen, kleine Kreise passend zur Größe der Formen ausstechen und über die Füllung geben, an den Seiten mit einer Gabel schön andrücken. Aus dem restlichen Teig kleine Deko-Elemente stechen, auf die Pies legen, den Teig mit einer Gabel mehrmals einstechen, sodass der Dampf während des Backens entweichen kann.

Bei 180°C 15-20 Minuten backen, abkühlen lassen und vorsichtig aus der Form drücken, zur Not einen Esslöffel zur Hilfe nehmen. Mit Puderzucker bestreuen und servieren.

Marchs's Winter Bowle

Zutaten

120 ml Grapefruit-Saft, gekühlt
500 ml rotes Fruchtsaftgetränk (z.B. Himbeere, Cranberry) gekühlt
500 ml Rotwein
240 ml Vodka
60 ml Spiced Rum
20 Weintrauben(kernlos) halbiert
1 Zitrone (unbehandelt), in Scheiben
1 Limette (unbehandelt), in Scheiben
1 Orange, (unbehandelt), in Scheiben
1 Apfel, entkernt in Scheiben
240 ml Mineralwasser

Zubereitung

Alle flüssigen Zutaten (bis auf das Mineralwasser) in eine große Schale füllen. Im Anschluss daran das Obst hinzufügen. Das Mineralwasser kurz vor dem servieren auffüllen.

Printed in Germany
by Amazon Distribution
GmbH, Leipzig

20977652R00183